普通高等教育经管类专业系列教材

服务营销管理

服务业经营的关键

（第3版）

苏朝晖　编著

清华大学出版社

北　京

内 容 简 介

本书借鉴和吸收了国内外关于服务营销及服务管理的最新研究成果，在深入分析服务特性对服务营销管理影响的基础上，以 7Ps 为主体内容，为读者提供了一系列服务营销管理的思路与对策。全书共分为 11 章，具体内容包括导论、产品策略、定价策略、分销策略、促销策略、展示策略、人员策略、过程策略、供求管理、质量管理和品牌管理等。每章设置了引例、案例、知识拓展、延伸阅读、本章练习等板块。

本书既可以作为高校服务营销、服务管理课程的教材，也可以作为 MBA 教材，还适合从事服务业经营管理的人士阅读和参考。

图书在版编目(CIP)数据

服务营销管理：服务业经营的关键 / 苏朝晖编著. —3 版. —北京：清华大学出版社，2023.5（2025.1 重印）
普通高等教育经管类专业系列教材
ISBN 978-7-302-63357-0

Ⅰ.①服… Ⅱ.①苏… Ⅲ.①服务营销—营销管理—高等学校—教材 Ⅳ.①F719.0

中国国家版本馆 CIP 数据核字(2023)第 064261 号

责任编辑：高　屾
封面设计：周晓亮
版式设计：孔祥峰
责任校对：马遥遥
责任印制：宋　林

出版发行：清华大学出版社
　　　　网　　　址：https://www.tup.com.cn，https://www.wqxuetang.com
　　　　地　　　址：北京清华大学学研大厦 A 座　　　　邮　　编：100084
　　　　社 总 机：010-83470000　　　　　　　　　　邮　　购：010-62786544
　　　　投稿与读者服务：010-62776969，c-service@tup.tsinghua.edu.cn
　　　　质 量 反 馈：010-62772015，zhiliang@tup.tsinghua.edu.cn
印 装 者：涿州市般润文化传播有限公司
经　　　销：全国新华书店
开　　　本：185mm×260mm　　　印　　张：13　　　字　　数：308 千字
版　　　次：2016 年 8 月第 1 版　　　2023 年 5 月第 3 版　　印　　次：2025 年 1 月第 3 次印刷
定　　　价：49.80 元

产品编号：100386-02

作者简介

苏朝晖　教授

清华大学高级访问学者，中国高等院校市场学研究会常务理事，主要研究领域为营销管理、服务管理、客户管理、品牌管理等，已主持完成国家重大科研项目及省部级科研项目 5 项，发表学术论文 60 余篇，出版专著《服务营销管理——服务业经营的关键》《科技服务研究》《客户关系的建立与维护》《经营客户》，主编《客户关系管理——客户关系的建立与维护》《市场营销——从理论到实践》《品牌管理——塑造、传播与维护》《市场学——经营战略与策略》《消费者行为学》《客户服务实务》《电商客户关系管理》《直播营销》等多部教材，曾为中国移动、中国邮政、兴业银行等提供相关咨询及培训服务。

前 言

服务是向他人提供价值的社会活动，经济和科技的进步赋予了现代服务以新的内涵，推进了服务业的创新发展。服务业在增加就业岗位、改善产业结构、提高人民生活水平、促进国民经济增长、保持社会稳定等方面发挥了十分重要的作用。

党的二十大报告中提出"构建优质高效的服务业新体系，推动现代服务业同先进制造业、现代农业深度融合"。当前我国服务业的发展正处在一个方兴未艾的关键时期，服务业占国民经济的比重日益提高，影响越来越大。然而，由于历史和观念等原因，我国服务业的发展仍然相对滞后。当然，有相当多的服务机构不是观念问题，而是不善于营销，不善于管理，这样就无法让自身发展壮大。本书所探讨的内容正是服务机构经营发展过程中面临的关键问题，对相关知识进行理解、消化、掌握和应用，必将有助于推动我国服务业的快速发展。

由于服务不是物件而是行为或过程，具有非实体性、差异性、过程性、不可储存性等区别于有形产品的特点。因此，服务机构在开展服务营销管理活动时必须充分考虑服务的特性，发挥和利用其有利因素，克服和回避其不利因素。遗憾的是，当前许多关于服务营销、服务管理类的书籍对服务特性的研究不够深入，由于没有触及服务的本质，也就无法解决服务营销、服务管理的根本问题。

鉴于国内经济形势的变化，服务营销管理的要求也在变化。作者在第 2 版的基础上进行了大量的更新。本书借鉴和吸收了国内外关于服务营销及服务管理的最新研究成果，并且去粗取精，不人云亦云，在深入分析服务特性对服务营销管理影响的基础上，以 7Ps[①]为主体内容，为读者提供了一系列服务营销管理的思路与对策，具体内容包括：导论、产品策略、定价策略、分销策略、促销策略、展示策略、人员策略、过程策略、供求管理、质量管理和品牌管理等。

本书紧密联系服务业的经营实践，努力做到理论与实务相结合，深入浅出，通俗易懂。每章设置了引例、案例、知识拓展、延伸阅读、本章练习等板块。书中配有大量典型生动的案例，可便于读者更好地领会服务营销管理的要义。

本书提供了丰富的教学资源，包含课件、教案、教学大纲、教学进度表、练习题答案、模拟试卷及答案等，教师可通过扫描右侧二维码获取(每年更新)。

书中如有不足之处，恳请读者批评指正，建议与意见请反馈至822366044@qq.com。

教学资源

苏朝晖

2023 年 1 月

---

① 7Ps，包括产品(product)、价格(price)、渠道(place)、促销(promotion)、人员(people)、有形展示(physical evidence)和过程(process)7 个要素。

目 录

第一章

导　论

❖ **引例** | 保险公司的产品

　　保险公司的保险产品摸不到、听不见、嗅不出，投保人在购买保险时不能像购买其他产品那样进行直观判断。保险公司提供给顾客的实际上是一种"保障"服务，这种保障在理赔前通常是感受不到的，投保人在购买时只能看到保险服务人员、保单和保险条款，只有当保险事故得到理赔时，顾客才能真切地感受到"保障"的存在。

　　服务营销管理的研究必须从研究服务及其特性开始，只有了解和掌握了服务的特性及给服务营销管理带来的影响后，才能针对服务的特性开展营销管理活动，这样也才能使服务营销管理理论切合服务业的实际情况。

第一节 | 服务及其特性

一、服务的定义

　　《辞海》对服务的解释：一是为集体或为别人工作；二是指"劳务"，即不以实物形式而以提供活动的形式满足他人的某种需要。

　　ISO9000 系列标准中对服务的定义是：服务是为满足顾客的需要，在同顾客的接触中，供方的活动和供方活动的结果。

　　1960 年，美国市场营销学会最先指出：服务是用于出售或者随同产品一起出售的活动、利益或者满足感。之后又做出了补充：服务是不可感知却可使欲望获得满足的活动，这种活动并不需要与其他产品或服务的售出联系在一起。生产服务时可能不会利用到实物，而且即使需要借助某实物协助生产服务，也不涉及此实物的所有权转移问题。

　　1966 年，美国的拉斯摩(Rathmall)对无形服务与有形实体产品进行区分，指出"服务是一种行为、一种表现、一种努力"。

1990 年，格罗鲁斯(Gronroos)将服务定义为：服务是指或多或少具有非实体特点的一种或一系列活动，通常发生在顾客同服务的提供者及其有形的资源、产品或系统相互作用的过程中，以便解决顾客的有关问题。

综合各方观点，本书认为，服务是机构或人员为满足他人或组织需要而提供的有价值的活动。

二、服务的特性

20 世纪 70 年代，肖斯塔克(Shostack)发表了里程碑式的论文《从产品营销中解放出来》，该文研究了服务与有形实物产品的异同及服务的特点。此外，贝特森(Bateson)、肖斯塔克(Shostack)、贝里(Berry)等人归纳出服务具有无形性、差异性、不可分离性、不可储存性四大特点，时至今日一直被作为研究服务问题的理论基础。

1995 年，美国著名学者科特勒(Kotler)提出：服务是一方能够向另一方提供的、基本上是非实体的活动或利益，并且不导致任何所有权的产生；它的生产可能与某种有形产品联系在一起，也可能无关联。

综合各方观点，本书认为，服务具有"非实体性""差异性""过程性""不可储存性"四大特性。

(一) 服务的非实体性

服务的"非实体性"的含义如下。

1. 服务没有物理及化学属性，不可触摸与陈列

我们知道，产品是物质的、实体的，有物理及化学属性的，其质量可以用确切的标准来衡量，用精确的数值来表示。例如，抽油烟机的质量优劣可以用安全性能、使用性能(风量、风压、噪声、电机输入功率)等指标来衡量。另外，产品可以触摸、陈列，以便于顾客进行比较、挑选。例如，购买一双鞋子，顾客在购买前就能够确认鞋子的特点，比如颜色、款式、硬度和气味等，还可以拿起鞋子感受它的质量和重量，甚至直接把它们穿到脚上试试是否合脚。

相比之下，服务是非物质的、非实体的，没有体积、重量、密度、长度、大小，没有物理与化学属性，不可以触摸、尝试、聆听、陈列，服务提供者无法向顾客提供服务样品，更无法回答服务的形状、颜色、成分是怎样的。

2. 服务载体不是服务的本质

服务有时需要一定的载体，但这些实体成分并不是服务的本质。

例如，菜肴、点心、酒、茶等这些实体成分并不是餐饮服务的本质，因为这些在菜市场、超市也可以购买得到，它们只是餐饮服务的载体；烹饪服务、就餐服务、舒适服务等才是餐饮服务的本质，而这些都是非实体的。

再如，虽然我们可以触摸柜员机、银行卡等，但它们只是银行服务的一部分载体，这些实体成分并不是银行服务的本质；银行服务的本质是存贷款服务、中间业务、投资理财服务等，

这些都是非实体的。

服务的非实体性被认为是其最基本的特点，其他特点都是从这一特点派生出来的。

(二) 服务的差异性

服务的差异性是指同一项服务会因为提供的主体、时间、地点、环境、方式及气氛的变化，而使服务的内容、形式、质量等产生差异。之所以会这样，主要有以下两方面的原因。

一方面，服务主要是由人来提供的，而人的气质、态度、修养与技术水平的差异，会导致不同的人提供的服务在内容、形式、质量上有所不同。例如，不同厨师所做的饭菜是不一样的味道。

另一方面，即使同样一个人在不同的状态下，提供同一项服务也是不一样的。例如，再优秀的歌唱演员，在不同的时间或场合演唱同一首歌曲也是有差异的。

(三) 服务的过程性

有形产品通常在工厂生产，在商店、网店销售，在使用中消费，这三个环节泾渭分明，也就是说，人们可以从时间和空间上把产品的生产、流通与消费区分开来。另外，由于有形产品是一个终止的状态，我们到工厂或者商店购买产品，付款后就立马可以将产品提走。

相比之下，服务的生产、流通和消费一般是同时、同地进行的。

首先，服务生产一旦开始，服务流通与消费也就开始，服务生产一结束，服务流通与消费也宣告完成。例如，歌唱家唱完一首歌，观众也同时消费了其服务。

其次，人们若不身临其境，便很难想象和体会到服务中的感受。例如，没有亲自乘坐航班，就无法享受空中服务；除非亲自到比赛现场，否则无法感受现场热烈的气氛。

当然，如今通过技术的创新和模式的创新可以使某些服务的生产与消费在时间、地点上实现分离。例如，随着信息技术的应用，学生不用进学校就能通过计算机、手机等智能终端设备学习。但无论怎样，服务都不是一个静止的实体，而是由一系列行为和过程组成，正因为如此，我们去消费一项服务，无法做到付款后就能够立刻带走"服务"。

(四) 服务的不可储存性

服务的不可储存性的含义如下。

1. 服务不能先生产后储存待售

服务提供者不能像工厂那样生产产品放在仓库里等待发货。例如，酒店的客房服务不能储存，今天没有客人住宿，客房就闲着，就是实实在在的损失；飞机上的座位同样不能储存，这趟航班剩下的座位是不可能保存到下一趟航班的。这些空房间、空座位，以及闲置的服务设施和人员，都是不可补偿的损失，具体表现为获利机会的丧失和折旧的发生。

2. 顾客无法购后储存

顾客购买或者消费服务后，"服务"也随即消失，不能在时间上或空间上将服务保存起来。例如，看电影，当电影播完后服务随即消失，不能储存；去饭店吃饭，服务人员为顾客提供接衣、挂帽、拉椅、让座、斟茶、倒酒等服务，一旦顾客离开，饭店的服务也随即消失。

当然，也应该看到，随着信息技术的应用发展，一些信息服务，如知识服务、表演服务等可以储存在计算机硬盘、U盘、云盘等存储介质中，但是直接作用在人体上的服务显然还不能储存。

另外，虽然服务不能储存，但是服务能力可以储存在服务机构、服务人员、服务设备等载体上，只要其存在，那么就可以日复一日、周而复始提供服务。

三、服务与有形产品的联系

从"所有能够满足人们需要的任何东西都是产品"这个定义出发，有形产品和服务都是"产品"，只不过服务是非物质形态的产品，它虽然没有物理、化学属性，但它可以满足人们的某种需求。例如，理发、美容、表演、培训、运输等，它们都是服务，都可以满足人们的某种需求。

(一) 服务与有形产品无明显界限

从本质上看，服务与产品两者之间并无严格界限。

首先，不存在不需要任何产品支持的服务。在许多情况下，服务往往是通过有形的产品或与有形的产品结合来发生作用。例如，学校提供的教学服务是非实体的，但是教材、教室、宿舍则是实实在在的产品；医院提供的医疗服务是以药品、医疗设备等有形产品为基础的；公园、景点、游乐场提供的服务也是以所拥有的自然风光、人造景观或设施为基础的。

其次，不存在无须借助任何服务手段的产品。例如，产品都需要分销，而分销就是一种服务。此外，在顾客购买产品之前还有售前服务，购买过程中有讲解、演示等售中服务，购买产品后有送货、保修等售后服务。

可见，任何一个机构，其所提供的产出实际上都是"有形产品+无形服务"的混合体，只不过是各自所占的比例不同。

(二) 服务与有形产品密不可分

事实上，顾客的购买往往都包含实体性产品和非实体性服务两种成分，只不过购买产品时以实体占主要成分，购买服务时则以非实体占主要成分。正因为如此，近年来出现了一个新的组合词"prodice"，是由"product"和"service"两个单词合成的，以说明产品与服务两者之间密不可分的关系。

科特勒(Kotler)把市场上的产品分成5种：几乎纯粹的有形产品，如肥皂、牙刷、盐等几乎没有附加任何服务成分；附加部分服务的有形产品，如汽车、电脑等附加了一些服务是为了促使顾客乐意购买这些有形产品；混合物，即服务与有形产品大约各占一半，如餐馆、旅馆里的服务与有形产品是并举的；附带有少量有形产品的服务，如教育、医疗等服务虽都附带提供一些有形产品，但其主要提供的仍是相关服务；几乎纯粹的服务，即几乎不会附加任何有形产品，如照看婴儿、心理咨询等服务。

总之，无论是产品还是服务，都是满足人们需要的解决方案。在今天的社会大系统中，服务业与制造业、制造业中的产品生产和市场服务彼此交织，互相推动，从而使制造与服务之间的界限很难分割清楚。许多传统意义上的产品制造商也积极开展服务工作，提供研究、设计、后勤、维修、金融、法律等服务，其中所形成的附加价值构成了潜在的利润来源。

(三) 服务与有形产品之间既可能相互促进，又可能相互替代

一方面，服务与产品可能相互补充、相互促进，如电视机、计算机等耐用工业品的普及，必然会扩大与之有关的影视、互联网等服务业的市场；同样，这些服务业的发展，又必然反过来增加使用电视机、计算机的需求，两者交互作用、相辅相成。

另一方面，服务与产品又可能相互替代，如租赁了房屋，人们就可以在一段时间内不用考虑购房；相反，如果人们自己买了房，就不用考虑租房。

第二节　服务特性对服务营销管理的影响

一、服务的非实体性产生的影响

(一) 顾客难以对服务进行比较和评价

首先，顾客在消费前很难比较和评价服务。

例如，顾客到一家从未去过的酒店，在服务开始之前他对酒店的服务是无法预知的——他无法以对待实体产品的方式去触摸、去试用，也不知道自己能享受到哪些服务，如是否提供餐饮、健身场地等。只有享受了酒店的服务以后，顾客才会有所了解。再如，观众购买了电影票，但是在观看之前对这部电影的剧情大多是没有概念的，只有实际看了以后，才会对影片有全面的了解和评价。

为了降低服务的消费风险，顾客需要做出更大的努力和投入更多的时间去查找相关信息。这种事前寻找服务信息所付出的时间和努力远远超过购买实物产品，如第一次请家庭教师、外科医生、律师、保姆等，通常都会有此经历。

其次，顾客在消费后仍然很难比较和评价服务。

例如，在接受医生的治疗后，病人也很难马上评价医生的治疗水平，通常需要经过一段时间才能做出评价。

(二) 机构难以对服务进行检查、控制和考核

由于服务的非实体性，服务机构难以对服务进行事前检查、事中控制，更难以对服务进行事后考核，因而较产品事故来说，服务事故较频发，而且由于服务的非实体性，服务的投诉和纠纷也较难处理。

通俗地说，产品就好像是录影带，它可以在与观众见面之前不断地进行编辑、加工、完善，直到令人满意为止；而服务就好像是现场表演，无法编辑、加工、完善后再与观众见面，一旦出现差错就已经造成不良影响。

(三) 服务差别化优势往往昙花一现

由于服务的非实体性，法律很难为服务方式、服务创意、服务特色提供保护，这就导致优质的服务经常被模仿。例如，招商银行为顾客提供了舒适的环境，配备了座椅及饮水机，但此后迅速被多家银行模仿，最后演变成普遍的行业标准。所以，服务业不得不经常创新，但遗憾的是，每次创新都不能一劳永逸，往往很快被模仿而难以成为持久的优势。

❖ **案例** │ 被抄袭的线路

为防其他旅行社"抄袭"，武汉某旅行社将"千名老人下江南"线路提交工商部门申请注册商标。该旅行社总经理表示，注册商标实在是迫于无奈。此前，他们曾吃过好几次亏——在武汉办起的军事夏令营，反响良好，不料市场上马上就出现了类似的夏令营活动，他们的后期计划因而夭折；后来他们又办起了"住北大，看清华"夏令营，很快类似线路又在别家出现。这次他们设计的"千名老人下江南"线路，涵盖10个城市，反响不错，但后来其成了市场上的"公用线路"。无奈之下，该旅行社只能向工商部门申请注册，希望能受到保护。对于这一做法，其他旅行社不以为然，另一位旅行社的经理称，即使注册成功，这条旅游线路的编排顺序在其他社仍然可以用，只是不能使用相同或类似的名称，所以意义不大。

(资料来源：根据网络资料整理而来。)

为了保护服务的创意、思想不容易被抄袭，服务机构或服务者可以采取"类产品"的方式保护。例如，虽然演说内容无法得到保护，但是演说的出版物可以得到著作权的保护。

(四) 服务的所有权没有发生转移

顾客到工厂或商店购买产品时，付款后就可将产品取走。由于服务的非实体性，顾客没有办法"拿到"服务，服务在交易完成后便消失了，顾客并未像购买产品那样获得实际的东西。也就是说，服务是一种顾客不能带走的行为，顾客能够占用服务人员、设备等，能够带走服务行为的影响，但却带不走服务能力。

例如，人们听完一场演唱会，只是得到了精神上的享受，而带不走歌手和他的歌声。旅客乘坐交通工具从一个地方到另一个地方，旅客手里除了机票或车票，没有从交通运输公司得到任何东西，"交通服务"的所有权是没有转让给旅客的。

服务所有权不发生转移对服务机构是有好处的——"服务"始终都在服务机构"手上"，同一时间的服务能力只会被顾客占用但不会被顾客带走，服务机构可以在不同时间重复提供服务，而不会像产品那样卖一件就少一件。简单地说，产品只能卖一次，而服务可以重复地卖。

(五) 具有神秘感与较高的顾客忠诚度

由于服务的非实体性，使得"服务"多少带有一些神秘的色彩，这反而可能有利于吸引顾客前来体验、消费。

另外，由于顾客同样难以全面了解到有关替代服务的情况，因此顾客对替代服务能否比现有服务更好亦无把握，因而不会轻易转换服务机构，而是会相对忠诚于自己体验过感觉还不错的现有服务机构。

二、服务的差异性产生的影响

对顾客来说，由于服务的差异性，造成顾客对每次的服务消费都有一定的顾虑，在购买和消费服务前没有把握，甚至对服务缺乏信心。

对服务机构来说，服务的差异性使得服务变得异常复杂且充满了不确定性，无法像有形产品那样标准化，这对于服务品牌的建设提出了挑战。

三、服务的过程性产生的影响

(一) 顾客的参与度较高

由于服务具有过程性，使顾客的参与度较高，服务机构只能等顾客到来后才能正式提供服务，并且，如果参与服务过程的顾客不予配合，还会影响服务质量及效果。

例如，医生只有见到病人后才能够开始医疗服务，其中病人只有把病情全面如实地告诉医生，医生才能准确地做出诊断并对症下药。同样，咨询师也必须依赖与顾客的互动才能解决问题，如果顾客不参与、不配合，或者是在互动过程中向咨询师提供虚假信息，那么咨询服务的效果就得不到保证。

(二) 服务受到地理和时间因素的限制

过程性使服务受到地理因素或时间因素的限制，即顾客只能在一定的时间和区域内才能接受服务，如果服务机构的网点少、服务时间短就会影响客流量。此外，过程性使顾客总是在一定的服务场所内接受服务，而服务设施、服务环境、服务气氛等因素都会影响顾客对服务的感知和评价。

(三) 服务效率受到限制

服务是一种过程，每项服务都需要一定的程序和时间，服务机构必须循规蹈矩、按部就班地提供服务，而不能"三步并作两步走"，这就制约了服务供应的速度和效率。

例如，医疗诊断和治疗、法院审理和宣判都是一个复杂的过程，规定程序很难被压缩；同样，电影的放映、戏剧的演出都有一定的节奏，只能按部就班，不能加快。

(四) 服务管理的难度较大

服务的过程性使得服务机构无法对服务进行事先检查和把关，等发现失误时已经来不及了，也无法更改或退换，这就给服务机构带来了很大的挑战。如前所述，电影的制作可以反复剪辑直到满意为止，而现场演出则"覆水难收"，不能重新来过。

在服务过程中，服务态度、服务技能、服务水平等因素都会影响顾客对服务质量的感知和评价，双方接触的每一个环节，接触过程中哪怕一个小小的失误，都会影响整体服务质量，并且要求所有部门及全体人员必须通力配合与协调，以积极的态度全力以赴地参与服务过程，所有这些都使得服务管理难度大大增加。

四、服务的不可储存性产生的影响

(一) 造成服务供应与服务需求经常不平衡

由于服务的不可储存性，不可能将消费淡季或低谷时的服务储存起来留到旺季或高峰时出售，也就是说，服务业不能像制造业那样依靠库存来缓冲和适应市场需求的变化，从而造成服务供应与服务需求经常不平衡。

所以，服务机构有时候会很清闲，有时候却非常繁忙。当供大于求时，过剩的服务能力被闲置。而当供不应求时，又不可能在短时间内迅速提高服务能力，这就可能造成顾客需要排队等候的情况。

(二) 影响服务业的规模经济

产品因其可储存的特性，可以通过大规模生产来实现规模经济，并通过库存调节生产规模与消费需求之间的矛盾。

在理想的状况下，服务机构的服务能力刚好满足服务需求，既没有出现服务能力过剩，也没有出现服务能力不足的现象。在这种状况下，服务成本往往是最低的，因为实现了服务供给与服务需求的最佳匹配，实现了规模经济。

而现实是，服务不可生产后加以储存，不能通过库存调节服务规模与消费需求之间的矛盾，因此服务业在大部分时间(非高峰期、非旺季)是不能实现规模经济的。比如，城市公交往往只能在一天的几个高峰时点实现规模经济；旅行社和旅游景区在一年中往往只能在旅游旺季实现规模经济。

第三节 ┃ 服务及服务业的分类

一、服务的分类

(一) 按服务的时序分类

按服务的时序进行分类，服务可分为售前服务、售中服务和售后服务。

(二) 按服务的地点分类

按服务的地点进行分类，服务可分为定点服务和巡回服务。

定点服务是指通过在固定地点建立服务网点或委托其他部门设立服务网点来提供服务，如生产服务机构在全国各地设立维修服务网点、零售门市部等。

巡回服务是指没有固定地点，由销售人员或专门派出的维修人员定期或不定期地按顾客分布的区域巡回提供服务，如流动货车、上门销售、巡回检修等。这种服务适合在服务机构的销售市场和顾客分布区域比较分散的情况下采用，因其深入居民区，为顾客提供了便利而深受欢迎。

(三) 按服务的渠道分类

按服务的渠道进行分类，服务可分为线上服务和线下服务。

(四) 按服务的费用分类

按服务的费用进行分类，服务可分为免费服务和收费服务。

免费服务即不收取任何费用的服务，一般是附加的、义务性的服务。

收费服务是指提供的服务需单独收取费用。这类服务一般不以营利为目的，主要是为了方便顾客。

(五) 按服务的次数分类

按服务的次数进行分类，服务可分为一次性服务和经常性服务。

例如，送货上门、产品安装等通常属于一次性服务，产品检修等通常属于经常性服务。

(六) 按服务的技术分类

按服务的技术进行分类，服务可分为技术性服务和非技术性服务。

技术性服务是指提供与产品的技术和效用有关的服务，一般由专门的技术人员提供，主要包括产品的安装、调试、维修，以及技术咨询、指导、培训等。

非技术性服务是指提供与产品的技术和效用无直接关系的服务，它包含的内容比较广泛，如广告宣传、送货上门、提供信息、分期付款等。

(七) 按服务的性质分类

按服务的性质进行分类，服务可分为功能性服务和态度性服务。

功能性服务是指满足顾客需要、解决顾客实际问题的服务，体现了服务机构或客服人员在服务顾客过程中的专业服务水平。不同行业所提供服务的功能显然是不同的。

态度性服务就是以热情、微笑、诚意、尊重、关注等良好的应对态度来服务顾客。不同行业所提供的态度性服务可以是相同或相似的。服务人员的态度是赢得顾客好感的保证，如果他们态度友善而温和，则可提高顾客的满意度和忠诚度；相反，若服务人员态度冷淡或粗鲁，则会使顾客感到不快。

(八) 按服务的内容分类

按服务的内容进行分类，服务可分为核心服务、便利服务和配套服务。

核心服务是顾客能够从服务机构中获得的最重要的服务利益，它体现了服务机构最基本的功能。

便利服务是顾客在消费核心服务时能够得到便利的服务，便利服务不仅使核心服务易于消费，而且增加了核心服务的价值与吸引力。便利服务能有效地降低顾客的购买成本，为顾客创造良好的服务体验，如服务机构延长工作时间、增加服务网点、提高服务效率等。

配套服务是指服务机构通过整合服务能力，提供整体解决方案，甚至是"一条龙"式的服务，从而使顾客能够在同一个服务机构得到尽可能多的价值，提高服务机构的竞争力。例如，婚庆服务公司将婚纱摄影、婚宴定制、蜜月旅行等相关服务配套提供，为新人们提供了方便。

❖ 案例 | "7-ELEVEn" 便利店

日本 "7-ELEVEn" 便利店以便利为宗旨，营业面积基本上都是100平方米左右，经营品种约3000个，都是比较畅销的产品。其中，食品约占75%，杂志、日用品约占25%。为了做到方便顾客，便利店分布稠密，在有 "7-ELEVEn" 便利店的地区，顾客只需步行约7分钟就可以看到一家便利店。全天经营，当顾客深夜不能入睡或有日用品的需要，到附近的便利店逛逛是不错的选择。便利店除了经营人们的日常必需品外，还协助所在地区收纳电费、煤气费、保险费、水费、通信费等，是一个真正为居民着想的便民利民商店。商业中心的 "7-ELEVEn" 门店，除了推出简单营养的早点、丰富的午餐和零食，还推出了订票、代收、订购、送货上门等服务。

(资料来源：根据网络资料整理而来。)

📖 延伸阅读 | 零售机构提供的便利服务

当零售机构出现服务供不应求时，就可能会怠慢顾客，导致顾客流失。国外的研究成果表明，约83%的女性和91%的男性会因为需要排长队结账而停止购物。因此，零售商要为顾客减少时间成本、体力成本、精力成本、心理成本而提供各种便利，从而创造美好的购买体验。

零售服务机构至少可以为顾客提供如下4个方面的便利。

一是进入便利，即要让顾客很方便地与服务机构进行往来。首先，零售服务机构的选址起着关键的作用，如果能够位于人口密集、交通便利的地段，就能够为顾客提供进入便利，零售服务机构的营业收入和利润自然也比较高；其次，营业时间也影响顾客的进入便利，所以零售服务机构要尽可能延长营业时间，如24小时营业；再次，通过提高服务效率，如电话订货、网上服务、特快专递服务等也可以为顾客创造进入的便利性。

二是搜寻便利，即要让顾客很容易找到自己所需要的产品。浪费顾客的时间和精力是零售经营中普遍存在的通病，造成这种通病的主要原因有产品陈列不当、结算不便等。所以，零售服务机构在产品布局、场地布置、通道线路设置上要合理，要根据顾客的时间价值来进行设计，以方便顾客选购和识别产品。"一站式"服务的实质就是服务的集成、整合，其最大优点在于，顾客能集中在一个服务站点办完其所需服务事项，节省顾客搜寻服务站点的时间。

三是占有便利，即要让顾客能够很快地得到自己所选购的产品。这就要求服务机构存货合理，交货及时快捷，送货上门，提供安装服务。零售服务机构还要努力提高服务人员的技能和积极性，必要时增加服务人员或兼职雇员，或者通过外部合作与互助协议作为预备，以备不时之需。

四是交易便利，即要让顾客很快和很容易地完成交易。服务设施是影响服务质量的重要因素，例如，若收款机经常出故障，顾客的满意度就会下降。因此，零售服务机构应该不断改善自己的服务设施，提高设施的完好率。

二、服务业的分类

服务业，顾名思义，是以提供服务来获取报酬的行业。

如今，服务业已经从制造业的附属物开始走向前台，并逐渐成长为引领制造业发展的主导力量，成为创造社会财富、满足社会需要的重要产业部门。早在 2005 年美国《财富》杂志评选的全球 500 强企业中，共涉及的 51 个行业中有 28 个属于服务行业。

一般来说，服务业分为生产性服务业、生活性服务业和公共服务业三个大类。

(一) 生产性服务业

生产性服务业，包括为生产活动提供的研发设计与其他技术服务，货物运输、通用航空生产、仓储和邮政快递服务，信息技术服务，金融服务，节能与环保服务，生产性租赁和商务服务，人力资源管理与职业教育培训服务，批发与贸易经纪代理服务，生产性支持服务等。

(二) 生活性服务业

生活性服务业也被称为顾客服务业、消费性服务业或民生服务业，是指满足居民最终消费需求的服务活动。根据国家统计局《生活性服务业统计分类(2019)》，生活性服务业包括十二大领域：居民和家庭服务、健康服务、养老服务、旅游游览和娱乐服务、体育服务、文化服务、居民零售和互联网销售服务、居民出行服务、住宿餐饮服务、教育培训服务、居民住房服务、其他生活性服务等。

这里需要说明的是，在现实经济实践中，生产性服务业和消费性服务业存在一定程度的交叉和重合，有些服务业往往很难进行明确的归类细分，如金融业、信息服务、交通运输等，它们既具有生产性服务的性质，又带有消费性服务的特征。

(三) 公共服务业

公共服务业，具有非营利性等特点，主要包括政府公共服务、基础教育和公共卫生，以及军队、警察、消防、民政等。

第四节　服务营销管理的研究历程与组合策略

一、服务营销管理的研究历程

(一) 起步阶段

1972 年，莱维特(Levitt)在《哈佛商业评论》上发表了《生产线法在服务中的应用》一文，是最早从理论上进行服务运作管理研究的代表人物，他提出了"服务工业化"的观点，即将制造业的管理方法应用于服务业，使服务业的运作活动"工业化"。

1976 年，沙瑟(Sasser)在《哈佛商业周刊》上发表了名为《在服务业中平衡供应与需求》的文章，两年后，其著作《服务运作管理》问世。

1978 年，蔡斯(Chase)也在《哈佛商业周刊》上发表了一篇文章，名为《顾客在何处感受服务运作》，指出运作管理部门必须考虑两种类型的运作，一种是传统的工厂式后台作业，另一种是前台面向顾客的直接接触。

(二) 探索阶段

1981 年，泽丝曼尔(Zeithaml)在美国市场营销协会学术会议上发表了《顾客评估服务如何有别于评估有形产品》一文，肯定了服务特点对顾客购买行为的影响。美国服务营销学者布姆斯(Booms)和比特纳(Bitner)于同年提出了服务营销与管理 7Ps 组合理论，在传统 4Ps 营销组合的基础上，加入人员(people)、有形展示(physical evidence)和过程(process)三个要素作为扩展的服务营销与管理组合的核心构成要素，以解决服务机构面临的特殊营销问题。

卡尔森(Carlzon)把服务接触称为"关键时刻"，说明顾客对服务接触的感知是决定顾客满意度、质量感知，以及长期忠诚度的关键因素。在服务设计领域的研究成果主要表现为肖斯塔克(Shostack)的服务蓝图理论。

在服务质量研究方面，感知服务质量、服务质量差异模型等概念相继提出。服务接触方面的研究是在诺曼(Normann)将"关键时刻"概念引入服务管理理论后逐渐丰富起来的，大量文献是围绕顾客与服务提供者之间的互动问题进行研究的。1984 年，诺曼(Normann)出版了世界上首部有关服务机构管理的著作《服务管理》。他在书中阐述了服务管理的作用在于将恶性循环转变为良性循环，提出了包括服务提供系统和文化与哲学在内的服务管理系统的构成。

格罗鲁斯(Gronroos)在 1983 年出版的《服务的战略管理与营销》和 1990 年出版的《服务营销与管理》两部著作的意义重大，他在书中提出了服务管理的定义，指出应从 5 个方面认识服务管理，还提出了服务机构经营战略应以"服务"为导向的观点。所罗门(Solomon)等人于1985 年在《市场营销月刊》发表的《二元互动的角色理论总览：服务接触》一文，描述了服务接触中的关键部分，开启了服务接触研究的序幕。

(三) 挺进阶段

在 1985—1995 年，蔡斯(Chase)、梅斯特(Maister)和洛夫洛克(Lovelock)这三位服务管理研究专家建立起了较先进的服务管理概念模型，形成了比较独立的服务管理研究领域。顾客关系、顾客满意、服务保证、服务过程、服务质量、服务补救，以及服务业的全面质量管理等服务管理理论与方法研究基本成型。

1990 年，国际首个服务运作管理学术会议召开，这次会议为了突出服务管理的多学科整合性，避免同制造业中"运作"的概念混淆，决定将"服务运作管理"中的"运作"二字删除。以此为开端，"服务管理"作为一门新兴学科得以整体显现。哈特(Hart)等人 1990 年在《哈佛商业评论》中提出服务补救的概念，拟通过服务补救来弥补服务提供中的缺陷。

1990 年，格罗鲁斯(Gronroos)对有形产品与服务的特点进行了对比分析，两者的差异可概括为：存在形式——有形产品是一个具有实体的、独立静态的物质对象，而服务是非实体的、无形的，是一种行为或过程；表现形式——有形产品是一种标准化的产品，而服务大多难以标准化，每一类服务都可能与其他同类服务的表现形式有所差异；生产、销售与消费的同时性——有形产品的生产、销售及消费可以完全独立进行，顾客不参与生产过程，顾客的消费也无须机构的参与，而服务的生产、销售和消费是同一个不可分离的过程，顾客和服务人员必须同时参与才能完成；核心价值的产生方式——有形产品的核心价值是在工厂里就已经确定的一种凝聚在产品当中的静态属性，服务的价值是在顾客与服务人员的接触中产生的，它不可能事先被创造出来，是一种动态的属性；存储性——有形产品可以在一定时间内存储，而服务的生产和消费是同时进行的，生产的过程即是消费的过程，不可存储。

20 世纪 90 年代以后，学者们开始对业务驱动与经营业绩或运行业绩的关系，如寻找内部驱动因素(员工满意度、服务质量、内部服务质量等)与外部产出(顾客满意度、盈利指标等)之间的有机联系进行研究。比较有代表性的观点是：詹姆斯(James)于 1994 年在《哈佛商业评论》中提出服务利润链的概念，研究服务能力管理、服务补救、内部营销等新的领域；1996 年，洛夫洛克(Lovelock)从管理服务需求出发，提出服务生产能力管理问题，他认为首先要了解服务需求模式和决定因素，制定管理服务需求的策略和通过排队系统和预定系统管理顾客行为，存贮顾客需求。

二、服务营销管理的组合策略

服务的非实体性、差异性、过程性、不可储存性深刻地反映了服务的本质特点。因此，服务机构在开展服务营销与管理活动时必须充分考虑服务特性的影响，发挥和利用其有利因素，克服和回避其不利因素，这样才能使服务营销与管理理论切合服务业的实际，增强策略的针对性和有效性。

美国服务营销学者布姆斯(Booms)和比特纳(Bitner)于 1981 年提出了服务营销 7Ps 组合策略，即产品(product)、价格(price)、渠道(place)、促销(promotion)之外，增加"有形展示"(physical evidence)、"人员"(people)、"过程"(process)。考虑到服务的不可储存性及带来的影响，本书还将介绍服务供求管理，另外，也对服务质量管理、服务品牌管理进行了阐述。

┃本章练习

一、不定项选择题

1. 贝特森(Bateson)、肖斯塔克(Shostack)、贝里(Berry)等人归纳出服务具有(　　)等特点。
   A. 无形性　　　　　B. 不可分离性　　C. 不可储存性　　D. 差异性

2. 由于服务的(　　)，服务的效果有赖于顾客的配合，如果顾客不予配合，就会影响服务的进行及服务的效果。
   A. 非实体性　　　　B. 过程性　　　　C. 不可储存性　　D. 差异性

3. 服务的(　　)使得服务变得异常复杂且充满了不确定性，无法像有形产品那样标准，这对于服务品牌的建设提出了挑战。
   A. 非实体性　　　　B. 过程性　　　　C. 不可储存性　　D. 差异性

4. 服务的(　　)造成了服务供求的矛盾，也造成了服务业规模经济很难实现。
   A. 非实体性　　　　B. 过程性　　　　C. 不可储存性　　D. 差异性

5. 由于服务的(　　)，法律不能为一个服务方式、服务创意、服务特色提供保护，这就使得优质的服务会因为被模仿而很快失去优势。
   A. 非实体性　　　　B. 过程性　　　　C. 不可储存性　　D. 差异性

二、判断题

1. 顾客的消费会造成服务所有权的转移。　　　　　　　　　　　　　　(　　)
2. 服务是机构或人员为满足他人需要而提供的有价值的活动。　　　　　(　　)
3. 顾客在消费前很难比较和评价服务，消费后仍然很难。　　　　　　　(　　)
4. 产品与服务两者之间密不可分。　　　　　　　　　　　　　　　　　(　　)
5. 服务与产品之间不能相互促进、相互替代。　　　　　　　　　　　　(　　)

三、思考题

1. 什么是服务？服务具有哪些特性？
2. 服务的四大特性对服务营销管理会产生哪些影响？
3. 服务可以怎样分类？服务业可以怎样分类？
4. 请举例说明服务与有形产品之间的联系。
5. 如何理解"产品只能卖一次，而服务可以重复地卖"？

第二章

产品策略

❖ **引例** | 第三生活空间

英国历史学者布莱恩特·西蒙(Bryant Simon)说,星巴克和其他咖啡馆一样,都是填补了"人们与他人建立联系的内心渴望",但与18世纪伦敦的咖啡馆和20世纪50年代纽约的咖啡屋不同的是,"星巴克让你感觉同样可以在公共空间里享有独立",即第三空间——家和办公室之外的第三个地方,一个可以休息、阅读、思考、写作,甚至发呆的地方。星巴克也愿意将自己称为"家以外的另一个家"。据调查,美国人光顾星巴克的前三大原因,第一是"第三空间",第二是会面地点,第三是其饮品。

星巴克没有把咖啡馆开在星级酒店里,反而开在机场、商务中心等地方。为什么会把咖啡馆开在这些地方呢?因为在这些地方,我们几乎没有属于自己的空间。星巴克用一杯咖啡,一种熟悉的咖啡味道,让我们仿佛有了一个自己的空间,可以实现人与人之间最轻松的交往,可以不受任何干扰地写作业、看书。就是这样,星巴克飞速成长,取得了很大的成功。

此外,巴克的店面装潢十分考究,既创造了统一的外观,同时在其中又加入了各种变化,利用风格体现星巴克门店的美感。这就使得商务人士在选择商务会谈地点时会毫不犹豫地选择星巴克这样一个地理位置优越、装修风格良好、氛围舒适轻松的利于洽谈的咖啡厅了。

在星巴克,精湛的钢琴演奏、经典的欧美音乐背景、流行的报纸杂志、精美的欧式饰品等配套设施,营造出一种高贵、时尚、浪漫的氛围,这种独特的"星巴克体验", 让全球各地的星巴克店成为人们除了工作场所和生活居所之外温馨舒适的"第三生活空间"。柔和的灯光、清洁的环境、软软的大沙发与木质桌椅,随便挑一张椅子坐下,就可以把自己静静放松在音乐混着纯净咖啡香的环境中。如果你是常客,不用开口,店员就会送来你习惯喝的饮料,在人群中享受一点熟悉的礼遇。让顾客感到放松、安全的地方,也是有归属感的地方,用舒尔茨(Schultz)的话说,为忙乱、寂寞的都市人提供了一片"绿洲"。在那里,顾客们心情放松,并享受交际的乐趣。

(资料来源:根据网络资料整理而来。)

所谓"产品"就是用于满足顾客需要的"载体",服务机构的产品策略就是服务机构为顾客提供包括服务项目、服务特色、服务定制、服务承诺等在内的各种"解决方案",是顾客可以从服务机构中获得的利益。

第一节 | 服务项目

一、服务项目的内涵

服务项目是指服务机构提供给顾客的服务内容与服务功能。通俗地说，服务项目是表明该服务机构主要是干什么的，能够为顾客做什么。

例如，酒店的服务项目是为满足人们的住宿、餐饮及其他娱乐需求所提供的各项服务；运输单位的服务项目是为满足人或物从一个地点转移到另一个地点需求所提供的各项服务；修理机构的服务项目是将损坏或有故障的机器或设备恢复到能够正常运行状态所提供的各项服务。

中国移动的服务项目包括：通话服务、数据服务、增值服务等核心服务；选号入网、停机关怀、手机商城、专属 SIM 卡等便利服务；全球通 VIP 机场高铁贵宾服务、全球通会员专区、全球通会员专刊等配套服务。

喜马拉雅 FM 是专业的移动音频综合平台，服务项目包括有声小说、有声读物、有声书、儿童睡前故事、相声小品等音频。喜马拉雅 FM 不仅能够满足用户学习成长的诉求，也能够满足其休闲娱乐的需要。喜马拉雅 FM 拥有的 3000 位知识网络红人和超过 30 万条的付费内容，涵盖了商业、人文、外语、音乐等 16 个类目。目前喜马拉雅 FM 付费知识产品包括系列课程、书籍解读等。此外，喜马拉雅 FM 还将直播、社群、问答等与课程体系相结合，完善了知识服务的体系化运营。

📖 **知识拓展｜服务之花**

洛夫洛克(Lovelock)认为，服务产品由核心服务和围绕核心服务的一系列附加服务要素构成，主要包括信息服务、订单服务、账单服务、付账服务、咨询服务、接待服务、保管服务和其他服务等。洛夫洛克(Lovelock)将这个"服务包"形象地称之为"服务之花"，如图2-1所示。核心服务构成了"服务之花"的花心，其他8项服务则构成了"服务之花"的鲜艳花瓣。

图2-1　服务之花

(资料来源：根据网络资料整理而来。)

又如，京东健康从医药电商起家，如今已经形成了相对完善的"互联网+医疗健康"生态体系。从服务功能上看，京东健康的业务范围包括挂号预约、线上问诊、药品零售、医药供应链、O2O送药、慢病管理、家庭医生、消费医疗、互联网医院等。

全美职业篮球联赛(NBA)以球迷需求为中心，提供全方位的服务——除了满足广大球迷爱好者在空闲时间收看 NBA 电视转播(季前赛+常规赛+全明星赛+季后赛+总决赛)的需求，还组织如选秀大会、海外比赛、篮球嘉年华、篮球无疆界、篮球大篷车、NBA 训练营等活动。此外，NBA 还提供诸如运动服装、运动用品、球星卡、文具、出版物、录像带、家居用品、电子游戏、玩具游戏、纪念品与电话卡的销售，还制作并且发行了一系列精彩的影视产品，包括比赛录像带、光盘、音乐、其他多媒体产品等。

❖ **案例** │ 支付宝的服务项目

支付宝是国内领先的独立第三方支付平台，由阿里巴巴集团创办。支付宝提出"生活因支付宝而简单"的口号，其提供的服务可分为支付宝提供的服务和支付宝合作伙伴提供的服务。

支付宝提供的服务包括信用卡还款、交通罚款代办、手机充值、爱心捐赠、转账、保险、海外转运、生活缴费、教育缴费、宽带缴费、校园一卡通、阿里贷款、AA收款、买彩票、物业交费、有线电视缴费、助学贷款还款等。支付宝合作伙伴提供的服务项目包括我要寄快递、医院挂号、租房、订酒店、买机票和电影票、订外卖等。

从以上支付宝提供的服务可以看出，它涵盖了顾客生活的方方面面，给顾客带来了一站式的服务，顾客只要通过"点击""输入""确认"这三个操作便能在手机上完成自己想要完成的交易项目。支付宝为顾客提供了"简单、安全、快速"的支付方案。

(资料来源：根据网络资料整理而来。)

二、服务项目的组合

科特勒(Kotler)提出，产品组合又称产品花色品种配合，是指企业提供给市场的全部产品线和产品项目。

服务项目组合类似于产品组合，是指服务机构提供给市场的全部产品线和服务项目，具有宽度、关联度、深度、长度等要素。

服务项目组合的宽度指服务机构的服务产品线总数，即服务大类、服务系列。拓宽服务组合的宽度有助于发掘和利用更多细分市场，分散市场风险，增强服务机构收入来源的多元性。

服务项目组合的关联度指服务机构的大类服务、服务系列之间相互关联的程度。强化服务组合的关联度有利于服务机构降低单位服务成本、获得服务的规模效应。

服务项目组合的深度指各大类服务、各系列服务所包含的小类服务项目数。延伸服务组合深度，可以增加服务的专业性和针对性，强化服务机构的专业化特征。

服务项目组合的长度指各大类服务、各系列服务所包含的服务项目总数。

服务项目组合体现了可供顾客挑选的服务种类、服务内容、服务功能。

例如，希尔顿产品线根据提供服务价格的不同设置了 5 个不同档次的酒店：中档的希尔顿酒店、中高档的峰冠酒店、高档的希尔顿饭店、豪华的希尔顿宾馆和特别豪华的维思特。

沃尔玛也针对不同的目标顾客，采取不同的零售经营形式：针对普通顾客的沃尔玛平价购物广场；只针对会员提供各项优惠及服务的山姆会员商店；深受高级会员欢迎的沃尔玛综合性百货商店等。通过这些不同的经营形式，沃尔玛吸引了各个层次的顾客。

❖ 案例 ┃ 爱迪生兄弟公司的连锁鞋店

爱迪生兄弟公司经营了900多家鞋店，分为4种不同的连锁形式，每种面对不同的细分市场，如钱德勒连锁店专卖高价鞋，贝克连锁店专卖中等价格的鞋，勃特连锁店专卖廉价鞋，瓦尔德派尔连锁店专卖时装鞋。在芝加哥斯泰特大街3个街区的短短距离内，爱迪生兄弟公司就设置了不同定位的3家连锁鞋店，虽然它们距离很近，却不影响彼此的生意，因为它们是针对女鞋的不同细分市场，这种策略已经使爱迪生兄弟公司成为美国最大的女鞋零售商之一。

（资料来源：根据网络资料整理而来。）

虽然服务项目越多、服务组合越丰富，意味着顾客的选择余地就越多，但是给服务机构造成的服务成本与管理成本也越高。

例如，曾经有一家叫波士顿烤鸡的特许连锁店，是麦当劳和肯德基的强劲对手，短短几年就扩张到上千家，但最后它破产了。这是为什么呢？原来，波士顿烤鸡的产品种类繁多，这就加大了管理的难度，上菜的速度也慢，顾客拿到菜后都已经凉了，此外也增加了成本控制的难度，同样的食品价格要比麦当劳和肯德基贵，导致顾客的不满。

福特(Ford)认为，人的欲望虽然很多，但有一些是基本需求，为了这些基本需求，他们可以克制自己的某些欲望。麦当劳就是抓住了顾客希望快捷、价廉和良好的消费环境的需求，提供相应的服务；也抓住员工省力的需求，为他们提供统一的器具、布局和流程。麦当劳的食品种类比普通餐馆少得多，而这也正是它能以更快的速度及时为顾客提供服务的重要原因之一。

❖ 案例 ┃ 马蜂窝的产品

马蜂窝旅游网是近年来我国领先的自由行服务平台之一，其主要提供旅游攻略，酒店、机票、签证办理等旅游信息的查询服务，以及可供移动端顾客使用的手机应用服务。

首先，旅游攻略是马蜂窝的核心产品。打开马蜂窝网站的主页，可以看到一篇篇个性化的游记，以及按照主题、地点等整理好的精美的旅游攻略。游记是旅游爱好者分享和交换旅游信息和心得的最方便的途径，马蜂窝每天、每时，甚至每一分钟都会出现大量更新的游记，每篇游记下面也都会有其他旅游爱好者的跟帖和评价，通过这些游记马蜂窝为用户提供最具时效性、分享性的旅游信息。相较于游记，旅游攻略则是马蜂窝网站精心编排和整理的综合性和指导性更强的专业旅游指导手册。马蜂窝旅游攻略除包含旅行中基本的吃、住、行等信息外，还包括了如何办理签证、如何退税及当地风情民俗等信息。攻略中所有的信息都是来自真实的顾客、旅游达人的体验与原创总结分享。每天都有许多顾客在马蜂窝分享旅行见闻，因此网站及攻略的信息也是实时更新的。马蜂窝的旅游攻略除了按目的地分类，还按不同的旅行主题进行了分类，例如美食攻略、亲子游攻略、郊区春游赏花攻略、音乐节攻略、啤酒节攻略等，为顾客提供了方便的筛选方法与多种选择方式。在旅行之前，阅读旅游攻略可以帮助用户全方位、系统性地了解目的地，再辅之个性化较强的游记，就可以在出游前建立起对目的地相对全面的认识。

其次，提供酒店、机票、签证办理等旅游信息的查询服务。马蜂窝为了方便用户出行，也配套提供一系列旅游基本信息的查询业务。其中，旅游攻略、目的地、社区、酒店、机票和旅游服务都会在首页上显示；门票和线路隐藏在目的地中；保险、签证等则在旅游服务下拉栏中。马蜂窝与国内的同程、携程、艺龙、途牛等网站都已开展了合作，马蜂窝并不从事直接的在线交易，只提供相应服务的链接和比价，如果需要订购，则会自动跳到与马蜂窝开展合作的其他旅游网站页面。

再次，提供"旅行翻译官""旅游攻略""旅行家游记""旅游点评"等手机应用服务。旅行翻译官能够帮助出境游客解决语言障碍问题，该应用可提供30多种真人发音语言包免费下载，覆盖常用外语语种，并且包含旅行中的大多数应用场景，可以帮助旅行者轻松走遍世界每一个角落，旅行翻译官长期位居App Store旅行类排行榜第一位，也是出境旅行者的最佳选择之一。旅游攻略是由马蜂窝网站原创打造，定期更新，将其免费下载到手机后便不受网络的限制，旅游攻略覆盖国内外的常见目的地，内有详细的吃、住、行、景点、线路、实用信息，还有网友提供的照片和感受，每天为约20万人的旅行提供指导服务。旅行家游记是从马蜂窝网站数十万精彩的游记中精选而出，由热爱旅行的"旅行家"们倾情分享，包括精美的旅行照片、在路上的旅行感受、翔实的旅行实用信息。用户除了可以作为旅行的参考外，还能和"旅行家"们一同体验和回忆在路上的风景以及难以忘怀的故事。这些精彩的游记每天更新，游记下载后方便离线阅读，下载的每篇游记自动生成一个相册，精美的旅行照片亦可当作个人手机壁纸。旅游点评的范围包括目的地308个、景点79000个、住宿98000个、餐厅48000个、点评数300000个，手机可定位到当前目的地，景点、住宿、美食等点评信息可以通过区域、星级、分类、顾客点评数自定义智能筛选，并可将点评信息分享到新浪微博、QQ空间等。

（资料来源：根据网络资料整理而来。）

第二节 服务特色

不是所有的服务项目都具有特色，服务特色是指服务机构或服务人员向顾客提供与众不同的服务。

一、服务特色的作用

如今市场上同类同质的服务越来越多，因此，服务机构要想在激烈的市场竞争中脱颖而出，必须有足够的特色才能吸引顾客的注意或光顾。

❖ **案例** | 三大旅行网的服务特色

携程旅行网是一个在线票务服务网站，拥有国内外六十余万家会员酒店可供预订，是中国领先的酒店预订服务中心。作为中国领先的综合性旅行服务公司，携程旅行网向超过2.5亿会员提供集无线应用、酒店预订、机票预订、旅游度假、商旅管理及旅游资讯在内的全方位旅行服务，被誉为互联网和传统旅游无缝结合的典范。

飞猪旅行是属于阿里巴巴旗下的旅行品牌，是一家主要提供机票、酒店、门票、签证等旅游服务的网络交易平台。由于飞猪旅行这一平台是采取各旅行社直接开店模式，使得旅行社能够直接与消费群体接触，深入了解顾客需求和偏好，处理顾客问题和投诉。

马蜂窝旅游网是一家基于个性化旅游攻略信息构建的自由行交易平台，该网站提供了旅游攻略、游客游记评论、网上旅游路线预订等多种服务。

（资料来源：根据网络资料整理而来。）

形成服务特色是服务机构进行市场定位的有力工具，是与同行竞争的重要"武器"，是赢得回头客的重要手段，已成为服务机构孜孜以求的目标。

❖ 案例 ┃ 雕爷牛腩餐厅的特色

雕爷牛腩只有12道菜品，比麦当劳还要少，它借鉴一流的法餐厅、意餐厅，菜谱只有一张纸，虽然菜品不多，但每一道都极尽巧思，恰到好处。

雕爷牛腩所用筷子甄选缅甸"鸡翅木"，上面激光蚀刻"雕爷牛腩"标志。这些筷子是全新的，未曾被他人使用，用餐完毕套上特制筷套，当作礼物送给顾客。雕爷牛腩还研发了昂贵的中式菜刀，这种由"乌兹钢锭"锻造的刀身非常适合切牛腩。

雕爷牛腩为这碗牛腩面，还发明了一款专利"碗"——下方很厚重、很粗糙，端起来手感好，而对着嘴喝汤的1/3，则很薄、很光滑。在8：20的位置，开了一个拇指斜槽，以方便卡住汤勺，这样端起来喝汤时，勺就不会乱动。这只碗的大小、薄厚、功能，若放别的食物，别扭无比，但吃鲍鱼骨汤牛腩面，则得心应手、舒适无比。换句话说，这碗面也只有放在这只碗里，才能呈现最佳状态。炖牛腩的锅，是雕爷牛腩申请的专利发明，并且还亲切地给锅起了个外号"铁扇公主"，因为牛魔王，最怕的就是她。

（资料来源：根据网络资料整理而来。）

显然，服务越独特、越不容易被模仿就越有价值。服务机构如果能够不断地提供竞争对手难以模仿的特色服务，成功地与竞争对手的服务相区分，就能够形成不可替代的优势，从而有效地抵制竞争对手对顾客的诱惑，达到提高顾客忠诚度的目的。

📖 延伸阅读 ┃ 直播间如何打造特色

(一) 直播间打造直播特色的重要性

一方面，直播行业在经历野蛮生长、资本热捧等阶段后，直播形态与内容趋向高度同质化，市场上相似的直播间越来越多，许多直播间的直播内容、直播形式几乎相同。另一方面，当今是受众为王、注意力经济的时代，只有呈现与受众关注点、兴趣点契合的直播内容，才能有效吸引和维持受众的注意力。

可见，直播间要想在激烈的直播市场竞争中脱颖而出，必须形成自己的直播特色、避免和其他直播间同质化才能吸引受众的持续光顾。因此，直播间切忌赶热潮盲目跟风、左顾右盼、随波逐流，应将目光放长远，深入挖掘受众的需求，设计特色化直播，以特色化的直播吸引受众的关注，从而助推流量的转化以及影响力的扩大。

形成直播特色是直播间进行市场定位的有力工具，是与同行竞争的重要"武器"，是赢得回头客的重要手段。直播间、主播如果能够不断地提供竞争对手难以模仿的特色，就能够形成不可替代的优势，从而有效地抵制竞争对手对受众的诱惑。

(二) 直播间如何打造直播特色

打造直播特色可以从直播领域特色、直播内容特色着手。

1. 直播领域特色

一个直播间不论它的规模有多大，它所拥有的资源相对于受众需求的可变性和多样性总是有限的，因此，它不可能满足市场上的所有需求，不可能提供所有的直播。随着直播竞争的日趋激烈，一些常见的产品类目下已经聚集了无数直播间，想要从中崭露头角不是件容易的事，此时做垂直领域可以避开竞争。垂直就是专注于一个领域来深耕内容，内容的垂直度影响账号权重高低，也影响平台对发布内容的推荐，更重要的是还影响受众对内容创作者专业程度的判断，也就是说，内容的垂直度越高，吸引度就越高。未来内容垂直化将成为直播行业的主要趋势，因而垂直领域内的直播间将获得更广阔的生存空间。为此，直播间应当更多地专注于特定领域或特定需求，在自己擅长的垂直领域持续发力，打造高度垂直的专业直播间，如化妆达人、母婴专家、服装搭配达人等直播间，提供专业化的直播内容。

2. 直播内容特色

网络直播的核心竞争力是直播内容，优质的内容是直播间持续发展的动力，是维持直播长期发展的必然要求。为此，直播间、主播要充分调研目标顾客群体，了解他们的需求，了解他们观看直播的时间、诉求、兴趣等，同时，通过直播时产生的数据，利用大数据和人工智能等技术对直播间的受众进行深入分析，研究受众偏好、受众心理，然后提供有特色的直播内容。例如，直播间可以与厂家直接合作，带货定制产品。另外，直播间每天的直播内容不能一成不变，应当创新，与时俱进，不断地更新优化，保证直播内容能带给受众持续的新鲜感，从而牢牢抓住受众的注意力。

例如，花椒直播首次推出的机器人直播吸引了200多万受众观看，累计一小时的直播获得了价值约120万元的礼物打赏，数据可谓惊人。为什么受众对人工智能如此感兴趣？因为直播内容的同质化已经使得广大受众感到审美疲劳，而"直播+人工智能"的形式让受众眼前一亮。毕竟大部分受众没有与机器人互动的亲身体验，而"直播+人工智能"则提供了这个机会，也就是说通过人工智能技术提高了受众的直播体验。试想，观看机器人进行才艺表演，与机器人进行交流互动是不是很新鲜呢？

(资料来源：苏朝晖. 直播营销[M]. 北京：人民邮电出版社，2023.)

二、服务特色的形式

常见的服务特色形式包括：服务专业特色、服务环境特色、服务时间特色、服务人员特色、其他服务特色等。

(一) 服务专业特色

专业特色是指服务机构在某个专业领域具有特别突出的表现。

例如，上海的餐饮业竞争激烈，"沈记靓汤"别出心裁，打造了"汤"类专营店，有30多个品种，所有的汤都煲8个小时以上，还针对顾客的不同要求，在每款汤料中辅以不同的滋补中药，生意红火，连锁经营店不断增加。

肯德基定位于"世界著名烹鸡专家""烹鸡美味尽在肯德基"，其六十年烹鸡经验烹制而出的炸鸡系列产品，原味鸡、香辣鸡翅、香脆鸡腿汉堡、无骨鸡柳等，外层金黄香脆，内层嫩滑多汁，以其独特鲜香口味广为顾客称许。而德克士以脆皮炸鸡(具有金黄酥脆、味美多汁的特点，与肯德基炸鸡形成鲜明差别)和米汉堡为代表，形成自己的特色，并且不断放大这种差异。

❖ 案例 | 小鲜炖直播间

长期以来，我国传统的滋补品通常需要经过一系列烦琐的炖煮过程，这让适应了快节奏的新一代年轻人无法接受，同时传统的滋补方式也让年轻人觉得"老气"而不感兴趣。

小鲜炖直播间看准大健康的行业趋势，从鲜炖入手，开创了"鲜炖燕窝"新品类。小鲜炖直播间精准卡位鲜炖燕窝市场的细分领域，目标群体以新一代受众为主。确定"鲜炖燕窝专家""专业、健康和时尚"的定位后，小鲜炖直播间便展开了差异化营销。

首先，小鲜炖直播间重视年轻化潮流，在微信公众号、小红书等平台与受众形成良好的互动关系，使产品风靡社交圈。

其次，小鲜炖直播间积极拥抱视频时代的大潮，借势直播及短视频平台，打破滋补食品行业陈旧的营销思路，成功触达新一代受众。在直播间里，小鲜炖直播间会大力推广其自创的"鲜炖燕窝"标准，即通过精选原料、自建工厂，经过280次测试，确定了38分钟95℃的炖煮时长，确保营养不流失。直播中大部分时间都将镜头对准了小鲜炖直播间的生产车间，将工人们消毒进厂、选材挑杂质、真空装瓶、低温慢炖等环节都一一呈现在镜头前。

最后，小鲜炖直播间不但在直播里融入明星、养生专家等各类人士，还积极跨界联名直播，打造国潮风，这让年轻爱美的时尚女性产生了兴趣，也把小鲜炖直播间轻奢、时尚、有格调的品牌形象植入她们心中。一般来说，普通人对燕窝的认知和烹调方式都知之甚少，绝大部分受众看小鲜炖直播间"鲜炖燕窝"的直播也是因为直播间里有常驻专家，能够在直播间输出有效信息，对于诸如"儿童是否适合吃燕窝""用量如何把握""食用燕窝的最佳时间"等问题，主播都会一一进行解答。

(资料来源：根据网络资料整理而来。)

(二) 服务环境特色

环境特色是指服务机构在服务环境方面具有特别突出的表现。

例如，浙江绍兴市鲁迅纪念馆附近有一家咸亨酒店，酒店古朴庄重，以经营名扬四海的绍兴加饭酒，以及鲁迅笔下的孔乙己爱吃的茴香豆和阿Q头上戴过的乌毡帽等产品，吸引了众多中外游客。

某洗衣餐厅，既能洗衣，又能用餐，顾客吃饭前把自己的脏衣服脱下放在座位旁的洗衣机内，衣服洗好烘干后，洗衣机会自动鸣叫，顾客洗衣、吃饭两不误。

❖ **案例 | 肮脏牛排店**

在美国得克萨斯州有间"肮脏牛排店"，店堂里不用电灯，点的是煤油灯，天花板上全是灰尘(人造的，不会往下掉)。墙上钉有多得数不清的纸片和布条，还挂着几件破旧的装饰品，如木犁、锄头、毡帽和木雕等。桌椅则是木制的，做工粗糙，椅子坐上去还会咯吱作响，厨师和侍者穿的是花格子衬衫和牛仔裤，其颜色使衣服看上去像从来没洗过似的。侍者端上来的牛排一块足有250克，血淋淋的，但味道很好，而且完全符合食品卫生要求，保证客人吃了不会闹肚子。

最有趣的是，"肮脏牛排店"有个怪规定：光临店里的顾客不准戴领带，否则"格剪勿论"。如果一位戴领带的顾客进门，就会有两位笑容可掬的服务人员迎上前去，一人持剪刀，一人拿铜锣，锣响刀落，顾客的领带会被剪下了约5寸长一段。站在一旁的当班经理会马上给顾客一杯美酒，敬酒压惊，以表歉意。这杯酒不收费，其售价足以赔偿顾客领带被剪的损失。那段被剪下的领带则随即连同顾客签了名的名片，被钉到墙上留念。这一招数，从未惹顾客不快，反而使顾客感到颇有情趣。更有不少顾客为了一睹那满墙的领带残骸构成的特殊景致，不远千里来品尝"肮脏牛排"。

(资料来源：根据网络资料整理而来。)

大多数餐厅都是靠"产品体验"来打造差异化吸引顾客，比如，做川菜，做火锅，做海鲜，做日本料理……但有一家餐厅的做法是在所有的海报里加了一句话："免费欣赏夜景！在这栋大楼里，只有在本店，才能欣赏到最美的夜景！"为了证明，还特意附上一张唯美的夜景照片，贴在海报上。

还有一家可以随意涂绘的餐厅，餐厅的每张桌子台布上都铺有一张大画纸，桌面上放着一个插满彩色笔的杯子，客人可随意在画纸上涂绘。如果顾客的画属中上档次，便有机会被画廊展出和出售。因此，许多业余画家和绘画爱好者纷纷前来就餐。

美国维多利亚饭店是一个主题餐厅，餐厅通过老式火车、瓦斯灯、行李袋、站牌等设计，为顾客提供一种全新的用餐体验，虽然主餐都是牛排，却因为使顾客感受到别样的怀旧氛围，受到顾客的追捧。

❖ **案例 | 专为异地恋人设计的餐厅**

大概是认为在圣诞佳节仍要分隔两地的情人太过可怜，日本电信公司AU在大阪、东京的Hotel New Otani举行名为"sync dinner"的未来创意餐厅活动——官方在大阪及东京分别设立两部高清摄像头，让分隔两地的恋人可以透过巨大高清晰屏幕，跟对方进行即时的互动晚餐。

异地恋人收到邀请函后，到指定的餐厅并进行连线，透过大屏幕不只是视频聊天而已，还能通过特效合成互动，如一起吹生日蛋糕上的蜡烛等。在最后还能拍下纪念照片，而透过此镜头就像是两人真在此餐厅用餐。

"sync dinner"的互动性是很高的，不只是即时的视讯对话，就连餐厅提供的服务也是同步的，例如即时送餐与倒酒，或者是音乐演奏，甚至是想干杯时靠近屏幕便会有玻璃杯的碰撞声，并且在圣诞蛋糕上吹个蜡烛也没问题……

虽然现实中的恋人在遥远的另一端，但就像是出现在面前一样，聊天、互动、拍照等都可以做，跟真的约会一样。

(资料来源：根据网络资料整理而来。)

(三) 服务时间特色

服务时间特色指服务机构提供服务的时点或时长非常有特色。

由于现在的生活节奏快，顾客往往工作、事务繁重，能支配的自由时间少，如果服务机构能在服务时间上更有弹性、更方便顾客，如提供 24 小时服务、预约服务、弹性服务时间等，肯定能够为服务机构带来效益。

例如，"7-ELEVEn"便利店原来就是提供从早上 7 点开始到晚上 11 点结束的便利服务，后来相当多的"7-ELEVEn"便利店已经转变为提供 24 小时的全天候服务。

又如，酒店业内一贯规定顾客需在住房到期的当天中午 12 点之前退房，超过 12 点便须再交纳一天的费用，而如家酒店实行顾客可以完全享受 24 小时服务再加 1 小时后退房，即付一天钱让客人实际享受 25 小时服务。

有家来自新加坡的公司看准我国香港地区的快节奏，将"10 分钟快速剪发"概念带到香港。该公司早前对香港地区的居民做了问卷调查，大部分受访者表示，最不满的是在发型屋理发花太多的时间等候，另外还觉得在发型屋洗发不干净。于是，这家新加坡公司推出了收费 50 港元，不设洗发、吹发、染发的剪发服务，剪发后他们会用"吸碎发机"吸走顾客身上的碎发，也就不用洗头了。这一发型屋在香港一家大型商场试营业，每天至少吸引 100 人光顾。

(四) 服务人员特色

人员特色是指服务机构的服务人员比较特别。

例如，日本航空公司曾一度为缺乏竞争特色而伤透脑筋，因为各航空公司在业务上的竞争大同小异，面对这样的情形，日航决定以追求高雅服务为自己的特色。于是，他们制作了一系列表现日本女性各种优雅仪态的广告形象：身穿和服笑盈盈地双手托着茶盘；进餐时指导旅客如何用筷子时的表情和动作；注目微笑，纤手半掩樱嘴地低声答问；斟酒分菜时的细心姿态。这一组画面，充分表现了日本女性的柔美温情。自 1955 年以来，日航始终以这一形象出现在各种媒体上，使其优雅的服务深深地印在了各国乘客的心中。

❖ 案例┃茑屋书店

有人说如果你足够了解东京，你便会听过代官山，如果提起代官山，你便会想起茑屋书店。认识茑屋书店，不仅因为它是"全球最美20家书店"中唯一一家日本书店，还因为它独出心裁的设计，以及带来的便捷又高品质的感受。

据说，来茑屋书店的客人并不仅仅是为了看书、喝咖啡，而是为了体会书店带给自己的舒适感，以及丰富自己的精神世界。

在茑屋书店中，所有带有导向性的标识，如价格、标签、收银台等全都被去除，反之书店将灯光设置、家具摆放都往家的感觉去调整，把卖场感去掉，以致常常有顾客感慨，当自己推开书店的门时，会感觉推开了一扇家门！

在茑屋书店，所有书籍不分新刊或旧刊、日文或外文，全部会陈列在一起，以文学、艺术、建筑、汽车、料理和旅行主题进行分类。除此之外，茑屋书店还设有电影专区、文具杂货区域、餐饮区、音乐区、咖啡区。

不过，以上这些都不算是书店的特色，茑屋书店最特别的是它的30多位导购。这些导购都不是普通人，他们当中有日本代表性料理杂志的前主编、有日本著名的文学评论家，也有撰写过20多本旅行指南的记者……可以说，每一位导购人员都是一本活着的"书籍"，他们通过自己的经验与学识为用户提供服务，为顾客制订最适合的阅读计划。该服务被称为"达人服务"。

创始人增田宗昭说，真正的氛围文化，就是你愿意为其花费时间，即使浪费时间，也在所不惜，因为把时间浪费在美好的事情上，本身就是一件赏心悦目的事。

(资料来源：根据网络资料整理而来。)

我国有一家女性餐厅，老板和负责管理的经理都是女性，而店主、服务生、调酒员、厨师和歌手都是清一色的男士。这样做的目的是让那些做腻了家务活的女人们前来享受一下男人们提供的一流服务。

法国有一家木偶餐厅，特地制作了一批机器人，由专人操作，让它们担任服务员。机器人服务员站在桌边，用悦耳动听的声音向顾客问好。机器人服务员还善于察言观色，遇上心情不佳的顾客，会坐在旁边陪同客人聊天解愁。

❖ **案例** │ 主播刘畊宏

刘畊宏是一名演员和歌手，出演过多部 MV，携女儿参加过亲子户外真人秀节目，具有一定的明星效应。刘畊宏具有30年的健身基础，对于健身方面的专业知识十分了解。作为好友，他曾与团队为周杰伦量身打造健身计划。他还是彭于晏、吴京等武打明星的健身私教，这些专业的健身背景让受众们能够放心地跟着他进行练习。已经50岁左右的他尚有一身的肌肉，老婆王婉霏在跟随他锻炼一段时间后瘦身效果明显，引起了受众们对于好身材的向往，以及对于跟随刘畊宏健身效果的期待。

刘畊宏直播间主要提供的直播内容为云健身、云带操，作为全体观看直播的受众们的教练带领大家一起跳操、运动、减肥……以人们常听的一些歌曲作为背景音乐，将动作编排成减肥操，再通过直播教授给大家并陪伴大家一起居家运动。这样的直播内容相对于带货直播来说弱化了商业性，增添了可看性，相对于纯娱乐直播更富有实用性与教学性。刘畊宏所编的减肥操动作简单，无须其余器械进行辅助，只需要足够的空间就能参与，对于大众来说门槛很低。

在刘畊宏爆火之前，已经有像帕梅拉、韩小四等健身博主在网络上进行健身教学视频与内容的发布，但是往往动作难度高，有的还需要专业的器械帮助完成。仅仅是看到这些高难度的动作时人们就已经望而却步，更别提进行正式的尝试。刘畊宏看起来就很简单的动作，大大降低了参与健身的门槛，让更多的人愿意进行尝试并坚持下来，从而集聚了大量的粉丝受众。即使减肥操的动作简单，但是为了让粉丝们达到更好的减肥效果，同时为了避免在运动的过程中受伤，刘畊宏会对动作进行反复讲解，并在每周六早上的直播时间里，他会特意详细地讲解每个动作的要领，且制作了相关动作讲解的视频以供粉丝们观看。对于运动的注意事项刘畊宏也会反复强调，孕妈不能做、经期不能做、要量力而行……这些关切的话语在他的直播间总能听到。这细致到位的服务大大提升了受众们的感受价值，给予了受众们除了动作教授以外的关心与体贴。

（资料来源：根据网络资料整理而来。）

（四）其他服务特色

服务机构的服务价格、服务档次、服务态度、服务作风等也可以成为服务机构的特色。

例如，沃尔玛宣传"天天低价"，吸引家庭主妇每天光顾；瓜子二手车宣传"没有中间商赚差价"，意味着车主可以花更低的价格买到质量相同的车。

又如，某酒楼的特色是"内设停车场，提供免费洗车服务"；某快餐店的特色是"半小时送到，否则半价"；某宾馆的特色是"只要市内，一个电话，免费派车接送"。

❖ 案例 ┃ BBBK 灭虫公司的高档服务

美国BBBK灭虫公司提供的灭虫服务的价格是其他同类服务的5倍，它之所以能够获得溢价是因为把销售重心放在一个对质量特别敏感的市场——旅店和餐馆上，并且提供了它们认为最有价值的东西，即保证没有害虫而不只是控制害虫。BBBK灭虫公司对酒店承诺：在房间中所有害虫被灭光之前，无须支付一分钱；如果您对我们的服务不满意，您将收到相当于12个月服务的退款，外加第二年您选择新的灭虫公司的费用；如果您的客人在房间中看到一只害虫，我们将支付客人本次和下次住宿的全部费用，并送上一封道歉信；如果您的酒店因为害虫存在而停业，我们将赔偿全部罚金和利润损失，并再加5000美元。

当然，BBBK灭虫公司所提供给这个特定市场的优质服务使它能够制定出这样的价格，而这样高的价格又使它有能力培训服务人员并支付工资，激励员工为顾客提供优质的服务。

（资料来源：根据网络资料整理而来。）

东方甄选直播间的服务特色有：知识带货模式——东方甄选直播平台将知识分享与产品推广相结合，主播们在直播过程中不仅介绍产品的性能、特点和使用方法，更通过分享相关的专业知识、生活经验和文化背景，使消费者在购物的同时，也获得了宝贵的知识和信息；互动性与趣味性——东方甄选的直播间注重与消费者的情感交流，主播们会与消费者互动，分享彼此的生活和经历，让消费者感受到一种温暖和归属感，增强与观众的互动和信任感，还通过推出神秘嘉宾、赠送礼品或咨询服务等方式，增加直播间内容的趣味性和多样性，使消费者在享受购物的同时，也能获得精神上的愉悦。

第三节 ┃ 服务定制

服务定制是指服务机构或服务人员为顾客提供量身定制的服务。服务定制体现了服务机构考虑到每个顾客的特殊性，在服务过程中时时处处站在顾客的角度，针对不同顾客的需求差异，采取灵活的服务技巧，提供有针对性的服务。

一、服务定制的意义

服务定制作为未来的发展趋势，无论是对顾客还是对服务机构，都有着非凡的意义。

(一) 服务定制对顾客的意义

随着社会的进步，生活水平的提高，人们对个性化的要求越来越高，在这个彰显和倡导个性的时代里，越来越多的顾客追求品质生活，不愿被动地接受服务机构抛售的大众化服务，而是搜寻着能够最大限度满足自己个性化需求的服务，希望自己得到特殊对待。

服务定制可以满足顾客对服务的不同需求，使顾客感到被尊重。许多顾客希望购买的服务能融入自己的智慧，彰显自己的个性，充分体现自我价值。因此，服务机构如果能够为顾客提供量身定制的服务满足顾客的特殊要求，就能打动顾客的心，提高顾客的满意度，从而达到提高顾客忠诚度的目的。

相反，一个服务机构如果不能满足顾客的特殊要求，将始终无法成为顾客心目中最好的服务机构，也就无法成为顾客唯一、持久的选择。以个性化服务为核心的服务定制正是顺应这种潮流而成为未来的发展趋势。

例如，在美国有这样一个快餐品牌，名为In-N-Out，它的资历比麦当劳还深，店里卖的菜品只包括汉堡、薯条、饮料。在In-N-Out，你仿佛并不是活在机械化时代，连冰箱、微波炉、紫外线杀菌这些快餐店的标配，在In-N-Out店里都是看不见的，因为肉饼都是新鲜非速冻，现点现煎的，根本用不着它们。In-N-Out坚持客人点餐之后才开始制作，切薯条，撕蔬菜，烙牛肉，绝不提前做好。In-N-Out的菜品虽然少得可怜，却是通过做少达成了做精。In-N-Out的每一代继承人，都铭记着其创始人曾说过的"专注做一件事，把它做好"这句话。另外，为了保证每家店都能给予食客最好的产品与服务，In-N-Out拒绝加盟，坚持所有的分店都是直营店。

> 📖 **知识拓展** | 虚拟养老院
>
> 许多老人希望居家养老，但很多子女心有余力不足，如何化解这个问题？虚拟养老院或许是一个解决方案。虚拟养老院里，没有一张床位，却能服务上万老人。只需一个电话，虚拟养老院便能为居家老人提供从买菜做饭到打扫卫生、从按摩服务到生病陪护等各项服务，使老人足不出户即可享受"个人定制养老"。通过建立"信息服务+居家养老上门服务"平台以及"智能养老信息化"管理平台，虚拟养老院可以将分散居住的已注册老年人纳入信息化管理，通过大数据收集，及时准确地提供上门养老服务。
>
> (资料来源：根据网络资料整理而来。)

(二) 服务定制对服务机构的意义

首先，实施服务定制可以使顾客直接参与到服务的生产中，服务机构根据顾客的意见提供服务，有利于提高顾客对服务的满意度。

其次，实施服务定制的服务机构容易与顾客进行一对一的沟通和交流，因此服务机构可以获取真实、准确、有效的顾客信息。即使交易结束以后，服务机构仍然可以随时联系顾客，了解顾客的满意程度和意见，获取更新、更直接的需求信息，从而更好地为顾客服务。

最后，服务定制实现了按需定产，避免了大众化生产带来的滞销，加快了服务机构资金的周转速度。

二、服务定制的流程

以互联网在线定制为例，服务定制的流程分为以下几步。

首先，服务机构通过网站的电子目录提供服务分类和搜索引擎工具，辅助顾客快速地查询到需要的服务类型，并以动态网页和静态网页相结合的文本、图片等信息向顾客直观地、全方位地展示服务的基本信息和特点。为了更好地展示服务，服务机构要不断地对服务目录进行及时更新，保证为顾客所提供的服务目录是最新信息。服务机构要根据市场中各类服务的销售情况，及时了解顾客的需求变化，更新服务配置，尽可能贴近顾客的需求目标。

其次，顾客查看服务信息并且选择定制服务类型后，服务机构应尽快响应顾客的定制需求，定制服务订单确定后，系统将自动生成订单号码，包括顾客资料、订单日期、产品信息等，传送至服务机构内部的个性化需求分析系统、顾客关系管理系统和生产系统，然后根据顾客需求进行生产。

再次，顾客可以根据订单号随时查看定制服务的设计、加工和传递的进度，并且将意见迅速反馈给服务机构。

最后，服务机构建立顾客档案，跟踪记录顾客的网站行为及消费历史，对顾客实现动态管理，并且智能地分析顾客的喜好，主动提供更有针对性的服务目录，以满足顾客的个性化需求。

❖ **案例** ｜ 瑞蚨祥的高端定制服务

在瑞蚨祥各大门店的高端定制区，顾客可以零距离体验高端定制服务全过程。瑞蚨祥高端定制服务围绕"九大流程"开展，即由专属助理、形象顾问、量体师、制版师、裁剪师、缝纫师、整烫师、盘扣技师以及刺绣技师等组成定制团队，为每一位顾客提供"一个团队为一个人服务"的贴心体验。

其中，专属助理全程跟进定制过程，负责解答顾客的各种疑问并协调其他流程，以满足顾客需求；形象顾问根据顾客身形和个性化需求提供产品外形设计意见；量体师负责测量顾客与服装定制相关的各个部位，为服装定制提供精准数据；制版师根据专属助理反馈的顾客需求、形象顾问提供的设计意见、量体师提供的数据，绘制出定制服装的版型；裁剪师和缝纫师根据制版师提供的版型进行服装的剪裁和缝制；整烫师、盘扣技师和刺绣技师则以精湛的技艺为成衣锦上添花。

此外，瑞蚨祥还通过开发高端定制App软件，为顾客提供线上量体、个性化搭配、购买专属定制产品、送货上门、掌上跟踪产品进度等服务。

(资料来源：根据网络资料整理而来。)

三、服务定制的成本控制

服务定制为服务机构打开了新的市场，但提供定制化服务意味着服务成本的增加。由于服务机构将每一位顾客视作一个单独的细分市场，必将导致服务机构经营业务的复杂化、经营成本的增加，以及经营风险的加大，这就需要服务机构在实现顾客满意和控制定制成本之间寻求平衡点，而提供模块化服务是一种恰当的选择。

模块化服务是指服务机构把服务分为不同功能和用途的通用服务模块和特殊服务模块。其中，通用服务模块是指可以被所有服务对象共享的模块，是实现规模经济的基础，而特殊服务模块是可以满足顾客定制需求的模块。服务机构可将服务产品和服务过程按照不同的元素划分成不同的模块，再以此来配置顾客所需的服务。服务的子模块越多，可提供定制的元素就越多，服务的组合也就越多，从而给顾客提供尽可能多的选择。模块化策略有利于服务机构提供多样化的服务并以较低的成本满足顾客的个性化需求。

例如，美国有一家专卖青少年T恤衫的商店，店内挂着几十种不同的T恤衫图案。当顾客选购T恤衫时，店员会请其挑选自己喜欢的花样，随后用机器将顾客选中的图案印在T恤衫上。这样，版型相同的T恤衫，不同的图案就显示了不同的个人风格，受到了顾客的欢迎。

总之，定制化服务虽然给服务机构带来许多新的挑战，但是其挑战背后是更大的机遇。面对个性化消费时代的来临，服务机构应该抓住机会，积极开展服务定制，以迎接新经济时代的挑战。

❖ **案例** | **定制旅游**

定制旅游是从顾客进行旅游咨询开始，提供包括信息的咨询、出发前的温馨提示、最佳出游时间和游玩方式的建议、旅游过程中特殊情况的处理等服务。

以澳大利亚游为例，旅行社针对渴望刺激和冒险的单身群体，可以为其定制跳伞一日游、冰川徒步游等产品。如果顾客是伴侣出行，希望体验私密、浪漫之旅，则可以为其定制情侣热气球落日游等。针对育有子女的家庭出游，可采取休闲娱乐为主的亲子游、家庭旅游等路线设计，例如动物园半日游、亲子夏令营体验等，让顾客从中体验休闲惬意而又温馨的氛围。

旅行社可以利用大数据技术对顾客喜好和旅游产品进行追踪，利用产品设计系统，对旅游目的地的游、娱、吃、行等模块进行独立设计。每个模块里的产品体验具有独特性、服务规范具有标准性。模块不仅包括旅游目的地，还包括餐饮、住宿、交通等。例如，根据旅游资源的类型、特色可以对模块进行划分，有高山之旅、草原驰骋、丛林探险、海洋探幽等；根据交通工具具体类型，有游轮、游艇、快艇、帆船等。

(资料来源：根据网络资料整理而来。)

第四节 服务承诺

服务承诺是由服务机构提供的一种契约，是服务机构以顾客满意为导向，对服务过程的各个环节、各个方面实行的全面承诺，目的是引起顾客的好感和兴趣，促进顾客消费。

一、服务承诺的作用

(一) 可以降低顾客的感知风险

由于服务的非实体性和差异性，顾客通常要承担较大的风险，服务承诺则可起到降低顾客心理压力的保险作用，从而增强顾客的安全感，促进顾客放心地接受服务。安全性、可靠性要求越高的服务，服务承诺则越发重要。

例如，航空公司承诺保证航班准点，承诺当航班因非不可抗拒因素出现延误、延期、取消、提前时保证补偿乘客的损失，这样便可降低乘客的心理压力，增强对航空服务可靠感、安全感的信心。

(二) 有利于顾客的监督

服务承诺为顾客提供评判服务是否合格的依据，有利于顾客监督服务机构，维护自身利益。

(三) 有利于提高服务质量

服务机构所承诺的服务标准对顾客会产生一种吸引力，对服务人员则是一种鞭策和挑战，有助于增强他们的责任心，提高服务质量。

(四) 有利于树立和改善服务机构的形象

敢于推出承诺制度，实际上体现了服务机构的气魄、信心和精神，能够产生良好的口碑效应，从而树立和改善服务机构形象。例如，西班牙高速铁路曾发生故障，延误了 7 个小时才恢复通车，铁路公司为此付出巨额赔款，因为他们曾保证："误点不超过 5 分钟，否则退钱"。公司也因此成功维护了顾客的忠诚度。

当然，承诺应该量力而行，一旦做出承诺就要不折不扣地兑现，切不可给顾客"开空头支票"。

二、服务承诺的内容

服务承诺通常包含两部分内容：一是向顾客承诺其能够从服务中得到什么，即向顾客承诺服务的具体内容及服务标准；二是向顾客承诺，如果承诺没有实现，服务机构将采取什么行动，服务机构将如何补偿以弥补顾客的损失。

三、服务承诺的形式

服务承诺的形式一般包括服务质量的承诺、服务时限的承诺、服务附加值的承诺等。

(一) 服务质量的承诺

服务质量是指服务工作能够满足被服务者需求的程度。服务质量的承诺，即服务机构对所提供的服务质量的承诺。

例如，医药公司推出"数错一粒药，赔偿两万元"的承诺；驾校推出"考试不合格可免费补考"的承诺。

❖ **案例** │ **睡不着我买单**

位于纽约曼哈顿市中心的本杰明酒店推出"睡不着我买单"计划，酒店提出顾客如果无法入睡可不支付房费。该酒店在履行让顾客安睡的使命方面，可谓一丝不苟：酒店客房设在五楼以上，并安装隔音玻璃，隔离噪声；酒店内除设有特别定制的床垫外，还提供十多种不同类型的枕头供顾客选择，枕头的填充物根据顾客的喜好各有不同；酒店设立了"睡眠管家"职位，专门解决住客们的各种睡眠问题，根据客人的个人习惯，提供最舒适的床垫、床单和被褥等床上用品；住客还可以支付额外费用享用睡前按摩服务，或吃点有助于睡眠的小点心，如香蕉、面包等。

(资料来源：根据网络资料整理而来。)

(二) 服务时限的承诺

服务时限的保证，即服务机构承诺为顾客完成服务的时间。

例如，宜家的《商场指南》里写着"请放心，您有14天的时间可以考虑是否退换"；肯德基的两条服务标准，即"顾客在任何一家肯德基快餐店付款后必须在两分钟内上餐""炸鸡15分钟内没有售出，就不许再出售"；桶装水服务机构将送水服务的时限问题，从原先"尽快送达"的表述和承诺，变成了"39分钟内送达"，从而使服务速度变得客观而可衡量。

(三) 服务附加值的承诺

服务附加值就是指服务机构向顾客提供基本服务之外，不需要顾客另外付费而享受的那部分服务。

例如，出租汽车公司承诺：凡是气温在30度以上时一律打开空调，如果没有打开，乘客可要求退回全部车费，并获得面值30元的乘车券一张。

四、服务承诺的效力

有效力的服务承诺一般要具备以下几个条件。

首先，服务承诺应当是简洁、明确、不含糊的，应该是容易被任何顾客所理解的，不应晦涩难懂、引起误解。

其次，为顾客提供的服务承诺应当是没有任何条件的，有条件的承诺对顾客比较没有吸引力，会使顾客怀疑服务机构的承诺缺少诚意，甚至离开转而寻找其他的服务机构。

最后，承诺所涉及的赔偿或奖励，最好提出金额数字。

▌本章 练习

一、不定项选择题

1. 服务承诺的作用体现在服务承诺有助于( )。
   A. 服务的有形化　　　　　　　　B. 调节服务期望
   C. 加强顾客对服务质量的监督　　D. 降低顾客的认知风险
2. 常见的服务特色形式有( )。
   A. 专业特色　　　　　　　　　　B. 环境特色
   C. 顾客特色　　　　　　　　　　D. 人员特色
3. 以下( )也可以成为服务机构的特色。
   A. 服务价格　　　　　　　　　　B. 服务档次
   C. 服务态度　　　　　　　　　　D. 服务作风等
4. 服务承诺的形式一般有( )。
   A. 服务质量的保证　　　　　　　B. 服务时限的保证
   C. 服务附加值的保证　　　　　　D. 服务数量的保证
5. 服务承诺通常包含( )。
   A. 顾客能够得到什么　　　　　　B. 服务内容
   C. 服务标准　　　　　　　　　　D. 如何补偿顾客损失

二、判断题

1. 服务机构的产品就是服务机构满足顾客需要的"解决方案"，是顾客可以从服务机构中获得的利益。　　　　　　　　　　　　　　　　　　　　　　　　　( )
2. 服务特色是顾客能够从服务机构中获得的最重要的服务利益，它体现服务机构最基本的功能。　　　　　　　　　　　　　　　　　　　　　　　　　　　　　( )
3. 为顾客提供的服务承诺应当是没有任何条件的。　　　　　　　　　　　( )
4. 服务定制是指服务机构或服务人员为顾客提供量身定制的服务。　　　　( )
5. 服务机构要在实现顾客满意和控制经营成本之间寻求平衡点，而提供模块化服务是一种恰当的选择。　　　　　　　　　　　　　　　　　　　　　　　　　　　( )

三、思考题

1. 什么是服务项目？什么是服务项目组合？
2. 什么是服务特色？服务特色包括哪些形式？
3. 什么是服务定制？如何控制服务定制的成本？
4. 什么是服务承诺？服务承诺应包括哪些内容？
5. 服务定制有什么意义？服务承诺有什么作用？

本章实践

成功案例分享——××服务机构的产品策略

实践内容：

1. 充分调研，客观全面分享一家服务机构产品策略的成功经验。

2. 分享的内容，不求面面俱到，但求典型有效。

3. 注意介绍其中应用到的互联网、大数据、人工智能技术。

实践组织：

1. 教师布置实践任务，指出实践要点和注意事项。

2. 全班分为若干个小组，各组确定本组分享的专题(如产品策略、定价策略……)。

3. 相关资料和数据的收集可以进行实地调查，也可以采用第二手资料。

4. 小组内部充分讨论，认真研究，形成分享报告。

5. 小组需制作一份 5~10 分钟能够演示完毕的 PPT 文件在课堂上进行汇报，之后其他小组可提出问题，台上台下进行互动。

6. 教师对每组的分享报告和课堂讨论情况即时进行点评和总结。

第三章

定价策略

当你走进COSTA咖啡店，点了一杯36元的拿铁咖啡，准备付款时，服务员会告诉你："先生，今天的咖啡是免费的。"然后服务员会接着说："您只需办理一张88元的打折卡，这张卡全国通用，您在任何时候到COSTA咖啡店消费，都可以享受9折优惠哦。"数据表明，有70%左右的顾客会购买这张打折卡。

我们来算一笔账，如果每天有100个顾客，每个人消费36元，那么销售额就是3600元，如果每杯咖啡的成本是4元，那么利润就是3200元。而推出打折卡之后，如果向100个顾客介绍后有70人购买了打折卡，那么就是(30人×36元)+(70人×88元)=7240元，如果每张卡的制作成本为2元，那么利润就是6700元，利润竟然增加了一倍。

可是，顾客还是感觉自己占了便宜，因为对于顾客来说咖啡的价值是36元，所以办一张打折卡88元，送一杯咖啡，88－36=52元，然后这张卡以后还可以持续打折。但真实的情况就是多花了52元，什么都没有买到。原因很简单，打折是建立在消费的基础上，顾客若不消费，这张卡就没有任何作用，而如果消费了也是给咖啡店持续贡献利润。

当你响应了COSTA咖啡店的主张后，你获得了一张打折卡，而咖啡店已经锁定了你的消费。

（资料来源：根据网络资料整理而来。）

服务价格是服务机构提供服务的经济回报，对顾客而言则代表着一种付出。

第一节 | 服务定价的重要性、影响因素及定价方法

一、服务定价的重要性

服务定价的重要性体现在以下两个方面。

(一) 服务价格对服务需求的影响大

由于服务需求的价格弹性大，服务价格的变化对服务需求的影响很大。这是因为，人们对服务的需求相对于实物产品而言，一般不是基本的、必需的，即不是非消费不可的，有时对服务的需求还可以通过自我服务来实现——"民以食为天"里的"食"指的是"食物"而非"食堂"。一般来说，服务需求的变化与服务价格的高低成反比，即价格越高需求越少，反之则需求增加。例如，客运票价如果上涨幅度过大，乘客将减少对客运服务的需求，减少乘车次数，或者以步行或者自购小汽车或自行车来解决交通问题。

(二) 价格是评判服务的重要指标

由于服务的特性，顾客往往不容易鉴别服务的优劣，所以顾客常常把价格当作衡量服务的重要指标，依据服务的价格来判断服务的档次和质量，认为贵的服务才是好的，对价格低的服务，顾客会表示怀疑而不购买。

从上述两个方面来看，服务价格太高、太低都不行，服务机构要想取得赢利，就必须对其自身的服务进行科学合理的定价。

二、服务定价的影响因素

服务定价的影响因素主要包含 5 个方面，即经营目标、服务成本、市场需求及供求关系、竞争状况、政府管制等。

(一) 经营目标对服务定价的影响

服务定价的目标必须与服务机构的经营目标保持一致：如果服务机构定位在高端市场上，那么定价就应当配合这个目标，尽量定高价；如果服务机构把生存作为自己的主要目标，那么只要价格能够补偿成本，使服务机构能继续留在行业中，就定低价；如果服务机构的目标是力图短期内尽快收回成本，或把当期利润最大化作为目标，就应采用高价策略；如果服务机构的目标是力图短期内快速提高市场占有率，那么就应采用低价策略去渗透市场。

(二) 服务成本对服务定价的影响

服务的成本可分为固定成本、变动成本。固定成本是指不随产出多少而变化的成本，即使不提供服务也须支付的成本，如建筑物折旧、租金、公用事业费、保险费、管理人员工资、利息、维修成本等。变动成本则是随着服务产出的变化而变化的成本。

服务成本决定着服务价格的最下限，如果服务价格低于成本，服务机构便无利可图。例如，医院、管理咨询机构等向顾客提供服务时，一般都不会为顾客预先估价，原因是这些服务机构要在了解了病人或顾客的全部情况后，甚至要等到服务进程展开后，才能根据实际的服务成本来收费。

(三) 市场需求及供求关系对服务定价的影响

当需求旺盛时，服务机构可以将价格调整得高一些；当需求萎靡时，服务机构只能将价格定在较低水平上。

不但市场需求对服务定价有影响，供求关系也会影响服务定价。当某种服务出现供大于求时，服务机构是没有办法支持服务定价高的，甚至价格会一路走低；而当某种服务出现供不应求时，则可以支持服务定价偏高，甚至后续的价格会一路走高。

例如，在出行的高峰期，航空公司都会执行高价格；而在出行淡季，航空公司为了争取客源都会执行折扣价格，以抢夺其他航空公司及公路、铁路运输的顾客。

(四) 竞争状况对服务定价的影响

服务机构在定价时还不得不考虑同业竞争对手的服务价格，通常价格会与竞争对手持平。有时候为了取得竞争优势，会比竞争对手的价格低；有时候为了树立高端的形象，也可能将价格定高，当然相应的服务品质也该有所提高。

长期来看，服务价格的下限由提供服务的成本来决定，上限由市场需求和顾客价值感受来决定，而竞争对手的定价则使得服务的价格在上下限之间波动。

(五) 政府管制对服务定价的影响

有些服务的定价是受到政府管制的，如电信服务，医疗服务，供水、供电、供气服务等，这些关系到民生的公共服务，如果价格定得过高会影响人们的生活质量，因此相关的服务机构必须在政府的指导下实施定价。

三、服务定价的方法

服务定价的主要方法有：成本导向定价法、需求导向定价法、竞争导向定价法等。

(一) 成本导向定价法

成本导向定价法是指服务机构依据其提供服务的成本来决定服务价格的方法，其基本公式为：服务价格＝服务成本＋服务利润。

1. 成本导向定价法的优点

计算相对简单，在考虑服务机构合理利润的前提下，能使服务机构维持一个适当的利润水平，并降低顾客的购买费用。

2. 成本导向定价法的缺点

首先，服务成本难以确定。服务成本的主要构成之一是人力成本，而人力成本难以估算。

其次，服务成本与服务价值的对应关系可能不明显。一方面，服务成本高，其所带来的服务价值未必高。例如，咨询师为咨询方案所付出的时间和精力越多，但不能保证其提供的服务价值一定越高。师傅与徒弟一起为顾客提供维修服务，虽然徒弟所花费的时间和精力更多，但并不能确定徒弟的服务价值更高。另一方面，同样的服务成本也会产生不同的服务价值。例如，同样是对系统运营进行维护，如果是关键业务系统，那么顾客就肯花大价钱，这类服务的价格就可以定得高一些；如果只是边缘业务系统，如办公自动化等，顾客只愿意出一小笔钱，甚至完全不愿付费，这样的服务，价格只能定得低一些。另外，不同顾客有不同的价值感受，这种价值感受不以成本为基础。

最后，成本导向定价法容易忽视市场需求、供求关系、市场竞争，从而不能很好地实现定价目标。

(二) 需求导向定价法

需求导向定价法是一种以市场需求和顾客购买意愿为主要依据的定价方法。需求导向定价法包括感知价值定价法、需求差异定价法和反向定价法三种形式。

1. 需求导向定价法的优点

既考虑到顾客对服务价值的理解，也考虑到顾客对服务价格的敏感性，定价可以随市场需求的变化而变化。

以星巴克的杯型定价为例，中杯 32 元，355ml；大杯 35 元，473ml；超大杯 38 元，591ml。仔细计算会发现，中杯每毫升的价格为 0.09 元、大杯为 0.07 元、超大杯为 0.06 元。星巴克这样定价的原因是：首先，有些人并不喜欢喝咖啡，只是想感受店铺中的气氛，所以选择中杯，这样可以降低价格门槛，但每毫升需要支付更多钱；其次，有些人喜欢喝咖啡，大杯或超大杯就更能满足他们的要求，因为相对来说，更实惠更合算。

2. 需求导向定价法的缺点

需要考虑顾客的感知价值、顾客的心理感受等，而这些主观体验都很难量化，所以存在定价失败的风险。

(三) 竞争导向定价法

竞争导向定价法就是服务机构在与竞争者各方面进行对比后，以竞争者的价格作为定价依据来制定服务价格的方法。

1. 竞争导向定价法的优点

竞争导向定价法主要包括通行价格定价法和主动竞争定价法。

通行价格定价法是以主要竞争者同类服务价格或行业平均价格水平来确定自己服务价格的定价方法，即随行就市。采用此方法的优点主要表现在：通行价格易为人们所接受；避免与竞争者恶性竞争；能为服务机构带来合理的利润；有利于检验服务机构的经营管理水平。

主动竞争定价法是不追随竞争者的价格，而是根据本机构的实际情况及与竞争对手的差异来确定服务价格。采用此方法的优点主要表现在：符合竞争态势，另外可以随时根据对方定价的变化及时调整自己的定价。

2. 竞争导向定价法的缺点

竞争导向定价法忽视服务机构自身的成本和市场需求，主动竞争定价法若失控可能造成恶性竞争，影响市场秩序。

📖 **知识拓展 ┃ 服务定价的自由度**

定价的自由度受价格透明度和质量透明度影响很大。当价格和质量的透明度都高时，那么定价的自由度就小；当价格和质量的透明度都很低时，那么定价的自由度就大。

服务的特性使得服务价格和服务质量的透明度都低，也就是说，顾客难以把握服务的价格信息和质量信息。所以，一般情况下，服务定价的自由度还是比较大的。但是，互联网等信息技术的发展会使价格、服务质量更加透明，从而可能会降低服务定价的自由度。

长期来看，服务价格的下限由服务机构所提供服务的成本来决定，上限由市场需求和顾客价值感受来决定，而竞争对手的定价则使得服务的价格在上限和下限之间波动，一般而言，市场竞争者越多，服务机构在定价方面的活动空间就越小。

第二节 ┃ 常见的服务定价策略

一、低价策略

既然服务需求对服务价格如此敏感，服务价格就不能定得过高，而要定得足够低，使其有足够的吸引力以鼓励和刺激顾客对服务的消费。低价策略就是以低价来赢得顾客的关注，从而达到销售的目的。

(一) 低价策略的优点

低价策略可以吸引顾客购买，达到促进销售的目的。例如，宾馆把客房的价格定得低一些，就可以吸引更多的住客。

(二) 低价策略的缺点

首先，低价策略很容易被竞争对手模仿，一旦竞争对手也压低价格，服务机构便会很快失去这种优势。

其次，为了降低成本，某些服务机构往往不愿投入必要的人力、财力、物力来提高服务质量。如果顾客的消费方式、消费水平和消费观念发生变化，不再根据价格做出购买决策或者竞争对手的服务在某些方面更具吸引力，那么低价策略便无立足之地。

(三) 低价策略的适用条件

首先，市场对价格高度敏感，低价格能促进市场的增长。

其次，服务成本会随服务消费量的增加而减少。

再次，低价能帮助排除竞争对手，否则价格优势只能是暂时的。

最后，竞争机构很难通过服务差异化来使顾客获得较高的感知价值。

二、折扣定价策略

折扣定价策略是服务机构为了鼓励顾客提早付款、大量消费，或鼓励需求低谷时的消费，而采取的酌情降低价格的策略。常见的价格折扣形式有现金折扣、数量折扣、季节性折扣。

(一) 现金折扣

现金折扣是对以现金付账，并且不拖欠的买主给予的价格减让。

例如，装修公司规定装修费分期支付的没有折扣，而当期支付的可以享受 8 折优惠。

(二) 数量折扣

数量折扣是给予大量消费的买主的价格减让，包括累计数量折扣、一次性数量折扣两种形式。

1. 累计数量折扣

即规定顾客在一定时间内，购买服务若达到一定数量或金额，则按其总量给予一定折扣，其目的是鼓励顾客经常向服务机构购买，成为长期顾客。

2. 一次性数量折扣

即规定一次购买某种服务达到一定数量或购买多种服务达到一定金额，则给予折扣优惠，其目的是鼓励顾客大批量购买，促进服务多销、快销。

例如，足球赛的套票平均每场的价格低于单场票价；城市公园和博物馆推出的通用年票平均每次的价格低于单次进入的价格；公交月票平均每次的价格也大大低于单次乘坐的价格。又如，迪士尼主题公园 1 天的门票价格为 79 美元，连续 10 个工作日内去迪士尼的门票价格为 243 美元。若没有批量折扣价，10 天的门票价格应为 790 美元，也就是说，较之 1 天的参观游览价，10 天的门票有 69% 的折扣。

(三) 季节性折扣

季节性折扣是对购买过季或淡季的服务的顾客提供的价格减让。

例如，有些行业，如航空业的固定成本在总成本中所占的比重高，变动成本在总成本中所占的比重往往较低，航空服务的边际成本很低，增加一位旅客带来的服务成本几乎可忽略，所以，航空公司在淡季提供大幅折扣是明智的选择。

三、招徕定价策略

招徕定价策略是服务机构利用部分顾客求廉的心理，特意将某种服务项目价格定得较低，使得顾客产生该服务机构的价格便宜的印象，从而吸引顾客前来消费，而顾客在购买低价服务项目的同时很可能会购买其他高价的服务项目。

如汽车修理厂对一般性修理服务的收费较低，为的是可以吸引顾客光顾，从而招徕高价的特殊性保养服务；美容院对初次惠顾的顾客实行很低的体验价格，从而吸引顾客购买费用较高的护理产品；饭店通过价格相对较低的食品来吸引顾客前来用餐，而在酒水上获利，也有饭店会将酒水的价格压低来吸引爱喝酒的顾客，而将食品的价格提高，从中获利。

又如，旅游公司打出旗号，为游客提供价格非常优惠的线路，然而被吸引来的顾客却发现，由于出游时间或其他原因，实际上享受不到这些"招牌线路"的优惠，这时游客就可能被说服接受价格更高的其他线路。

四、高价策略

高价策略，是指服务机构把服务的价格定得相对较高。

服务机构采取高价策略，能在某种程度上凸显服务的高档次和高附加价值，能在顾客心目中创造优质的形象。

当然，制定较高价格的服务机构必须考虑自身的影响力和吸引力，其服务的质量和形象必须能够支撑服务的高价格。另外，还要考虑目标顾客的支付意愿，避免把价格定得过高，导致"曲高和寡"影响销量。

五、差别定价策略

差别定价策略是服务机构依据顾客支付意愿的不同而制定不同价格的策略。

(一) 常见的差别定价策略

1. 服务技术差别定价

服务机构将服务按技术差别分成几个等级，分别给每个服务技术等级定价，顾客可以根据自己的需求选择购买。

例如，医院的专家门诊比普通门诊收费高；律师事务所的知名律师比普通律师收费高。

2. 服务条件差别定价

服务机构根据服务设施、服务环境等服务条件的不同制定不同的服务价格。

例如，飞机上头等舱的价格比经济舱的价格高；剧院的前排座位的价格比后排的价格高；空调列车比普通列车价格高，列车的卧铺比座位的票价高，卧铺的下铺比上铺的价格高。

3. 服务地点差别定价

服务获取的便利程度往往是不同的，既然便利性作为一种效用得到顾客的承认，那么以地理位置差异为基础的差别定价就是合情合理的。

例如，在市中心和在郊区就可以制定不同的服务价格水平，在市中心可以将服务价格定得高一些，在郊区可以把价格定得低一些。

4. 服务时间差别定价

顾客对服务时间的需求往往有所不同，为此，服务机构可以按照不同的时间，如不同的季节、不同的时期、不同的日期、不同的钟点来制定不同的价格。主要做法是在服务需求较小的时段或季节采取增加优惠及降价措施，而在服务需求较大的时段或季节减少优惠及适当调高服务价格。

例如，在旅游淡季时，将旅游景点的门票改为低价，或使用折扣价、优惠价等，可以吸引游客。

又如，航空公司可以在飞行淡季实施低折扣，这对于休闲旅游者很有吸引力，因为不必支付高峰季节那样昂贵的费用。

上海迪士尼度假区自 2022 年 1 月 9 日起采用全新的四级票价结构，分别为常规日、特别常规日、高峰日和特别高峰日，对应的门票价格为："常规日"门票价格维持不变，仍为 399 元人民币，涵盖冬季和秋季的大部分日期；"特别常规日"涵盖春季大部分日期和部分周末，门票价格为 499 元人民币；"高峰日"涵盖夏季大部分日期、部分周末及部分节假日假期，门票价格为 599 元人民币；"特别高峰日"主要包括部分超高客流的法定节假日及其相关调休或假日，以及一些国际性节日，门票价格为 699 元人民币。全新的四级票价结构将更有效地管理贯穿全年的季节性客流分布，从而更大限度地优化游客体验。

❖ **案例** ┃ **哈啰单车的不限次骑行卡和限次骑行卡**

(1) 哈啰单车不限次骑行卡。不限次骑行卡的用户可以在有效期内不限骑行次数。计价规则是单次骑行前2小时免费，超出时间按正常计费规则计费。不限次骑行卡有"30天内不限次""90天内不限次""180天内不限次"，分别是5折、4.5折、9折的折扣优惠。这为频繁使用哈啰单车的用户(如上班族、学生群体)提供更加优惠的骑行选择方案。

(2) 哈啰单车限次骑行卡。限次骑行卡的计价规则是单次骑行前1小时免费，超出时间按正常计费规则收费，次数使用完或超出有效期，视为失效，如"30天限8次"的限次骑行卡是30天8次及以内的骑行，从原价8元降至6.6元，30天内超出8次则按原价收费。限次骑行卡是为有使用单车习惯，但是使用不是那么频繁的用户提供的折扣优惠。

(资料来源：根据网络资料整理而来。)

5. 顾客差别定价

针对不同的顾客制定不同的价格，以吸引和留住顾客，特别是重要顾客。

例如，银行贷款利率因顾客的类型、风险、信誉的不同而有所差异；保险公司面对情况迥异的投保顾客，他们有年龄、健康、风险等的差别，几乎没有哪几个顾客的服务成本是一样的，所以，保险公司只能为不同顾客制定不同的服务价格；宾馆为吸引回头客，对一部分忠实的老顾客提供较优惠的价格。

有的服务机构为了承担社会责任或树立公益形象，也会向某些特殊顾客提供优惠价格。

例如，航空公司每年寒暑假向教师和学生提供优惠票价；有的服务机构在"拥军月"期间推出现役军人凭军官证、士兵证或警官证可享受全单8折的优惠，在尊师周期间推出教师凭教师证可享受全单8折的优惠。

> ❖ **案例** 影城的差别定价
>
> 影城将顾客消费群体分为学生、钻石卡会员、金卡会员、银卡会员、普通会员与非会员顾客(其中学生也可能成为会员)，学生只需要出示学生证，而会员需要申请并缴纳一定费用，与影城达成协议。除了非会员，均可分别在原来的票价上打一定的折扣，不同的会员类型获取的折扣不同。所以，虽然是在同一时间同一放映厅看同一场电影，但不同的顾客所付费用是不同的，如会员一次性充值200元即送200元代金券；钻石卡会员可享受全天5折优惠；金卡会员可享受日场5折，夜场6折；银卡会员可享受日场5折，夜场7折；普通会员可享受日场5折，夜场7.5折。这种价格差别会在一定程度上促使顾客购买会员服务，引发更多消费，同时也带动学生这一巨大的消费群体因打折原因前来消费。

(二) 采取差别定价时应当注意的问题

首先，要考虑所细分的市场是否有不同的需求程度。确定市场能够进行细分，而且各个细分市场之间有明显的需求差异。只有在顾客认可这种差别时，差别定价才是有意义、有市场需求的。

其次，采取顾客差别定价要注意不要引起其他顾客的反感，不能违背公序良俗，不能违法。

最后，差别定价要与差别服务同步，也就是说，服务的内容、水准、质量要与服务价格相匹配。

例如，剧院周一到周五的歌剧门票打折，但伴奏音乐改为录音(周末用乐队演奏)，使服务感受和价格升降挂钩，减价与简化服务同步，保证了市场的公平；宾馆可为支付高价的客人提供开胃酒或免费早餐，由于得到了额外服务和特别待遇，客人的心理上会平衡许多；航空公司在头等舱和商务舱推出了机上卧床、自选菜单、不停播放影视节目等服务，而对于经济舱的乘客，则没有提供这些服务。

六、组合定价策略

组合定价策略是服务机构将几种服务组合在一起，即顾客成组购买比单独购买便宜，也就是说，组合价低于分别购买每种服务的价格总和。组合定价的目的是挖掘顾客潜在的需求，鼓励多消费。

例如，培训机构规定只报书法班400元，只报美术班500元，只报舞蹈班600元，但一次性支付1200元可以同时获得三项培训。又如，如果顾客只进行营销管理咨询，咨询公司会按最高价位向顾客收费，如果顾客同时接受咨询公司提供的人力资源管理咨询、财务管理咨询等，咨询公司就会按组合价格来收费，组合定价会明显低于分别购买单种咨询服务的价格总和。

七、效果定价策略

对顾客来说，服务的价值取决于服务的效果。因此，服务机构可以根据服务的效果进行定价，即保证顾客得到某种效用后再付款。效果定价策略是服务机构向顾客提供的一种保证，它象征着服务机构有义务也有能力帮助顾客达到某种效果，这有利于消除顾客对服务的疑虑，增强其对服务机构的信心。

例如，美国一家广告公司的收费标准是广告播出后销售额增长不低于10%，全价收费；广告播出后销售额增长低于10%但高于5%，半价收费；广告播出后销售额增长低于5%，不收费。这种定价方法可以降低顾客的风险，对顾客具有很强的吸引力。

效果定价策略特别适合在高质量的服务无法在削价竞争的环境中获取应有的竞争力时，以及服务机构对服务效果有把握的情况下使用。当然，服务机构必须清楚自己是否能满足顾客的要求，在没有把握的情况下，服务机构是不能轻易采用效果定价策略的。

八、固定定价策略

固定定价策略是指服务机构设定在某种情况下或者某段时间里收取固定的费用，常见的形式有包月、套餐等。

例如，计算机硬件维护，不管一年中硬件出现多少次故障，服务机构都收取固定的包年费用；电信公司推出宽带包月收费，每月收取一定的固定费用，顾客就可以不限时上网，甚至不计流量。

📖 **延伸阅读** | 航空公司"随心飞"的价格策略

2020年6月21日，华夏航空公司发布全国不限次数飞行套餐，从购票日至2020年10月24日，2999元百余条航线，无限次飞行权益。而在此之前，东方航空公司推出的"周末随心飞"，消费者只要支付3322元，就可以在2020年年底前的任何一个周六或周日无限次兑换东方航空公司和上海航空公司的国内航班经济舱。

"随心飞"主要面对的是异地恋旅客、探亲旅客等，以刺激其消费需求。同时，"随心飞"规定只能周末用，要提前5天以上订票，不能临时变更，就是要防止高端旅客消费降级。航空公司通过"随心飞"揽客，可以较早锁定现金流，在某种程度上刺激消费者选择本航空公司产品。因为防疫常态化期间商旅出行的不确定性使得航空公司营销和上座率均面临空前压力，既然飞机上座率不高，与其在航班起飞前低价售票或者浪费座位，还不如早些拿出来做营销，获得现金流和锁定消费者。

(资料来源：根据网络资料整理而来。)

九、关联定价策略

关联定价是指服务机构对相互关联的服务机构的顾客实行优惠价，当然，这种优惠是相互的。

例如，商厦与邻近的酒店签订联合协议，凡在酒店住宿、用餐的游客可享受商厦的购物优惠；在商厦购物满 800 元以上，可在酒店享受 8 折的住宿、用餐折扣。通过这种商厦与酒店的互惠互利，吸引和促进了顾客更多的相关消费。

十、关系定价策略

关系定价是服务机构给予关系顾客一定优惠的价格策略，其目的是发展和巩固顾客关系。由于获得新顾客要比留住老顾客的成本高得多，因此，服务机构总是希望能够拥有越来越多的老顾客，并且通过老顾客的关系吸引更多的新顾客。为此，服务机构愿意给老顾客更多的优惠，从而发展长期的顾客关系，或者巩固现有的顾客关系，刺激顾客持续购买服务而抵制竞争对手提供的服务。

比较典型的关系定价形式是会员制，即给会员一定的优惠价格。一般来说，会员一次性支出的会费远小于以后每次购物所享受到的超低价优惠，还可享受其他特殊服务，如定期收到有关新到货品的样式、性能、价格等资料，以及享受送货上门的服务等。顾客可以凭借其会员身份享受一定的价格折扣，从而将一系列的服务交易转变为一种稳定的、可持续的交易，也使服务机构由于同顾客建立了长期交易关系而获得稳定的收入，降低经营风险。

由于成为会员后可得到诸多好处，所以会员制可以吸引和招徕新顾客的加盟。此外，老会员还会在有意无意间帮助宣传服务机构的产品，充当义务推销员的角色。

十一、认知价值定价策略

即服务机构根据顾客对服务价值的认知来定价，当顾客对服务价值相当认可时就把价格定得高一些，反之则把价格定得低一些。

例如，对于通信公司来说，不同号码的成本都是一样的，但是，不同的号码带来的价值却是不一样的，如人们一般比较偏爱带"8"的号码，认为更吉祥、更体面、更有价值，那么，通信公司在出让带"8"的号码时完全可以制定相对高的价格。

又如，修理汽车，同样一个毛病，把新车(或豪华型轿车)和旧车(或经济型轿车)修好的服务成本是一样的，但是修好了的新车(或豪华型轿车)和修好了的旧车(或经济型轿车)所反映出来的服务价值是不一样的——作用在新车(或豪华型轿车)的服务带来的价值高于作用在旧车(或经济型轿车)的服务带来的价值，我们完全可以对新车(或豪华型轿车)收取比旧车(或经济型轿车)更高的费用。

十二、心理定价策略

心理定价策略即根据顾客的不同心理，采取不同的定价技巧，常见的有零头定价、整数定价、声望定价、吉利数字定价 4 种。

零头定价是低消费服务机构利用顾客的心理，将服务价格保留零头，这样不仅给顾客以价格便宜的感觉，而且留下作风严谨的印象。例如，餐厅的菜单上列出 59 元、89 元的菜品价格，就是这种方法的运用。

整数定价策略指服务机构给服务定价时取为整数。由于顾客往往通过价格的高低来判断产品质量的好坏。整数定价正是利用人们"一分价钱一分货"的心理。这种策略特别适用于高档服务的消费，如五星级酒店等。例如，高档酒店推出的一桌宴席价格为 2000 元、3000 元，即为这种方法的运用。

声望定价策略是根据服务在顾客心中的声望来确定价格的策略，适用于一些知名度高、有较大影响力、深受市场欢迎的服务定价。声望定价可以满足某些顾客的特殊欲望，如彰显地位、身份、财富、名望和自我形象等。

吉利数字定价，顾名思义是采用顾客认为吉祥的数字对产品进行定价。比如在我国很多人喜欢 6、8、9 这几个数字，认为它们的发音与顺、发、久等差不多，所以比较吉利、招人喜欢。因此，有的酒店在推出宴席时常将价格定为：一路顺风 666 元/桌，恭喜发财 888 元/桌等。

十三、顾客自主定价策略

顾客自主定价策略是基于顾客对服务价值有自己的判断，即大概"值多少钱"，服务机构以此让顾客自己对服务进行定价，也就是让顾客自愿付费。

可能会有人担心顾客自主定价策略不能确保服务机构的利益。虽然可能存在这种情况，但是顾客自主定价策略也可能给服务机构带来超额的利益——假如顾客在消费服务时意外得到了附加利益，比如在接受服务的过程中得到了重要的信息，或者结识了重要的人物，或者谈成了一笔生意等，那么顾客很可能会愿意为此次消费付出一个比平常更高的价格。即使顾客在消费服务过程中没有得到附加利益或惊喜，对素质较高的顾客来说，出于面子的考虑，他们一般也会付出比正常价格高的费用。所以，服务机构不妨试试顾客自主定价策略。

❖ **案例** ┃ **自愿付费的餐厅**

在伦敦有一家名为"Just Around the Corner"的餐厅，它一直执行一种特别的定价方法：顾客觉得这顿饭值多少钱就付多少钱。这个办法自1986年开始实施以来一直非常成功，大多数顾客的付费都高出餐厅如果定价将会收取的费用。3道菜的正餐顾客平均付费25英镑，但是一些顾客会格外小心付足费用。"一个晚上，4个美国政府官员享用过一顿价值不到200元的晚餐后，递过来1000元。他们问这是否够了。"餐厅老板迈克尔说，"我的这家餐厅要比其他4家店赚得更多。"他认为其定价策略的成功要归功于顾客的慷慨大方。

(资料来源：根据网络资料整理而来。)

本章练习

一、不定项选择题

1. 下面影响服务定价的因素有( )。
   A. 经营目标   B. 服务成本
   C. 顾客需求   D. 政府管制

2. 服务定价的方法有( )。
   A. 成本导向定价法   B. 需求导向定价法
   C. 竞争导向定价法   D. 关联定价法

3. ( )是服务机构依据顾客支付意愿的不同而制定不同价格的策略。
   A. 差别定价策略   B. 固定定价策略
   C. 效果定价策略   D. 组合定价策略

4. ( )是服务机构给予关系顾客一定优惠的价格策略,其目的是发展和巩固顾客关系。
   A. 关系定价策略   B. 认知价值定价策略
   C. 顾客自主定价策略   D. 关联定价策略

5. ( )是根据服务的结果进行定价,即保证顾客得到某种效用后再付款。
   A. 效果定价策略   B. 组合定价策略
   C. 关联定价策略   D. 关系定价策略

二、判断题

1. 组合定价策略在一定程度上有利于增强顾客对服务质量的信心,同时避免顾客持币观望,延迟消费。   ( )
2. 服务价格是服务机构提供服务的经济回报。   ( )
3. 不同顾客有不同的价值感受,这种价值感受不以成本为基础。   ( )
4. 服务需求的价格弹性大。   ( )
5. 长期来看,服务价格的下限由提供服务的成本来决定,上限由市场需求和顾客价值感受来决定,而竞争对手的定价则使得服务的价格在上下限之间波动。   ( )

三、思考题

1. 影响服务定价的因素有哪些?
2. 服务定价的方法主要有几种?
3. 什么是差别定价策略?什么是固定定价策略?
4. 什么是效果定价策略?什么是关系定价策略?
5. 什么是认知价值定价策略?什么是顾客自主定价策略?

▌本章实践

成功案例分享——××服务机构的定价策略

实践内容：

1. 充分调研，客观全面分享一家服务机构定价策略的成功经验。

2. 分享的内容，不求面面俱到，但求典型有效。

3. 注意介绍其中应用到的互联网、大数据、人工智能技术。

实践组织：

1. 教师布置实践任务，指出实践要点和注意事项。

2. 全班分为若干个小组，各组确定本组分享的专题(如产品策略、定价策略……)。

3. 相关资料和数据的收集可以进行实地调查，也可以采用第二手资料。

4. 小组内部充分讨论，认真研究，形成分享报告。

5. 小组需制作一份 5~10 分钟能够演示完毕的 PPT 文件在课堂上进行汇报，之后其他小组可提出问题，台上台下进行互动。

6. 教师对每组的分享报告和课堂讨论情况即时进行点评和总结。

第四章

分销策略

❖ **引例** 盒马鲜生的分销策略

　　盒马鲜生是阿里巴巴对线下超市完全重构的新零售业态，采用"线上外卖+线下门店"的经营模式，是超市、餐饮店，也是菜市场，是结合"生鲜食品超市+餐饮+App电商+物流"的复合型商业综合体。

　　线上外卖业务端口为盒马App，App中分为盒马外卖与盒马鲜生两个模块。盒马外卖主打专业餐饮外卖，盒马鲜生主打生鲜配送。顾客在盒马App上购物，订单完成后，盒马的后仓能在10分钟之内完成选货、分拣、流转、包装等一系列流程；后仓等候的配送员接到货物后，实现了门店附近3公里范围内，30分钟送货上门，高效快捷的配送服务节省了顾客等候的时间成本，也赢得了顾客的信任。此外，2020年4月21日，盒马鲜生天猫旗舰店正式开业。入驻天猫，首先帮助盒马鲜生实现全国范围最快可次日达，使其摆脱距离的限制，快速触达全国淘宝、天猫约7亿用户；其次解决了盒马鲜生现在所面临的"无处开店"问题，降低开店成本。

　　线下门店，集"生鲜超市+餐饮体验+线上业务仓储配送"为一体。顾客可以在盒马鲜生线下门店购买商品，生鲜商品可以在线下餐饮体验区进行加工，即时享用或是打包带走。此外，盒马用四大新业态来补足盒马渗透率还很空白的区域，分别是盒马菜市、盒马小站、盒马F2、盒马mini，这4种业态分别以不同的形态在不同的商圈和城市展开布局。盒马菜市重点布局社区场景，主打更接地气的散称蔬菜，且不带有餐饮区，是基于家庭消费最高频刚需的客观需求。盒马小站主要开在盒马鲜生无法布局的区域，只提供外送服务。盒马F2定位办公楼商圈，有点像便利店业态，更像一个速食餐厅。盒马mini业态最像盒马鲜生，是名副其实的缩小版盒马鲜生，面积在500平方米左右，盒马mini主打社区经营，满足社区居民一日三餐所需食材，主要开在城乡交汇地区或者物业条件较紧张的城市核心地带。

（资料来源：根据网络资料整理而来。）

　　服务的分销是服务机构为顾客提供服务的通道或销售服务的渠道。从服务分销的管理来看可分为直接分销与间接分销，从服务分销的途径来看可分为线上分销与线下分销，直接分销、间接分销与线上分销、线下分销是相互交织的。

第一节 | 直接分销与间接分销

从管理角度来看服务分销可分为直接分销与间接分销。例如，中国电信以"大客户营销""社区经理制""农村统包责任制""10000 号客服中心"四大渠道为主要的分销途径。其中，大客户营销渠道、社区经理制渠道、10000 号客服中心渠道是中国电信服务的直接分销渠道，而农村统包责任制渠道则是中国电信以代理、承包的模式开展的间接分销渠道。此外，中国电信还通过网络渠道进行分销。

一、服务的直接分销

(一) 服务直接分销的含义

服务直接分销是指服务机构通过自身的渠道分销服务。例如，理发、美容、医疗、培训、餐饮、教育、洗衣等都是采取直接分销渠道。

(二) 服务直接分销的优缺点

1. 直接分销的优点

(1) 直接分销可以对服务的供应与表现保持较好的控制，对服务机构的策略、制度、规范、标准的执行和贯彻力度较强，有利于确保服务的总体水平。

(2) 直接分销能够及时地从与顾客的接触中了解顾客的需要及其变化、顾客满意与否，从而适时做出调整，更好地适应市场的变化、改进服务，还能够针对顾客的需求提供个性化的服务。

2. 直接分销的缺点

(1) 服务区域、服务数量、服务规模可能受到限制。

(2) 需要大量的人力、物力、财力的投入。

(三) 服务直接分销的形式——连锁经营

1. 连锁经营的含义

连锁经营是指经营相同服务的若干分支机构(分店)，在总部的领导下，按照统一的经营理念和标准，采用集中管理和分散经营相结合的组织形式。

2. 连锁经营的优点

(1) 通过跨区域的连锁能够有效解决地域限制问题，扩大服务范围与规模。

(2) 节约费用，连锁机构广告宣传费用少于每家分店单独广告费用的总和，还可以降低采购费用等。

(3) 规范化经营，总部提供统一经营方案，自始至终地进行监督与指导，从而保证了各分店在店名、店貌、价格、服务、广告宣传方面的统一，有利于树立专业形象，提高销量。

例如，喜茶、瑞幸、西少爷、便利蜂等不约而同选择了直营连锁方式。

3. 连锁经营的缺点

(1) 管理难度增加。

(2) 投入增加，需要大量的人力、物力、财力的投入。

(3) 风险增加，若一家分支机构出现问题会殃及总部与其他分支机构。

❖ **案例** | **茶颜悦色的分销**

茶颜悦色于2014年创立于长沙，是长沙目前最火的新茶饮品牌之一，其在长沙的店面数累计达到几百家，分销策略主要为：一是深耕区域，二是密集开店，三是只做直营。

(1) 深耕区域。与其他品牌不断挤破头想要抢占一线城市市场的套路不同，茶颜悦色反其道而行，稳扎稳打扎根长沙，把地域局限转化为自身的特色，将劣势转化为优势。"只有在长沙才能喝到的奶茶"，既能让本地顾客有一种地域文化的优越感，也会让外地顾客产生强烈的好奇心。而在自媒体时代，这种主打本土化的品牌文化不断在社交媒体上传播，通过区域饥饿营销刺激顾客的购买欲望。微博、小红书等社交媒体上，很多网友都在分享自己专门为喝茶颜悦色去长沙旅游。茶颜悦色深耕长沙的做法还带动了长沙旅游业的发展。

(2) 密集开店。在长沙，茶颜悦色采用了密集分销策略，在中心商圈及人流量密集处大量开设直营店，十米一家，一街十店。门店都不大，以十几平方米的档口店为主，无论是街头巷尾，还是大型商圈，茶颜悦色都是标配。通过这种密集型布局，不但有效提高品牌曝光度，还能降低运营成本，便于统一管理。

(3) 只做直营。茶颜悦色不开放加盟，所有的店铺都是直营店，这样做可以保证品控，使茶颜悦色始终保持稳定的风味和口感，积累起良好的用户口碑，增加顾客的好感。

(资料来源：根据网络资料整理而来。)

二、服务的间接分销

(一) 服务间接分销的含义

服务的间接分销是指服务机构通过中介机构分销服务。

例如，旅行社、旅游承包人、观光旅游中心、航空服务机构、集中预订系统，以及团购网等都是酒店的中介机构，它们为游客提供住宿预订服务、接待服务等。当然，酒店本身也可以作为中介机构为游客提供如汽车租赁、导游、购买剧院和演奏会入场券等其他服务。

(二) 服务间接分销的优缺点

1. 间接分销的优点

(1) 可不局限于某个区域，有利于扩大服务区域、服务数量、服务规模。

(2) 有利于减轻服务生产者兼顾推广的负担。例如，演员、画家若没有中介人，那么自己就不得不忙于公关事务而占用大量的时间和精力。如果将这类事务交给中介机构、中介人去办理，那么服务生产者便可专心提升自身的水平。

(3) 有利于降低服务成本。例如，供水、供电、供气机构把抄表、收费业务委托给专门的服务机构，通过统一的流程、规模化的经营，既为顾客节省了时间，又降低了供水、供电、供气机构的抄表、收费的成本。

(4) 有利于提高分销效率。间接分销适应当今分工合作的潮流，有利于服务全面铺开。中介机构、中介人或资金雄厚或经验丰富，可以为顾客提供更好的服务。例如，艺术中介受过文字、宣传、广告、传播、公关方面的训练，有较强的传播能力，能较快地提高艺术家的知名度，扩大艺术家的影响力。作家通过出版社或书商，歌手通过演艺中介机构能够提高分销效率。

❖ **知识拓展** | MCN 机构

MCN (Multi-Channel Network) 即多频道网络，是一种协助对接、聚合优质内容并进行持续变现的中介机构。

MCN机构的主要任务：第一是寻找高质量的内容创建者(主播和互联网名人)，第二是为不同类型的主播定制专业技能培训，第三是为主播定制个性化服务，最后为个性引流提供商业服务。总之，成熟的头部 MCN 机构业务涉及网络红人挖掘培训、内容包装、引流吸粉、内容投放、商业变现等各个阶段。

主播加入MCN机构的好处主要有以下几点。①获得更多曝光机会。对于有潜力、有价值的新人主播，MCN机构会提供资源帮助主播进行形象包装，获得专属的流量扶持与曝光机会，提升主播的影响力。②有接受系统培训的机会。新人主播刚接触直播带货行业，难免会缺乏经验，MCN机构会对主播制订培养计划，并且安排经纪人解决主播在直播中遇到的问题，提供专业的指导，提升直播水准，帮助新人主播快速成长起来。③可以获得基本的生活补贴。直播带货前期需要投入一定的成本，签约MCN机构之后，直播基础设备由MCN机构提供，MCN机构还会垫付前期的投入成本，给主播基本的生活补贴，使新人主播具有一定的收入。④帮助主播对接商务合作事宜等。

(资料来源：根据网络资料整理而来。)

2. 间接分销的缺点

(1) 较难控制中介机构的表现。中介机构可能对服务机构的策略、制度、规范、标准的执行和贯彻力度较弱，不易确保服务水平。除非中介机构有意愿、有能力复制服务机构的服务品质，服务水平才不会降低。

(2) 不能及时了解市场动态。由于服务机构没有直接为顾客提供服务，因此不能及时地从与顾客的接触中了解顾客的需要及其变化、顾客是否满意等，从而无法及时做出调整，为顾客提供完善的服务。

❖ **案例** | 星巴克不开放加盟

星巴克是世界知名的咖啡连锁品牌，它在世界各地均不同意对外开放任何加盟。目前星巴克在全球大概开设了一万来家咖啡店，根据不同市场情况定出4种形态的经营模式——独资自营模式、合资公司模式、许可协议模式、授权经营模式。不论上列的哪一种模式，星巴克咖啡总部都有权直接介入各店的经营管理，而且其设计、设备、物品、装修等都必须由位于美国的总部提供，其目的是与总部的精神、风格统一，并保证其产品及服务质量达到要求的标准。

（资料来源：根据网络资料整理而来。）

(三) 服务间接分销的形式

常见的服务间接分销形式有代理分销、经销分销、合作伙伴、特许经营等。

1. 代理分销

代理分销是指依据代理合同的规定，受服务提供者的授权委托从事某项服务活动。

例如，证券代理人，作为投资人的代理，随时给投资人提供参考意见并帮助顾客买卖证券；保险代理人，受保险公司的委托，代表其依据合同的规定招揽业务、接受投保人保单、代收保险费，为投保人提供方便，代理人从保险公司获得手续费；银行受服务机构的委托，可以代理发工资、收水电费及其他中间业务，为顾客提供方便。

1) 代理分销的优点

(1) 比直接分销投资少、风险小。例如，航空公司建立代销网络，通过当地旅游部门、民航等代理机票销售服务，为乘客提供方便，自己则可以专注于提高航空服务质量，还可在一定程度上使航空公司摆脱因资金和人力的限制而对销售网络的发展产生的制约，同时降低机票的销售成本。

(2) 通过人熟地熟的代理，容易打开一个新市场。

2) 代理分销的缺点

(1) 代理机构或代理人可能无法尽心尽力地开拓市场，以及为顾客提供周到的服务。

(2) 通过代理机构或代理人进行分销，服务机构可能难以在第一时间获取市场信息。

(3) 服务机构要增加对代理机构或代理人的管理工作，而且管理是否有效存在不确定性。

📖 知识拓展 ┃ 保险代理

自从美国友邦保险公司率先在上海市招聘了4000多名保险员，开展个人保险业务。这种方式很快引起了我国保险业的重视，国内各家保险公司纷纷效仿，先后聘用了大批保险员，走街串巷代理保险业务，取得了较好的成效。在肯定个人代理渠道的同时，其存在的问题也不可忽视，总结有以下几点。

首先，保险个人代理人的流动性大。由于保险个人代理人与保险机构之间只是一种松散的结盟，保险公司可依据自身的经营方向与经营策略任意制定考核办法，从而随时清退那些无法达到公司考核目标的保险代理人；另一方面，保险代理人也可以依据自身发展要求而随时另谋高就。无论是哪一方面的原因，都可能会导致保险单无对接服务人员，对保险购买者的后续服务产生影响。

其次，有些保险个人代理人业务素质不高。一方面，许多保险公司为提高销售额而盲目扩大招人，忽视了对代理人品质的选择，经短期培训甚至不经培训就上岗推销保险，这就难免出现保险代理队伍良莠不齐和缺乏专业知识的情况；另一方面，由于各家保险公司的经营重点不同，对各险种的奖励标准和佣金比例也不同，受利益驱动，保险代理人在宣传、销售保险产品时自然会有所侧重，这将直接影响购买者的决策。

最后，有些保险个人代理人道德水平不高。有些保险个人代理人由于缺乏展业技巧，单纯依靠沿街设点咨询，或者依靠"拉网"式战术，不分时间、场合地进行陌生拜访，实质是骚扰和黏性推销，导致众多保户的反感和排斥，给保险公司在公众形象、社会舆论上造成很大的负面影响。此外，部分保险个人代理人展业时随意夸大保险责任、误导投保人，或用非正常手段兜售保险，敲诈投保人钱财。为了签单，有的代理人不惜相互攻击甚至暗中向投保人许诺返还佣金，这些都对整个保险行业的形象造成了极其不好的影响。

2. 经销分销

经销分销是指将服务买下后再转售，经销商的利润来源于进销差价。经销分销商包括服务批发商和服务零售商。

服务批发商主要指从事服务批发业务的中介机构，如旅游公司，其业务是将航空公司或其他交通运输机构的服务与旅游目的地的机构的服务组合成整体性的服务再提供给旅游者。

服务零售商主要指从事服务零售业务的中介机构，如旅行社，其业务是从旅游服务批发商即旅游公司中购买服务，再提供给游客。

3. 合作伙伴

服务机构之间可以结成联盟，相互借力，共享顾客资源，共同为顾客提供服务。

例如，航空公司之间可以通过进行长期合作来扩大市场，如东方航空公司在美国的合作伙伴就有美国西北航空公司、联合航空公司等，并在美国本土设立了办事处，为乘客提供便利。

又如，网易严选是网易旗下自营生活家居品牌，目前已覆盖十大品类，主打床品、日用品、厨具、食材等。网易严选秉承"好的生活，没那么贵"的品牌理念，与全球优质的供应商进行合作。目前网易严选的线下直营店一般设在一线城市的繁华地段，店铺内拥有完整的场景化体验区，体验区占据了店铺约 1/2 的空间面积，此外，网易严选与屈臣氏合作，借助屈臣氏在全国有超过 3000 家的线下店，将严选的产品输出到更多地方。

📖 **延伸阅读** | **医院分销的工作重点**

第一，优化医疗服务网点的布局。医院的位置、分院的选址要贴近患者，大型医疗机构可以考虑建立医疗服务网点，如开设分院、联系一些乡镇医疗机构等，使患者可以就近得到高质量的医疗服务。此外，要合理布局社区医院。社区是大型医院服务范围的延伸，医院要认真研究现有社区服务网点的人口、交通、需求等状况，并结合医院整体市场规划进行合理的调整和取舍，并大力开展家庭病床、健康俱乐部等多种服务形式，充分发挥社区资源效率。

第二，加强医院之间多层次合作。除了患者本人的判断外，接诊医院的建议往往会对患者选择下一家医院有着重要影响。因此，应该加强医院之间的合作，取长补短，扩大就医顾客群。合作既可采取松散型合作，也可采取紧密型合作。松散型合作即进行学术交流、资源互补、双向转诊，以及技术和设备的相互支持。紧密型合作即在时机成熟时，输出品牌、资本，控股或参股进行连锁经营。

第三，加强与机关企事业单位的合作。机关企事业单位潜在市场大，可建立医疗合作关系，这样既提升了机关企事业单位的医疗保障水平，又扩展了医院稳定的消费群体。

第四，开发第三方付费医疗市场。第三方付费医疗是指由医疗机构和就医顾客之外的政府(公费医疗、合作医疗及社会医保等)、保险公司或公益组织等机构全部或部分支付医疗费用。通过这个市场可以获得稳定的顾客，所以医院应该注意维持与这些部门的良好关系，争取更多的第三方付费医疗市场。

第五，借助网络科技开展远程医疗。借助网络科技开展远程医疗，互联网的迅速普及可以使医疗机构大力运用网络进行医疗服务，如网上咨询、网上就医等，这样既可以缩短患者就医的时间，又可以更好地保护他们的隐私。远程医疗可提供跨单位、跨区域的疑难危重疾病会诊服务、医学影像等检验检查资料的集中式会诊和共享优质资源服务等，在医疗服务中将发挥越来越重要的作用。

(资料来源：根据网络资料整理而来。)

4．特许经营

1) 特许经营的含义

特许经营是指特许人将自己所拥有的注册商标、服务机构标志、专利和专有技术等经营资源以合同的形式授予被特许人使用，被特许人按合同的规定，在特许人统一的业务模式下从事经营活动，并向特许人支付相应的费用的组织形式。特许经营成为服务机构扩张的一种重要方式，在可以标准化或容易被复制的服务业中，特许经营越来越多地被采用。

❖ 案例 | 麦当劳的特许经营

麦当劳餐厅至今已经在全世界的120个国家和地区开设了3万多家餐厅，是目前世界上规模最大的特许连锁企业之一。麦当劳把最佳的地点一次性长期买断，然后建成统一标准的餐厅。这样，当一个人获得麦当劳的特许经营权的时候，每年他都要支付两笔费用：一笔是特许加盟费，另一笔是租金。

加盟的分店必须严格按照总部规定的标准、规范的作业流程和服务规则进行经营，麦当劳坚持受许人必须遵守它的复杂的制度体系。麦当劳的操作手册重达2千克，极其详尽地描述了如何进行操作，包括以秒为时间单位计算烹饪和服务时间，以及对每个人员角色的详尽描述。经营者要在汉堡大学经过几个月的现场培训后方可结业。一旦投入运营，会有一批"地区顾问"来协助受许人。他们会对受许人的运行状况进行经常性的、仔细的检查。

加盟麦当劳至少要具备5个条件：一要具备企业家的精神和强烈的成功欲望；二要有较强的商业背景，尤其是处理人际关系和财务管理的特殊技能；三要愿意参加培训项目，并全力以赴；四要具备相应的财务实力与资格；五要具备在麦当劳工作若干年以上的经历。

2) 特许经营的优点

(1) 特许经营模式给特许人带来的利益。

通过控制加盟店铺的设计、管理模式、服务标准、服务品质、价格、促销方式、员工培训等因素，使所有加盟店铺形象保持一致；特许经营是一种知识产权的授予，它不受资金、地域、人力等各方面的限制，不用建立庞大的、多层次的管理组织，诸如人员招聘、信息收集和处理等很多管理工作是由被特许人自己完成的，大部分运作成本也都是由被特许人负责，在广告和促销上也可以利用规模经济的优势。

(2) 特许经营模式给被特许人带来的利益。

获得成熟的盈利模式、服务标准和管理模式；获得品牌支撑和顾客的信赖；降低开办风险——由于特许者会给被特许人提供强大的运营体系作为支撑，对于被特许人来说，在遇到问题时可以马上向总部寻求支持，这种形式对于一些从未涉足、缺乏相关管理经验的投资者而言不失为一种好的选择。

3) 特许经营的缺点

(1) 特许经营模式给特许人带来的风险。

若被特许人的服务品质的一致性难以保证，特许方的形象和声誉则容易受损；被特许人更直接地控制了顾客关系和顾客信息。

(2) 特许经营模式给被特许人带来的风险。

如果有少数，即使是一家被特许人发生有损于品牌形象的行为，其他被特许人也会受到牵连；随着被特许人数量不断增加，特许人的管理能力可能无法跟上，导致整个特许经营体系混乱。

❖ 案例 | 7-ELEVEn 的特许经营

日本的7-ELEVEn便利店就是借助特许经营的优势而得到迅速扩展的，它也成为特许经营在零售业领域应用的成功典范。在7-ELEVEn的特许经营体系中，总部不仅向加盟者们提供关于销售、经营管理等方面的系统培训和指导；还以其强大的产品开发能力，不断开发出具有独创性、高附加值、差别化的适合便利店销售的产品，使加盟者能够远远领先于竞争对手。当然，7-ELEVEn总部对加盟店的内外装潢、店面设计、标识牌等拥有决定权，店内产品陈列布局也都由总部统一规定、设计。

7-ELEVEn虽然拥有数量庞大的门店，但配送货物却是及时、迅速、有条不紊的，这有赖于先进的物流系统。为了使卖出的货物得以及时补充，7-ELEVEn采取了及时制进货，即频繁而小批量的进货方式，依靠门店之间建立的网络系统所收到的最快订货信息及顾客订单所要求的货物来收集产品。同时，7-ELEVEn委托配送货物的批发商接受来自不同制造商的产品，并与制造商签订协议，这样7-ELEVEn无须承担任何沉重的投资负担就能为其门店建立一个有效的分销系统，两者各取所需，达到双赢的目的。

7-ELEVEn与供应商共建的高效率的共同配送体系，也使被特许人可以将产品库存和进货价格都压到最低，而且不必担心缺货，充足而适合消费需求的产品，既吸引了回头客，也提高了经营者的利润。而被特许人的资金、人力、场地、自我扩张意识和在当地市场的各种关系，也得到了7-ELEVEn总部的有效利用，在更大的范围内拓展了特许经营网络。

7-ELEVEn总部注重对特许经营店的培训，首先让店主在7-ELEVEn训练中心接受为期5天的课堂训练，以了解7-ELEVEn系统和便利店经营的基本原理；然后到7-ELEVEn遍布全国的36家训练店进行为期5天的实习演练，为每2～4名店主配备1名有丰富经验的指导员。另外，总部应店主的要求，为提高店员、临时工对商店的经营能力，还围绕产品运营和产品管理、顾客接待等内容，集中提供短期的基础训练。

(资料来源：根据网络资料整理而来。)

第二节 线下分销与线上分销

从服务分销的途径来看，服务分销可分为线下分销与线上分销。

一、服务的线下分销

(一) 服务线下分销的含义

服务线下分销是指服务机构面对面为顾客提供所需的服务。

(二) 服务线下分销的优缺点

1. 线下分销的优点

(1) 线下分销往往是面对面提供服务，可能会让顾客感觉比较亲切与生动。

(2) 不存在顾客因为缺乏上线条件，或者没有电脑、手机等移动终端，或者不具备操作这些设备的能力，而影响顾客接受服务的情况。

(3) 不存在网络服务安全问题，避免服务机构为保障网络服务的安全性而花费大量的人力、物力、财力。

2. 线下分销的缺点

(1) 线下分销可能受区域的限制，覆盖范围有限，无法服务于更多的顾客。

(2) 需要投入大量的人力、物力、财力。

(三) 服务线下分销的形式

常见的服务线下分销的形式主要有店面分销、机器自动化分销等。

1. 店面分销

古语 "一步差三市"，说的是开店地址差一步就有可能差三成的买卖，还有人说，正确的选址是成功的一半。很多世界知名品牌，每开设一家分店前都会进行深入的调查研究和论证，并逐步形成一套科学化的选址程序，它们对店址潜在商业价值的判断，是保证开店成功率高的重要原因。

1) 店面选址的原则

店面选址一般要遵循以下原则。

(1) 方便顾客。

服务的店面是否方便顾客寻找和到达，是否有足够的停车场所，是否有便利的公共交通路线……这些因素决定了顾客获得服务的时间成本、体力成本及货币成本等。为此，服务网点的位置要考虑顾客进入的便利程度，要以方便顾客接受服务为原则，符合目标顾客的需求。

比如，饭店、超市、特色小吃店要设置在住宅小区旁，咖啡厅、茶社、酒吧等要设置在高档写字楼旁，小食店、动漫店则要设置在学校旁。

(2) 在路人易停留的地方开店。

有的地方虽然人流量比较大，比如在一些快速通道边上，但大多数人只是匆匆赶路，少有停留，所以不适合开店。因此，店铺在选址时一定要注意选在顾客易停留的位置。

例如，我国的行走或行驶习惯都是靠右侧，所以人流在右侧，尤其是在上游的店铺，往往能优先接触到顾客。又如，在广场附近，有休息的座椅、舒适的环境，路人常会停下休息、玩乐，这样便容易汇集人气，在这里开店便比较适宜。

❖ **案例｜加油站卖咖啡**

2019年9月，中石化易捷便利店推出全新品牌"易捷咖啡"，第一家店落户苏州，正式进入咖啡行业。目前，易捷咖啡已推出三大系列产品，分别为92#(黑白咖啡)、95#(时尚特饮)、98#(精品系列)。凭借中石化遍布全国的三万家加油站，易捷便利店拥有高达约2.7万家门店，而按照这个数字，易捷咖啡店的规模是相当壮观的。加油站卖咖啡，虽然新鲜，但不是个例。在国内，中石油早已创立了自有连锁咖啡品牌——好客咖啡；在国外，荷兰皇家壳牌集团的优选便利店每年能够售出2.5亿杯咖啡。区别于传统型咖啡店位于居民住宅区、办公区及客流量大的繁华商圈，面向都市白领、上班一族的特点，加油站咖啡店拥有得天独厚的场地条件，背靠全国庞大的加油站便利店网络，可谓是站在巨人的肩膀上。在加油站消费场景中，所有进站人群都是潜在客户。

(资料来源：根据网络资料整理而来。)

(3) 在聚客点附近开店。

聚客点就是能够把人集中在一起的商业地点，比如商贸中心、大超市等。商店、电影院、餐厅如果能够位于人口密集、人均收入高、交通便利、客流量大、目标顾客集中的地段，营业收入和利润可能就会较高。

例如，星巴克在选址上非常注重靠近所定位的目标群体，所以星巴克一般选址在写字楼集中的商务区域、休闲娱乐场所、繁华的商业区等。

(4) 在消费氛围浓厚的地方开店。

在消费氛围浓厚的环境里，很多人容易被感染，引发更多的购买行为。例如，在大城市的写字楼、商务区等白领聚集的地方，更多人喜欢购买较好的衣物、化妆品，品尝高级的美食，因此在这些地方开店会有更多的客源。

❖ **案例｜如家酒店的布局**

当国际和国内连锁酒店把发展的重点放在一线城市的时候，如家酒店发现在一些地级城市的商务区、写字楼、市中心、交通枢纽、地铁、车站等配套设施完善的地方，经济型连锁酒店具有良好的市场潜力。于是，如家在继续加强北京、上海、广州和成都四大中心城市布局的同时，在地级城市大规模布局。如家酒店在城市中选址时非常讲究交通的便利性，如靠近地铁站和公交车站的商务区、贸易区、居住区，以及成本相对较低的商圈边缘等，为客人出门办事提供方便。

此外，由于各个城市的规划处于动态调整过程中，因此，店面选址要有前瞻性，要考虑到今后的城市规划，如街道开发计划、道路拓宽计划、高速公路建设计划、区域开发规划等，应该及时捕捉、准确把握其发展动态。

2) 店面布局的思路

(1) 集中性布局。

集中性布局是指同一家服务机构在一定区域内相对集中地开出足够多的网点，待这一区域的网点达到一定数量后，再逐步扩展到其他地区。

集中性布局的优点是：方便顾客购买；提高机构在地区的知名度，提升宣传效果，增加顾客的亲切感；获得规模效应，节省人力、物力、财力，降低物流成本，降低管理成本，提高效率。

(2) 聚集性布局。

聚集性布局是指服务机构之间相互依托，共同在同一区域布点，如金融街、小食街、建材街、数码城、家具城等。

聚集性布局的优点是：相互陪衬、互相烘托，有"众人拾柴火焰高"的功效，可以共同打造出一个成熟的专业市场；方便顾客选购，顾客一般喜欢到聚集性的区域选择服务；在已经成熟的商圈布点更易取得成功，因为这里是顾客习惯、熟悉、乐意光顾之地。

(3) 避强布局。

避强布局指优先将网点开设在对手较少较弱的区域。

避强布局的优点是：进入竞争阻力小的地区，容易占据优势，避免过度竞争。

(4) 竞争性布局。

竞争性布局是指哪里的市场成熟，哪里的竞争激烈，就往哪里布点，与竞争对手相邻、相伴。这种网点布局方式是实力较大的服务机构采取的针锋相对的网点布局策略。

竞争性布局的优点是：服务机构给自己压力，可以保持斗志、不松懈、不落伍，激励和鞭策自己；服务机构之间相互烘托，相互吸引对方的顾客；信息灵通、相互借鉴、相互促进。竞争性布局的条件是服务机构要有实力、有竞争力、有信心。最典型的例子就是"肯德基"和"麦当劳"的竞争性布局，基本上在有麦当劳的地方，不远处或者对面就会有一家肯德基餐厅，反之亦然。

2. 机器自动化分销

机器自动化分销，是指服务机构运用高新技术设备，如自动售货机、自助银行、自助缴费系统等先进的技术设备为顾客提供服务。

自动售货机一般被放在商店、医院、机场、地铁和其他一些公共场所内，以便于顾客购买，同时提高渠道覆盖率和销售效率。自动售货机也可以设置在学校、居民小区等固定人口较多的地区，还可以设置在商业中心、车站和码头等流动人口密集的地段。

自动售货机主要用于饮料、休闲食品等包装比较标准的商品销售，随着信息化水平的提高，这种销售模式越发普遍。自动售货机可以 24 小时服务，为顾客提供便利，节省了服务机构的人力，弥补服务机构网点的不足和死角。在日本每 23 人就拥有 1 台售货机，平均每年每个日本人会在售货机上购买近 500 美元的产品。

银行机构在运用自助银行、自动柜员机(ATM)方面也取得了较大收益。自助银行使商业银行可以在不增加人力成本的前提下扩充营业网点，将 24 小时存取款服务延伸到社区。自动柜员机深入大街小巷，可以 24 小时服务，顾客可以自由使用和操作自己所需的服务，而不用在银行里排长队。此外，这种服务方式也能够缓解银行的服务压力。

❖ **案例** | **菜鸟的线下分销**

(1) 菜鸟校园驿站。"菜鸟"在全国建立1000余家菜鸟校园驿站，各大快递公司有了专用的包裹揽收、代收点。

(2) 社会网络驿站。通过与社区便利店、连锁超市、邮局进行战略合作，联合向社会开放分享网点，利用数据平台完成物流最后一公里的末端配送工作。

(3) 菜鸟驿站智能柜。菜鸟智能柜为顾客提供了无人取快递的场景，并且均已经开通刷脸取件功能，消费者可以在柜子上自主选择、授权。使用刷脸取件功能，使得顾客取件的方式更快捷，智能化，不仅节省了取件时间，还优化了使用体验。

（资料来源：根据网络资料整理而来。）

二、服务的线上分销

随着信息技术的成熟与互联网的蓬勃发展，当前，越来越多的服务机构开始利用互联网来为顾客提供服务。

例如，当前生鲜的线上分销渠道就有京东到家、盒马鲜生等平台。

(一) 服务线上分销的含义

线上分销是指服务机构通过网络为顾客提供所需的服务。

例如，南航 e 行是中国南方航空股份有限公司通过移动端官方平台，将移动互联网和航空出行的全流程服务结合起来，整合航空旅游上下游行业资源，为旅客及合作伙伴提供全流程一站式电子化服务，包括南航 App、南航微信公众号、南航 e 行小程序等，帮助旅客及合作伙伴实现"一机在手，全程无忧"的目标。

(二) 服务线上分销的优缺点

1. 线上分销的优点

(1) 覆盖范围广。线上分销渠道可使服务机构的服务范围不局限于某个区域，可以为分布在世界各地的线上顾客提供服务。

(2) 成本低。服务机构利用网络为顾客提供服务的成本较低，线上分销的边际成本几乎为零。

(3) 效率高。线上分销渠道可使服务机构的服务能力更强，服务机构可通过信息查询、促销宣传、业务受理、顾客投诉、顾客关怀等实现营销、销售和服务的综合职能。例如，医生可以通过网络对病人进行会诊，提出治疗方案。

📖 **延伸阅读** | 新冠感染催熟线上服务

2020年1月起，新冠感染对全社会带来负面影响，随着居家防疫、春节假期延长、复工开学延迟等举措的不断出台，在线教育、远程办公、在线医疗等新兴消费模式成为"宅人战疫"的首选，也为"宅经济"打开发展空间。

例如，为了不影响工作，以互联网为依托开展的远程办公异常火爆。2020年1月27日，字节跳动旗下办公套件飞书宣布，2020年1月28日至2020年5月1日期间向所有用户免费提供远程办公及视频会议服务，对在上述时间内申请的所有湖北地区医院、学校及公益组织，飞书将持续提供三年的免费服务。同日，腾讯也宣布可进行线上音视频协同的"腾讯会议"，面向全国用户免费升级开放300人会议协同能力。2020年1月28日，苏宁宣布面向全社会企业与相关社会组织等，免费开放"苏宁豆芽"的协同办公服务计划。2020年1月29日，阿里钉钉首次详细披露了在家办公全套解决方案，并为各大企业、单位等机构组织提供全方位的办公协助服务支持。

此外，为了避免患者涌入医院造成更多传染，各大医疗机构和互联网企业开展的线上医疗进行得热火朝天。例如，支付宝紧急上线了在线义诊服务；京东健康宣布启动在线义诊，24小时不间断轮岗；平安好医生，开通抗击新型冠状病毒热线，为公众免费提供咨询、防护指导服务；春雨医生也启动线上义诊支援，面向全国所有有需要的用户提供免费问诊服务，减轻医院压力，避免交叉感染；农业银行、平安银行和光大银行等多家银行则联合医疗机构、集结全国权威医疗专家推出免费线上问诊。

(资料来源：根据网络资料整理而来。)

2. 线上分销的缺点

(1) 顾客可能不具备条件。顾客可能缺乏条件、能力或技术来接受网络传递的服务。当顾客没有计算机、手机等移动终端，或者不具备操作这些设备的能力时，通过网络传递服务就会遇到困难。

(2) 存在一定的安全问题。网络中存在的虚假信息、黑客侵入、盗号病毒、窃取口令、窃取隐私信息、冒充网站等问题，都让顾客在通过网络获取服务时忐忑不安。因此，服务机构开发的网站需要从技术和投入上保证服务的安全性，这也将花费服务机构大量的人力、物力。

📖 **知识拓展** | 适合通过互联网提供的服务

1. 信息服务

网络最基本的功能就是迅捷地提供各种信息。例如，网络新闻平台现已成为网民获取新闻资讯的主要渠道之一。

2. 沟通服务

互联网作为一种媒介，为网民提供了相互沟通和联系的应用服务。最为大众所熟知和使用的就是即时通信工具，如QQ、微博、微信等。时至今日它已不再是一个单纯的聊天工具，而是发展成集交流、资讯、娱乐、搜索、电子商务等为一体的综合化信息平台。

3. 移动服务

随着移动运营商的介入，现在发展最为活跃的即为移动通信服务。移动通信服务是指通过移动网络提供的数据服务、信息服务和广告服务。数据服务包括短信、彩信等通信服务和互联网接入服务；信息服务包括信息内容服务、商务服务和娱乐服务，比如天气预报或者手机报订阅等；广告服务包括文字、图形、分类等手机广告服务。

4. 交易服务

交易服务是指通过网络进行直销，为顾客提供所需的产品与服务。从互联网上诞生的亚马逊开创了B2C的交易服务形式，产品可以通过网络来进行分销。此后，B2C的电子商务形式获得极大发展，诞生了许多网络零售商店，如天猫、京东等。

5. 平台服务

许多互联网公司开发了第三方交易平台，为中小服务机构提供销售的便利。买卖双方可在第三方平台进行交易，顾客通过平台也可进行对比和选择，从而找到自己满意的商品。

6. 娱乐服务

网络上的娱乐服务很好地满足了顾客对于娱乐的需求，例如，以盛大、腾讯、网易等为代表的网络游戏商，以起点、潇湘书院、幻剑书盟等为代表的文学网站，以优酷、爱奇艺等为代表的视频网站等。

总之，一般来说，针对人脑的服务(教育、音乐下载、数据库、图书资料、音乐会和心理治疗等)和资产的服务(证券咨询、数据处理、金融服务等)较容易通过网络来分销；而针对人体的服务(理发、健身、美容、医疗手术等)和实体的服务(加油、修车、除草等)通过网络分销的难度会大些。

总之，随着信息技术和自动化技术的不断普及，网络技术在服务分销中的运用越来越广泛，大大提高了服务的可获得性。但是，有些顾客愿意接受线上服务，也许另一些顾客则可能仍然喜欢线下服务。

(三) 服务线上分销的形式

常见的服务线上分销形式有官网与App、自媒体、网络平台、呼叫中心等。

1. 官网与App

即通过官网与App，如中国移动官网、中国银行官网、中国人寿App、京东App等将服务提供给顾客。

App是人们可以在手机、平板电脑等移动设备上使用，满足其社交、购物、娱乐、游戏和运动等需求的应用程序。随着智能手机和平板电脑等移动终端设备的普及，人们逐渐习惯了使用App上网的方式，这不仅为服务机构增加了流量，同时也因为手机移动终端的便捷性，使服务机构用户忠诚度和活跃度都得到了大幅度提升。为服务机构的创收和发展起到了关键的作用，App也因此成为越来越多服务的分销渠道。

2. 自媒体

即服务机构通过微信、微博、微信公众号、微信小程序等为顾客提供服务。例如微信支持的传播信息形式不仅局限于文字，还有视频、图片、名片、位置、表情等，另外，微信没有时间和空间的限制，通过微信，顾客能够快速地搜索到服务机构的信息，而服务机构也能够根据微信顾客针对性地提供服务。

例如，喜茶布局了线下体验店、"喜茶 GO"小程序、微信公众号、微博、天猫旗舰店、抖音以及美团等这些触点，并且使线上线下营销传播无缝衔接，比如，通过小程序下单，可以去线下实体店进行提货，同时也通过线下活动吸引粉丝到线上。打开喜茶微信公众号，文案、海报、色调等元素，精致、有趣，而且具有很浓的艺术气息，十分走心，特别是，内容一般采用漫画的方式，将喜茶的故事娓娓道来，和年轻消费者群体的心灵达到情感共鸣。如此一来，不仅使粉丝产生精神依赖感，而且促使他们主动将其分享给其他兴趣相投的人。

3. 网络平台

即服务机构通过互联网平台，如阿里巴巴、淘宝、美团、京东、小红书、快手、抖音等平台为顾客提供服务。

例如，网易严选的线上分销渠道有天猫、京东、拼多多等电商平台；海外平台，如入驻北美最大亚洲产品购物平台——亚米网，网易严选负责提供优质的产品及物流，亚米网负责销售及售后服务；此外，网易严选还自建 App 将服务提供给顾客，为消费者带来良好的购物体验。

网络直播是基于网络流媒体技术，在计算机、手机等终端设备上使用网络进行信息传递，通过计算机网页和顾客端等，将现场信息以文字、语音、图像、视频、弹幕等多媒体形式展现的传播方式，并且网络受众可以实时查看并做出反馈，从而使受众有一种身临其境的感觉。例如，去哪儿网、途牛网、同程网等与斗鱼、花椒等直播平台合作，推出了旅游直播节目，使相关旅游产品通过火爆的网络直播走向了千家万户。

> ❖ **案例** ┃ 寺库的分销策略
>
> 寺库经营的奢侈品品类主要包括服装、鞋靴、美妆、数码家电、家居、母婴、运动、配饰等，为用户提供高端的生活方式。目前寺库采取线上线下全渠道的分销策略。
>
> 线上渠道是寺库主要的销售渠道，销售占比高达85%，主要包括PC网站、移动端App、微信小程序等。奢侈品为高价值产品，线上销售节省了高额的铺货费用和店面成本，遍布全国的消费者都可以随时随地地浏览、购买产品，寺库每年都花费大量的市场费用做线上渠道的推广引流，以此扩大市场份额。另一方面，寺库网也入驻了京东、小红书、洋码头等第三方平台，进一步提升了关注度和影响力。此外，寺库还在直播上进行全新的尝试，入驻了快手、抖音两个直播平台，在直播平台上进行24小时的直播，每场直播观看人次达上百万，扩大了品牌影响力的同时，带来了不菲的销售额。
>
> 寺库线下销售渠道主要是设立在北京、上海、成都、米兰、纽约、东京等地的线下会所，这些线下会所可以作为寺库的仓库、用户体验店、会员活动中心、鉴定养护中心、直播中心、购物场所等，自身实现销售的同时为线上进行导流。寺库会所是全渠道的有机组成部分，提升了消费者对寺库的信任度，同时也有利于品牌传播。
>
> *(资料来源：根据网络资料整理而来。)*

4. 呼叫中心

呼叫中心是综合利用先进的计算机及通信技术，对信息和物资进行流程优化处理和管理，集中实现沟通、服务和生产指挥的系统，是将服务机构的通信系统、计算机处理系统、人工业务代表、信息等资源整合成统一、高效的服务工作平台。呼叫中心由于不受时间与空间的约束，可加强服务机构的服务能力，使成本更低。此外，呼叫中心还具有：个性化服务、主动性服务、便捷性服务、智能化服务、"一站式"服务等功能。

例如，厦门航空公司开通了全国统一购票服务电话95557，由于避开了中间的层层环节，航空公司不仅实现了快速售票，也大幅降低了成本。此外，厦航还通过自己的官方网站及自媒体向顾客提供网上机票销售业务。

❖ **案例** ┃ 中国移动的线上分销

进入中国移动网上营业厅，有业务办理、业务推荐、号卡办理、积分商城、顾客服务等几大模块，各模块都提供了丰富的产品信息和服务。移动顾客可以足不出户就获得和实体营业厅一样的服务与支持。

1. 掌上营业厅

通过下载手机或电脑客户端，用户进行登录后，可随时随地进行操作，享受各项服务，除了中国移动App，中国移动还推出了各地区掌上营业厅。

2. 微信平台、小程序

中国移动开通了中国移动10086、中国移动手机营业厅、中国移动手机俱乐部等多个公众号，除了提供基本业务的办理、查询等服务，也是中国移动进行营销宣传推广的途径。此外，中国移动还推出了小程序，顾客可通过小程序进行简单的业务办理，为顾客提供方便。

3. 支付宝平台

中国移动在支付宝App开设了生活号，用户可进行业务查询及办理、号码选择等基础服务。

4. 电商平台

中国移动在天猫、京东都有自己的旗舰店，经营产品有手机、合约机、充值产品、号卡、智能设备等。

5. 服务热线

10086是全国统一的中国移动通信服务热线，顾客可以通过拨打10086查询或咨询中国移动通信的基本政策、业务知识、新业务、计费标准等问题，对移动网络通信和服务质量提升进行反映，并对服务及业务提出意见或建议。

📖 **延伸阅读** ┃ "+互联网"

互联网的优越性吸引了众多的服务行业、服务机构"触网"，通过互联网的终端以在线的手段为顾客提供服务。

1. 金融+互联网

网络银行完全改变了传统银行柜台办理业务的模式，顾客可以不受地点、时间的限制，在家中、办公室或任何地方办理相关业务。银行通过互联网为顾客提供方便、快捷、安全的金融服务，同时也降低了银行的经营成本，提高了经济效益。此外，手机银行作为一种结合了货币电子化与移动通信的崭新服务，不仅能使人们在任何时间、任何地点处理多种金融业务，而且丰富了银行服务的内涵，使银行以便利、高效又较为安全的方式为顾客提供服务。

网上保险是指保险公司利用互联网和电子商务技术来支持保险营销行为，实现网上投保，因此也称为保险电子商务。网上保险的优势主要表现在：首先，网上保险不受时间和空间的限制，拓宽了保险业务的展业时间和空间，而且使保险公司有可能全天候地与全球任意一个营销对象联系。其次，保险公司可以在网上宣传、介绍本公司的产品和服务，以提高知名度，投保人则可以浏览多家保险公司及其产品，从而进行多角度、多层面的比较和选择。再次，网上保险可以简化交易过程——只需动动手指就可轻松完成投保，使用网上支付系统交付保费省时省力，而对保险公司而言，网站后期的维护成本也远远低于设立营业网点的销售成本和广告宣传成本。最后，网上保险可拉近投保人与保险公司的距离，免除投保人与代理人打交道的烦恼，有效地避免了由于信息缺失或失真造成的盲目性投保和易受误导的现象，使投保人能够在无外力影响的情况下自主选择保险，避免了人情投保、从众投保等不成熟消费现象的发生。另外，网上保险还最大限度地避免了第三者的知悉和传播，加强了隐秘性。

2. 教育+互联网

互联网使得传统的师生面对面教学的课堂模式不再是一种必然，腾讯课堂、钉钉等使课堂规模不再受到教室大小的限制，老师和学生都有了更大的自由。同时，社交网络技术的发展和完善，也解决了在线教育的师生之间难以交流、教学效果差的难题。大数据、云技术等也为在线教育在挖掘顾客需求、提供个性化服务等方面的创新提供了很大的可能性。通过大数据技术，可以实现个性化推荐，而基于移动终端的特性，顾客可以用碎片化的时间进行沉浸式学习，让在线教育切中了传统教育的一些痛点和盲区。例如，大规模开放式网络课程是通过与名校的教授合作，专门针对网络学习者开发设计出包含教学视频、练习、测验、讨论、答疑在内的教学系统，且大多能在课程结束之后有偿颁发一张学习证书。网络课程的内容由高级名师提供，有更多的优质资源，且在产品设计上力图通过将传统教学中的一些重要内容搬到线上，提高学习者的学习效果。此外，网络直播推动了在线教育的普及和深化，在线教育借助直播平台通过一对一、一对多以及双师课堂形式满足受众多样化的学习需求，并且可以让教师和学生突破时空限制进行实时互动。教学培训式直播是指主播以授课的方式在直播中分享一些有价值的知识或技巧，让受众感受到主播的专业性，提高对主播推荐产品的信任度。

3. 综艺+互联网

直播是才艺主播的展示舞台，才艺展示类的直播是通过主播在镜头前的自我展示，表演舞蹈、歌唱、脱口秀、魔术等才艺，与受众进行实时互动，满足受众的审美需求。才艺表演式直播适用于推广表演才艺时会使用到的产品，如表演才艺穿着的服装、鞋，或使用的乐器等。无论主播是否有名气，只要才艺过硬，都可能带来大量的粉丝围观，如古筝、钢琴、脱口秀等表演通过直播可以获取大量忠实粉丝。

4. 旅游+互联网

互联网背景下旅游服务在线化、去中介化也越来越明显，自助游成为主流，基于旅游的互联网体验社会化分享有很大的空间。第一代在线旅游服务机构，以携程、艺龙等为代表，极大地促进了以"机票+酒店"形式为主的商旅市场的发展。这类网站搭建顾客与航空公司、酒店之间的桥梁，提供中介服务，为顾客提供机票、酒店预订平台，其利润主要来源于航空公司、酒店在交易完成后返还的佣金。第二代在线旅游服务机构，以去哪儿网为代表，以更低的价格促进了休闲旅游市场的发展。这类服务机构也是垂直搜索网站，以提供信息搜索服务为主营业务，向顾客提供包括实时价格和产品信息在内的搜索结果，其盈利模式以点击收费为主。第三代在线旅游服务机构是旅游信息提供者，包括具有特色的单一主题旅游网站(如中国古镇网、中国景点网等)、旅游点评类网站(如旅评网、猫途鹰)，以及以旅游攻略为主的网站(如马蜂窝、穷游网等)，这类网站的收入主要来源于网络广告和撮合交易等。此外，"旅游+直播"带受众走进大自然，体验名山大川，使受众有了身临其境的体验。"直播带景"具有传播速度快、信息直达、形式灵动、受众多、成本低等特点，拓宽了景区营销的渠道，也可与景区其他营销形式进行有效互补。

(资料来源：根据网络资料整理而来。)

本章 练习

一、不定项选择题

1. 移动通信公司除自办营业厅外，还通过代办点发展顾客，这种渠道类型属于(　　)。
   A. 特许经营　　　　　　　　　B. 代理商
   C. 经纪人　　　　　　　　　　D. 电子渠道

2. 常见的服务线下分销的形式主要有(　　)。
   A. 店面分销　　　　　　　　　B. 机器自动化分销
   C. 呼叫中心分销　　　　　　　D. 网上直销

3. 常见的服务间接分销形式有(　　)。
   A. 代理分销　　　　　　　　　B. 经销分销
   C. 合作伙伴　　　　　　　　　D. 特许经营

4. 线上分销服务的优点是(　　)。
   A. 效率高　　　　　　　　　　B. 成本低
   C. 一致性　　　　　　　　　　D. 互动性和自动化

5. 适合线上分销的服务包括(　　)。

　　A. 信息服务　　　　　　　　B. 交易服务

　　C. 平台服务　　　　　　　　D. 娱乐服务

二、判断题

1. 服务直接分销是指服务机构通过自身的渠道分销服务。　　　　　　　　(　　)

2. 线下分销可能受区域的限制,覆盖范围有限,无法服务于更多的顾客。　(　　)

3. 直接分销对服务的供应与表现可能保持较好的控制。　　　　　　　　　(　　)

4. 线上分销渠道可使服务机构的服务范围不局限于某个区域,可以为分布在世界各地的线上顾客提供服务。　　　　　　　　　　　　　　　　　　　　　　　　　　　(　　)

5. 间接分销服务可能较难控制中介机构的表现,无法及时了解市场动态。　(　　)

三、思考题

1. 服务直接分销的优缺点分别是什么?

2. 服务间接分销的优缺点分别是什么?

3. 常见的服务线上分销、线下分销的形式有哪些?

4. 服务线上分销、线下分销的优缺点分别是什么?

5. 什么是连锁经营?什么是特许经营?

本章实践

成功案例分享——××服务机构的分销策略

实践内容:

1. 充分调研,客观全面分享一家服务机构分销策略的成功经验。

2. 分享的内容,不求面面俱到,但求典型有效。

3. 注意介绍其中应用到的互联网、大数据、人工智能技术。

实践组织:

1. 教师布置实践任务,指出实践要点和注意事项。

2. 全班分为若干个小组,各组确定本组分享的专题(如产品策略、定价策略……)。

3. 相关资料和数据的收集可以进行实地调查,也可以采用第二手资料。

4. 小组内部充分讨论,认真研究,形成分享报告。

5. 小组需制作一份 5～10 分钟能够演示完毕的 PPT 文件在课堂上进行汇报,之后其他小组可提出问题,台上台下进行互动。

6. 教师对每组的分享报告和课堂讨论情况即时进行点评和总结。

促销策略

首先，瑞蚨祥开通了官方微信公众号、微博等，讲述品牌故事、发布新款产品、推送最新活动信息，并提示粉丝到线上、线下门店关注相关产品和服务，有效提升了流量转化效率。

其次，瑞蚨祥积极探索"直播+生活+场景"新营销模式。2020年4月6日，瑞蚨祥以"丝享非遗，传承经典"为主题，亮相"京东直播"，在讲述和演示绣花、盘扣等中式服装手工制作技艺的同时，通过服装试穿、丝巾佩戴等方式圈粉年轻观众，三小时直播获得12.7万次点赞和1700多条评论。2020年5月，瑞蚨祥以"云上非遗，丝享生活"为主题，参与"快手国货发光"直播活动，重点介绍中国丝绸的文化内涵及旗袍等中式服装搭配技巧，将老字号的"匠心产品"与非遗文化传承融为一体，获得了包括《人民日报》在内的众多媒体关注和好评。

(资料来源：根据网络资料整理而来。)

促销就是营销者向顾客传递相关信息，从而说服或吸引顾客购买其服务的过程。一般来说，服务机构的促销是指服务机构通过人员推销、广告、公共关系和销售促进等方式，向顾客传递服务的有关信息，引起他们的注意和兴趣，激发他们的购买欲望和购买行为，从而达到促进服务销售目的的活动。

第一节 | 人员推销

一、人员推销的含义

人员推销是服务机构的服务人员在与顾客的交往中向对方传递有关信息，刺激其购买欲望的活动。

由于服务的非实体性及不易感知的特点，人员推销在服务促销中是很活跃的因素。例如，保险业就十分重视人员推销，通常会采取培训制度提高保险推销员的业务水平；推销员的薪资也与其销售业绩直接挂钩。

❖ **案例**｜星巴克的"合作伙伴"

星巴克是价值增长最快的品牌之一，不过，星巴克品牌引人注目的并不是它的增长速度，而是它的广告支出之少。星巴克每年的广告支出仅为营业收入的1%，这些广告费用通常用于推广新口味咖啡饮品和店内新服务，譬如店内无线上网服务等。与之形成鲜明对比的是，星巴克非常重视人员推销。

在星巴克，员工被称作"合作伙伴"，星巴克认为他们是星巴克体验的核心所在，在为顾客创造舒适、稳定和轻松的环境中起着关键的作用。星巴克认为，在服务业，最重要的促销就是分店本身，而不是广告。如果店里的产品与服务不够好，做再多的广告吸引客人来，也只是让他们看到负面的形象。

为此，星巴克不愿花费庞大的资金做广告与促销，但特别重视"合作伙伴"在提升顾客体验方面的作用，他们被授权可以和顾客一起探讨有关咖啡的种植、挑选和品尝，对顾客详细解说每一种咖啡产品的特性。"合作伙伴"还可以讨论有关咖啡的文化甚至奇闻、轶事，还要预测顾客的需求，并在解释不同的咖啡风味时与顾客进行目光交流，以及回答顾客的各种询问。

(资料来源：根据网络资料整理而来。)

二、人员推销的优点

1. 可与顾客进行双向沟通

在服务行业采用人员推销，一方面可以向顾客介绍服务机构的现状，服务的特点、价格等信息，使顾客能够简单直接地了解服务机构的服务标准；另一方面，顾客也可以向服务人员反馈对服务质量、服务价格、服务效果是否满意，以及提出要求、意见等。

2. 可针对性推销

服务人员可直接观察顾客的态度和反应，及时调整推销策略，可以根据顾客的特点和反应调整自己的工作方法，深入浅出地介绍专业性较强、内容较复杂的服务，还可以及时答复和解决顾客提出的问题，消除顾客的疑虑和不满意情绪，从而促成顾客的购买。

3. 有利于建立良好的合作关系

由于面对面的接触，服务人员与顾客可能从单纯的买卖关系发展为朋友关系，进而保持长期的业务关系。

❖ **案例**｜知名主播李××的推销力

知名主播李××不仅会为受众详尽介绍产品的基本概况，还会亲自为受众进行直播试用。例如，在介绍美食类产品时，李××打开产品包装后会先放到镜头前展示食物细节，如嚼劲十足的牛肉干、喷香的煲仔饭、清脆的饼干、松软的蛋糕、酸酸甜甜的西梅……再配合现场试吃，在视觉、听觉的双重刺激下，吸引受众完成下单。

李××在介绍口红时，将口红涂抹在手上或直接涂抹到自己嘴唇上试色。凭借着良好的外形和白皙的肤色，李××一次又一次在自己的嘴唇及手臂上试用口红色号来让受众看到最直接的妆容效果，俘获了成千上万少女的心。在介绍面膜、洗面奶等护肤品时，李××直接让助理配合试用，他自己则在一旁负责讲解功能、成分。

李××在直播间还经常用趣味实验来展示产品的核心卖点。例如，李××在助理一只手的手背上涂抹精油，以模仿肌肤出油，此时不用散粉，在出油的肌肤上撒上珠子，珠子会粘在肌肤上。接着，李××在另一只手的手背上，也涂抹精油，以模仿肌肤出油，但随后在出油的肌肤上拍上散粉，此时再在手背上撒珠子，珠子会滑落。这样的对比试验，直观地展示了化妆后用散粉来控油定妆的必要性。

李××也是场景化描述的高手。他在推销口红的时候，经常描述涂上口红的样子，例如："今天想要贵妇风，那就选一只超级优雅的梅子酱紫色调口红。""明天又想走少女路线，那就来一只烂番茄色，薄涂它，你就是活力满满的青春少女。""后天又是港式复古风，哑光正红色拿去用绝对不会出错。"

(资料来源：根据网络资料整理而来。)

三、人员推销的缺点

1. 对人员的要求较高

服务人员推销的效果直接取决于服务人员素质的高低，而服务机构要挑选、培养出理想的、胜任的服务人员也比较困难。

2. 人员的培训和激励成本较高

为了使服务人员胜任推销工作，相关的培训成本会比较高，而且为了调动其积极性，服务机构付出的激励成本也比较大。

📖 **延伸阅读 | 直播间主播的推销技巧**

直播间的受众主要是通过主播的解说来了解产品的，因此，在直播中，主播应该为受众提供优质解说，如果受众听下来感觉不错就可能下单购买。例如，美妆产品主播需要讲解化妆技巧，以及上妆时的感受，展示上妆后的效果，顾客觉得满意了，就会下单购买。一场美妆产品直播就如一节美妆知识教学课，受众观看直播的过程也是知识积累的过程。在这个过程中，通过主播的解说受众可以更加清楚地了解产品，另一方面，受众在解说过程中能够获取相关的知识，能够选择更加合适自己的产品，会感到心情愉悦。

一个优秀的主播不但会客观讲述产品特性，还会通过自己试用、试穿、试吃等向受众传达全方位的感受，帮助受众找到合适自己的产品。如通过口红试色、家居用品使用体验、食品的试吃、服装的试穿等，主播清楚地表述自己使用产品的感受，以强化受众对产品的感知。例如，"唐不灵"是一个身材微胖的服饰类主播，在直播带货中她会首先展示一下自己真实的身材，然后试穿自己售卖的衣服，这样对和她有同样身材的粉丝就有很好的参考效果。

此外，主播通过描述产品的使用场景可以触发受众认为自己需要对应产品的思考。例如，在推销护肤产品的时候，主播可以循序渐进地引出问题：冬天到了，天气变得干燥了，再加上寒冷的空气，对皮肤的损害不可忽视；在冬天，我们需要注意保湿和保温，防止冻伤和皲裂。

皮肤太干的话，很容易出现各种皮肤问题；今天推荐的这套产品，就是专门为了预防冬季皮肤问题而研制的。又如，在推销消毒液的时候，主播可以由远及近地引出问题：在回家的路上，您可能摸过了万人摸过的扶梯把手、扶过了万人扶过的地铁扶手、推开了万人推过的门；到家后，您手上已经沾满了细菌，仅仅靠清水冲洗是很难把细菌全部去除的，为了自己和家人的健康，您一定要使用消毒液对手部进行消毒。

另外，主播还要生动说明产品的价值及优点，如更管用、更高档、更温馨、更保险……给顾客购买的理由，通过强调顾客得到的利益、好处来激发顾客的购买欲望。例如，在直播间推荐基金定投，如果直接讲基金定投的操作方式，可能关注的人并不多，但如果与受众谈谈"子女18岁上大学的时候，28岁婚嫁的时候，资金到底从哪里来？"可能就能引发受众的兴趣。例如，男生和女生对化妆品的需求以及关注点不一样，女生是为了变美，看这个产品能否达到保湿、遮瑕、美白等要求，所以主播在推荐时要强调产品的使用效果；而男生则更加关注品牌，他们对化妆品的认识和了解不比女性，所以在推荐说服过程中可以添加品牌的宗旨以及服务机构价值和文化的介绍。

某知名演员刘×的直播间最大的创新点在于采用沉浸式、场景化直播模式，直播过程都围绕着刘×的厨房、客厅、卧室等场景展开，结合不同的生活场景来充分展现产品的使用价值。在刘×看来，厨房是做饭的地方，适合介绍破壁机、烤箱、电饭煲、榨汁机等厨房电器；餐厅，则适合介绍啤酒、即食小龙虾和各种食品；客厅，适合介绍沙发、地毯、生活用品等。一次直播中，刘×在客厅介绍可以抽真空的衣物收纳袋，一边介绍使用方法和优惠价格，一边抚平收纳袋的褶皱。介绍完成后，她往沙发后面一靠，擦了擦脸上的汗，随后顺理成章地介绍起了擦汗用的纸巾。当然，这些巧妙的场景都是经过精心设计的。在开播前，团队会和刘×一起设计直播中推荐产品的顺序，例如，哪些产品是可以连在一起卖，哪些需要增加现场互动和演示。

(资料来源：苏朝晖. 直播营销[M]. 北京：人民邮电出版社，2023.)

第二节 广告

一、广告概述

广告就是广而告之，是大众传播的一种形式，是服务机构打造品牌、推广品牌的常用手段。

(一) 广告的作用与目标

服务广告可以大范围地进行服务信息的传播和造势，起到提高服务机构知名度，吸引和激发顾客购买的作用。

服务机构进行广告宣传的目标，首先是它能够引起顾客对某一服务的注意，其次是它能够激起顾客的兴趣，再次是它能够刺激顾客对该服务的需求，最后是它能够引导顾客采取购买行动。

例如，联邦快递公司曾经推出几轮重要的广告。第一轮，建立公众意识——美国，你有了一家新的航空公司，但不要激动，除非你是一个包裹。那里没有头等舱、没有食品、没有电影，甚至也没有乘客，有的只是包裹。第二轮，在竞争中占上风——我们比最优的还要优好几倍。第三轮，强调服务的可靠性——绝对一夜递送到位。第四轮，增强顾客对联邦快递的认识——各种引人注意的广告语，如"全球快节奏"等。联邦快递公司通过以上几轮宣传活动，提高了自身的影响力，也从已有的快递公司手中争得了大量的市场份额上，获得了巨大的成功。

📖 **知识拓展｜直播预告**

直播预告即在直播开始前直播间发布直播广告，目的是通过进行宣传造势吸引受众观看，并且引导受众将直播信息分享出去以吸引更多的受众前来观看。

首先，在每期直播开始的前3～5天，开始在微信、微博、微信公众号、小红书、快手、抖音等平台发出直播预告，发布短视频或图文透露直播信息，其中包括直播时间、直播平台、优惠信息、新品信息、邀请了哪些嘉宾等；每期直播开始的前一天，继续短视频的投放，告诉受众直播间"有福利、有惊喜"，邀请受众光临直播间；直播开始的前一个小时，利用网络平台的主页推送和"猜你喜欢"向受众分享直播间链接，再次邀请受众光临直播间。

其次，直播间可以竭力邀请一些名人名家、各大论坛坛主、微博大V发布信息，为直播宣传引流，这对直播的观看人数的增长有非常大的助推作用。

再次，在已建立的直播间社群里提前预告直播内容、时间及福利等，同时让受众可以通过分享链接、海报等形式进行辅助宣传。

一般来说，直播预告的发布时间不宜选在周末两天。因为这是很多平台发布信息的高峰时期。例如，微信公众号、微博等平台上的创作者会在周末发布较多的文章和短视频。直播预告要注意避开这个内容发布高峰期，以免被太多信息淹没。

(二) 广告的媒体

广告媒体主要包括传统广告媒体和网络广告媒体。

1. 传统广告媒体

传统广告媒体是指以往进行广告宣传的媒体，包括电视、广播、报纸、杂志和电子屏、广告牌等。此外，还有一些服务机构选择通过自己的印刷品进行宣传。例如，麦德龙超市经常会印刷广告册"麦德龙邮报"，利用直邮方式进行广告促销。"麦德龙邮报"每两周向所有会员邮递一份详尽的全彩页的商品目录，介绍半个月内商品的最新价格、新增商品，以及近期的促销信息。"麦德龙邮报"不仅使顾客及时了解商品信息，而且帮助顾客有效地降低采购成本。通过这种形式，麦德龙不断吸引顾客来购买，带动所有产品的销售。

2. 网络广告媒体

网络广告指利用网站上的广告横幅、文本链接、多媒体等形式，在互联网上刊登或发布广告传递到互联网用户的一种高科技广告运作方式。伴随着信息技术及移动互联网的发展，以搜索引擎、社交网络、微博、微信、微信公众号、各类新闻资讯类顾客端、视频网站等形式出现的网络广告媒体层出不穷，这些新型传播媒体具有：传播迅速、传播范围广；观众基数大、目标对象明确；不受时间地点限制，方式灵活；反馈及时、互动性强；可以分类检索，针对性强等优点。

以上两种广告媒体服务机构可按照自身特点和需求选择适合自己的，也可将传统广告传播渠道和新型网络传播渠道结合起来使用，从而利用两者的优势更好地达到品牌传播效果。

❖ 案例 ｜ 三家网站的推广

豆瓣网的线上推广方式主要包括线上主题活动、搜索引擎、网站联盟、微博等社交网站的传播；线下的推广方式则主要是顾客口碑宣传、代理商推广、杂志推广、公益活动、同城活动、移动应用等。

到到网的推广手段同样分为线上和线下推广。其线上推广手段包括争取合作伙伴如当当、豆瓣，以及新浪微博等，在搜索引擎上投放广告，如百度、谷歌；其线下推广手段包括线下拦截，如派人专门赴酒店、机场、景点等地，通过访问、问卷等方式收集相关的点评信息。

穷游网与其他社交网站保持密切联系，顾客可以使用腾讯QQ、新浪微博账号登录，同时穷游网在豆瓣网、Facebook和Twitter等社交网站上都有自己的主页或社区。除此之外，穷游网为吸引顾客分享游记，努力培养"榜样"，依靠榜样的力量召集更多人来了解网站。同时，穷游网更多地开始发力线下活动，如召集同城顾客开展线下交流、组织廉价航空机票预订经验交流会等吸引网友们参加。此外，网站还相继推出了中文出境游免费旅行指南《穷游锦囊》、免费杂志《穷游天下》等刊物吸引顾客。

(资料来源：根据网络资料整理而来。)

又如，淘宝直播除了通过线下广告，如公交站牌、地铁通道广告、建筑物 LED 展示屏等进行活动相关内容、玩法、参与明星的预告宣传，还会利用其官方微博、微信等社交平台进行扩散式传播。另外，淘宝直播曾多次联合优酷、爱奇艺、芒果 TV 等视频网站，北京卫视、湖南卫视等电视台联合制作节目并进行同步直播。

📖 延伸阅读 ｜ 北京故宫博物院的新媒体营销

北京故宫博物院是我国最大的古代文化艺术博物馆之一。近些年来，故宫抓住机遇积极开展新媒体营销，将传统文化丰富、有趣、生动地传递给公众，拉近了故宫与公众的距离，获得了极好的口碑。不仅其文创产品销量节节攀升，更促使越来越多的年轻人愿意主动走进故宫，感受中华文化的博大精深，其成功的营销经验值得其他博物馆学习和借鉴。北京故宫博物院新媒体营销策略主要包括以下几个方面。

1. 网站营销

网站是服务机构在虚拟网络上的门面，是网络用户了解服务机构的便捷渠道，通过建设好网站，可以树立良好形象，与公众良好互动。官方网站是故宫品牌传播的窗口，通过这个窗口，故宫发布权威信息，介绍故宫的历史、文物收藏和古建筑等相关内容。为扩大官方网站的知名度和增加客流量，故宫采取进入渠道多元化策略，通过百度、谷歌、360搜索等搜索引擎，用户都可以搜索到链接。故宫于2010年开设的淘宝店迎合了市场的需求，不仅通过B2C平台在线销售故宫文创产品，也达到了传播故宫文化的目的，吸引了大批"粉丝"，让更多人爱上了中国传统文化。几年来，故宫通过网站建设打破了知识封锁，促进了资源实时共享，达到了提高知名度、方便公众了解故宫文化、拓宽经济来源等多重效果。

2. 微博营销

故宫的微博营销主要有"故宫博物院"和"故宫淘宝"两个平台，两个微博以完全差异化的风格向公众传递信息与互动。其中，"故宫博物院"作为官方微博，主要发布故宫博物院内的展品、风景、文物和文化知识，风格以正统稳重为主。"故宫淘宝"主要服务于"故宫淘宝"网店，以诙谐调侃的风格进行传播。两个微博每日都会发博，以姐弟相称并经常互动。

3. 微信营销

故宫建立了很多官方微信号，其中"淘宝故宫""微故宫"两个微信号依然以一个诙谐、一个正统的风格进行内容传播。"微故宫"是其"粉丝"量最大、运营最好的微信号，运营人员创作了大量原创的内容，将故宫最新文创产品以新奇有趣、富有创意的标题进行推送，其推送基本上都有"10万+"的阅读量，对微信用户产生了良好的营销效果。此外，故宫与知名自媒体"黎贝卡"两次合作，"黎贝卡"负责设计和在公众号推广，故宫负责生产制造和提供销售平台，两者共同推出"故宫·异想"系列，其产品一经推出就被热抢。

4. App营销

故宫自成立新媒体公司以来，共开发了9款App，如游戏类"皇帝的一天"、向导类"故宫"、文化类"胤禛美人图"等。通过App，故宫从多角度诠释传统文化和藏品，达到了极好的宣传效果。例如，故宫出品的第一款应用"胤禛美人图"，从书画、陶瓷、工艺美术等方面对宫廷生活进行360度还原，用户通过滑动手指就可以全方位欣赏App内展示的藏品，并查看相关背景知识。该App使用户在体验清朝华丽宫廷的同时还进一步了解了清代历史，所以一上架就受到了"粉丝"们的喜爱和疯狂下载，并获得了"Apple Store 2013年度中国区优秀应用奖"。故宫App还以其良好的触感和交互体验带给人们直观感受，拉近了与观众的距离，全方位传播了故宫文化。例如，游戏类"明帝王图""皇子的课表""太和殿的脊兽"等更使故宫的用户和受众年轻化；向导类"故宫"则因其专业的语音导览和逼真的虚拟场景引起了顾客游览的兴致，进一步提升了故宫的知名度。

5. 视频营销

视频营销是将视频与互联网结合，既有电视短片感染力强、内容形式多样、创意新颖的优点，又有互联网营销的互动性强、传播速度快、成本低廉的优势。视频营销的表现形式有纪录片、宣传片、直播、微电影和短视频等。故宫通过视频营销，很好地达到了与公众沟通、宣传故宫传统文化形象的目的，其中纪录片和直播是故宫主要采用的营销形式。例如，2016年出品的《我在故宫修文物》，作为故宫90周年的献礼，重点记录了故宫许多稀世珍奇文物的修复过程，详细展示了故宫文物修复者的匠心精神。该片一经播出迅速走红网络，引发了爱国青年在新媒体上的热烈讨论，豆瓣评分高达9.3分，并被各大媒体争相报道，成为一次绝佳的视频营销。此外，随着互联网的发展，故宫将其持续多年面向公众的讲座《故宫讲坛》延伸到线上，通过网上分享满足线上人群对故宫文化知识的需求，同时又因为线上直播观众可以点赞、打赏、评论，可与观众进行良好的互动，拉近了与公众之间的距离。

(资料来源：赵伟晶，北京故宫博物院新媒体营销策略[J]. 经营与管理，2019(7)：90-92.)

二、广告的策略

广告应有创意，使人耳目一新，精良的广告会给观众留下深刻的印象，甚至被人们当作艺术品来欣赏。而平淡无奇的广告很难引起观众的注意，粗制滥造的广告可能使观众厌烦，还可能会留下负面印象。为此，服务机构必须高度重视广告宣传的作用，重视广告制作的质量。服务广告的策略包含以下几种。

(一) 要增强服务的"有形性"

服务的非实体性会使顾客产生不确定的感受。因此，为了增进顾客对服务的信心，在服务广告中要尽量使服务"有形化"，运用容易被感知的有形线索来传达所提供服务的领域、深度、质量和水准等明确信息，以增加顾客对服务的兴趣和信心。

例如，美国国家铁路客运公司(Amtrak)的一则印刷广告，通过图片展示了一对中年夫妇在度假中浪漫幸福的神情。广告语是："那天晚上，在布置着瓷器的餐桌上铺着亚麻纱餐布，厨师在旁调制着美味佳肴，你们的手在桌下紧紧握着……"这种情景代入式的广告手法比传统使用的广告语更生动、更具体、更逼真，更能引起顾客的共鸣。

夏威夷也是著名的度假海岛，当地旅游服务机构别出心裁地提出"夏威夷是微笑的群岛"的广告口号，同时印刷了大量的招贴画，画面的背景是灿烂的阳光、连绵的沙滩、湛蓝的海水，而占据画面主体的是一位美丽、天真、笑容满面、脖子上戴着花环的夏威夷少女像。这样的画面，不能不令人神往。

此外，还可以持续地、连贯地运用主题、造型或形象，把服务同某种有形物体联系起来进行宣传，从而在顾客心目中塑造公司的形象、价值。比如设计一个代表服务机构的吉祥物和徽章等，选择最惹人喜爱和最引人注目的标识，从而加深顾客的理解和记忆。

例如，美国著名的"旅游者"保险公司在促销时，用一个伞式符号作为象征，促销口号是"你们在旅游者的安全伞下"。这样，无形的保险服务具有了一种形象化的特征。

(二) 要强调服务的特色及能够带来的利益

首先，服务广告要注意宣传服务特色。

例如，水果店宣传"购物满20元，2公里内加1元提供定时送货上门服务"；麻辣烫店宣传"用山泉水烫菜，1小时换一锅水"；英语培训机构宣传"90%均为英美籍教师，英语发音纯正地道"。

又如，西班牙是世界旅游胜地，"阳光、海水、沙滩"是最丰富的旅游资源，宣传的口号是"阳光普照西班牙"，并且用著名画家米罗的抽象画"太阳"作为旅游标志，使世界各国的游客，一见到"太阳"就想到西班牙。

其次，由于服务的非实体性，因此服务广告应集中介绍所能够提供的利益，即宣传顾客从中可以得到什么好处，满足什么需求，而且所强调的利益必须与顾客寻求的利益一致，通过描绘顾客"乐在其中"来说明服务的价值，这样才能确保广告的最好效果。

例如，美国西南航空公司是美国盈利最多、定价最低的航空公司之一，它往往以低于竞争对手的价格扩大市场。因此，其竞争对手通过刻画"登上西南航空公司飞机的乘客须掩上面颊"的形象，来嘲笑西南航空公司的定价有损乘客的形象。作为回应，西南航空公司的总裁亲自拍摄广告，他手举一只大口袋，大声地说："如果您认为乘坐西南航空公司的飞机让您尴尬，我给您这个口袋蒙住头；如果您并不觉得尴尬，就用这个口袋装您省下的钱。"画面上随之出现大量的钞票纷纷落入口袋，直至装满……由于这则广告让顾客明明白白地看到了西南航空公司提供的利益所在和服务优势——省钱！因此，广告播出后，吸引了许多对价格敏感的乘客。

又如，早餐店宣传"买任意一款点心，即可免费获得一杯价值 5 元的豆浆"；面馆宣传"消费任意一款面，即可获得一碗美味浓骨汤"；真功夫广告口号——"营养还是蒸的好"，向顾客提示着真功夫品牌的核心卖点与区隔：蒸的、中式的、营养的、健康的。

(三) 要能唤起美好的联想

服务广告最好能唤起顾客对美好的联想，给顾客以美的享受。

例如，泰康人寿曾连续三年在首都机场全部廊桥发布 1000 多块广告，累计受众上亿人次，加深了公众对泰康人寿及所倡导的现代"新生活"的理解。"真情爱家，国泰民康"的广告赢得了公众的共鸣。此后，泰康人寿再次在机场发布悬挂式看板广告，广告直面人流，视觉冲击力强，"一张保单保全家"的口号深入人心，公众反响强烈。后来，泰康人寿在央视黄金时段发布了持续全年的"幸福时光"新版广告，激发了大众对幸福的思考和渴望。广告语"一张保单，一辈子的幸福"表达了让人们过上有保障而无忧虑的幸福生活的美好愿望。

有家餐厅，将自己所有的海报、指示牌的宣传语中都加了一句话："免费欣赏夜景！在这栋楼里，只有在本店才能欣赏到最美的夜景！"还特意附上一张唯美的夜景照片。仅仅这一个改变，该餐厅的进店率和月营业额就明显提升。其实，夜景在这栋楼的其他餐厅中也能看到，景色也不错，但只有这家餐厅作为宣传写了出来，展示给顾客看，使顾客产生联想，脑中浮现自己在餐厅中，一边看着美好的夜景，一边用餐的情景。

知名电竞主播单车在"单车老师不迟到"直播间直播"守望先锋"的间隙，单车老师美美地吃起了肯德基特价早餐，其美味似乎透过屏幕"飘"到了广大受众的面前，大大刺激了刚刚起床、肚子空空的受众们的味蕾，顷刻间，直播页面便被密密麻麻的弹幕"看饿了"霸占。这个时候，单车老师抓住时机故作惊叹："原来大家都这么爱吃肯德基。"接着，他顺理成章地告诉大家肯德基的最新优惠活动。

(四) 要重视宣传服务机构的形象

服务广告要宣传服务机构的形象，以帮助顾客认识服务机构，增强顾客对该服务机构的信心与兴趣。

例如，厦门航空公司"人生路漫漫，白鹭常相伴"的广告语，简单易记，朗朗上口。以"白鹭"来借代"厦门航空公司"，起到画龙点睛的作用，配合白鹭徽标设计作为厦门航空公司的标志，让人记忆深刻。

(五) 要重视宣传服务的提供者

服务质量与效果的好坏很大程度上取决于服务的提供者，为了增强顾客对服务的信心，服务广告应当重视宣传服务者的服务技能、服务水平、服务信誉，可以使用本机构的服务人员来做广告代言，这样有利于塑造专业的形象，同时也有利于机构内部激励服务人员。

例如，美国联邦快递公司的"快腿勤务员"广告宣传的就是服务提供者。

(六) 可利用名人效应

服务机构可以聘请名人做形象代言，借助名人的名气和光环效应，迅速拉近与顾客之间的距离，增强顾客对服务机构的信任，带动喜爱名人的顾客对服务机构产生兴趣。

❖**案例** | 郎朗代言招商银行

招商银行与世界著名钢琴表演艺术家郎朗签订了"因您而变"品牌代言协议。郎朗代言的招商银行产品包括一卡通、信用卡及金葵花等。众所周知，郎朗出生在中国，但享誉世界，国际认同度非常高；另外，郎朗年轻富有活力，其演奏风格充满激情，与招商银行"创新、领先"的品牌个性相吻合。同时，郎朗作为联合国儿童基金会国际亲善大使，符合银行一直提倡的理念。郎朗的音乐才华与其热情奔放的表演形式相得益彰，使他成为成功的诠释者和年轻人心中的偶像，他的成名与成功是天才、勤奋与机遇的完美结合，也正是这种价值取向让郎朗成为适合的品牌代言人。

(资料来源：根据网络资料整理而来。)

当然，邀请名人做广告是服务机构常用的广告手段，但名人广告、名人代言也是一把"双刃剑"，具有一定的风险性。假如服务机构提供的服务与名人之间没有什么关联，在受众心中建立不起紧密联系，那么名人的名气再大也不能实现有效传播；另外，如果名人做的广告代言过多，就会产生"稀释效应"，很难在顾客心中留下深刻的印象，甚至产生混淆。此外，一些名人可能会因个人行为产生负面新闻，从而影响服务机构形象。因此，服务机构使用名人做广告时，要注意以下两点：第一，服务机构在选择代言人时一定要考虑与自身产品的定位一致，只有名人个性与服务品牌形象要求一致，其影响才能有效强化；第二，服务机构应注重名人自身的形象、亲和力、可信度、专业度、受欢迎程度等因素，名人的美誉度越高其可信度就越高。

此外，服务机构除通过广告进行宣传外，还可以通过参加展销会、展览会、博览会、订货会等来提高品牌的知名度，也可以通过体验店、体验馆、展销中心向顾客提供体验机会，给顾客以真切感受，其效果不亚于广告的作用。

第三节 公共关系

一、公共关系概述

公共关系是服务机构采用各种交际技巧、公关宣传、公关赞助等形式来加强与社会公众沟通的一种活动,其目的是树立或维护服务机构的良好形象,建立或改善服务机构与社会公众的关系,控制和纠正对服务机构不利的舆论,并且引导各种舆论朝着有利于服务机构的方向发展。与广告相比,公共关系更客观、更可信,对顾客的影响更深远。

📖 **延伸阅读** | 医院要协调好几种关系

1. 医患关系

良好的医患关系是建立医院良好口碑的重要环节。

2. 新闻媒体关系

媒体是医疗行业与社会联系的重要纽带,医院必须重视与新闻媒体建立良好的关系,尤其要在医患矛盾和医疗纠纷的问题上与新闻媒体达成共识,建立合作与信任,获得充分的理解与支持。要使新闻媒体在传播医院良好形象、维护医院正当权益的过程中,发挥无可替代的作用。

3. 社区关系

良好的环境、和睦的邻居,以及地方政府机构、团体组织的理解与支持都是医院稳定发展的动力。医院应积极参与社会公益活动,例如,定期开展义诊、医疗保健知识宣传、预防保健知识普及、居民体检等活动,以及建立病友会,建立医疗扶贫点、扶贫病房,向贫困群众发放扶贫卡等措施,树立医院良好的社会公众形象。

4. 同行关系

同行业既是竞争者,又是相互依存的合作者,交流与合作应是基本关系原则,要避免损害同业利益和声誉的言行,并寻求能实现双赢的合作。

当然,医院形象的培养与建立决非一时之功,仅靠一两次公共活动是难以完成的。因此,医院要注意保持活动的连续性,根据自身的经济实力和能力,坚持效果较好的社会公共活动。

(资料来源:根据网络资料整理而来。)

二、公共关系的类型

公共关系的主要类型有:服务型公关、公益型公关、宣传型公关、名人公关、口碑传播等。

(一) 服务型公关

服务型公关,是指服务机构为公众提供附加服务和优质服务的公共关系活动。服务型公关有利于获得顾客的好感，塑造良好的组织形象。

例如，春节前后，各类网购引发包裹量猛增，但有的民营快递公司却进入了"春节模式"，或放慢投递速度，或服务网点停止收件。而中国邮政员工却坚守岗位，确保邮政通信的畅通。节日无休、春节不打烊，为市民提供正常收寄服务，已经成为邮政人员工作的一种常态。每逢节假日，遍布神州的邮政网点照样开门营业；身披绿衣的邮递员在大年三十、新年第一天仍然坚持将包裹等邮件捎上浓浓的新春祝福送给阖家团圆的人们。各级邮政企业都在利用邮政主渠道优势，合理调配人力、运力资源，做到"不休网、不拒收、不积压"，全力保障市民节前和春节期间的寄递需求。中国邮政这种有担当的做法，赢得了公众的赞誉，树立了良好的机构形象。

当年麦当劳发现北京有 600 多万人使用月票乘公交车，而发售月票的网点只有 88 处，乘客深感不便，于是推出一项新举措——在所属的 57 家麦当劳餐厅内代售公交月票。麦当劳与公交公司的这一合作打动了公众的心，广大北京市民从麦当劳的"好事"中获得便利。另一方面，一直以来，麦当劳在中国很难赢得一些成年顾客、老年顾客的青睐，在成为月票代售点后，不少中老年顾客为了买月票顺便在麦当劳就餐就成为自然的行动。此外，高考前夕，麦当劳面对只要一杯饮料就在餐厅坐上好几小时的高考考生，不仅不驱赶，反而特意为他们延长了营业时间——秉承了麦当劳"博爱，为任何人服务""视顾客为家族成员"的服务文化。北京麦当劳"代售月票""为高考考生延长营业时间"的真实故事被许多媒体津津乐道，提升了麦当劳的服务机构形象。

(二) 公益型公关

公益型公关，是指以组织的名义发起或参与各类社会活动，如公益、慈善、文化、体育、教育活动等，并在活动中作为主角或重要参与者，支持社会事业，以此扩大组织的影响力，获得顾客的肯定和欢迎。

服务机构的形象被称为顾客感知服务质量的过滤器，如果服务机构的形象在顾客心目中较好，顾客就会谅解服务机构的个别失误；但如果原来形象不佳，则任何细微的失误也会造成不良影响。因此，服务机构必须树立和维护良好的公共形象。

❖ 案例 ┃ 谢拉顿饭店的装修

谢拉顿饭店是美国首家引进生态保护理念的旅店，与其他旅店纷纷以豪华、便利吸引旅客相比，生态旅店的出现无疑吹起了一股清新之风，受到众多旅客的青睐。

为体现生态旅店的特色，谢拉顿饭店宽敞的中央大厅里种植了一片郁郁葱葱的竹林，一进门就使人感觉似乎走进了环境优美的乡村。饭店负责人说，竹子具有清洁空气的作用，其生长速度比树木快得多，并可产生比其他植物多35%的氧气，再与高精度空气过滤装置配合使用，可以使饭店始终保持沁人心脾的空气环境。

在这家崇尚回归自然的旅店，98%的铺地材料是可再利用的花岗岩，候客厅的墙面采用竹子进行装饰，就连问讯处和餐厅的桌子，也采用了可再利用的玻璃和花岗岩。旅店椅子和台灯底座的材料，取自报废船只的地板，客房床上用品的生产原料即棉花，是用有机栽培法种植的，而且均未染色。客房内的竹制垃圾箱，可放置分类垃圾(塑料、易拉罐、纸张和瓶类)。

尽管与一般装修相比，谢拉顿饭店的费用增加了近10%，但由于可有效地防止资源浪费，其长期可节省很多开支。一位旅客说："这里的空气清新，使我得以美美地睡上一觉，真希望在其他地方也能住上这样的饭店。"美国观光业协会的一项调查表明，尽管要多花费8%的费用，但85%的旅客愿意选择注重环境保护的旅店。

（资料来源：根据网络资料整理而来。）

(三) 宣传型公关

宣传型公关，是指利用各种宣传活动、宣传方式宣传服务机构，提高组织的知名度，从而形成对组织有利的社会舆论，树立良好的形象。

服务机构可采用公益活动、赞助活动、捐赠活动，以及主办晚会、游园活动，还可冠名各类研讨会、演讲会、论坛、高峰会、博览会、晚会等，通过这些活动吸引媒体关注，由媒体主动宣传，这样会具有较高的可信度，容易为公众接受。服务机构还可组织顾客参观，或者在开放日、参观日、纪念日等接待顾客参观，向顾客展示机构的服务项目和服务设施，使其有机会更多地了解服务机构。此外，服务机构的重大纪念活动也是宣传品牌的绝佳机会，可以充分利用各种形式，将服务机构发展历史、庆典活动等制作成视频、照片加以宣传，从而起到树立品牌形象、提高品牌知名度和美誉度的作用。

(四) 名人公关

服务机构可以邀请名人参与相关的活动以产生"名人效应"，扩大市场吸引力，如大学聘请著名作家、著名导演分别担任文学院和影视学院的院长；电影制作与拍摄邀请名导演、名演员参加；电视台邀请知名人士做电视节目的主持人等都是这个道理。

例如，大连市旅游局推出"银发导游"项目，即聘请一批退休的专家、学者作为导游，他们利用自身的成熟、稳重，以及儒雅风度和渊博的知识吸引游客，也提高了大连市旅游服务业的质量和水平。

随着网络信息化和产业升级进程的加快，微博、微信等社交媒体的出现也为旅游服务机构的促销提供了丰富的手段。例如，旅行社邀请"旅游达人""旅游意见领袖"等参加不同主题的旅游路线，试玩后鼓励他们将旅游中的见闻及建议等以视频、漫画的形式创作成软文，发布在自己的微博和微信公众号上，借助他们的知名度，吸引顾客对旅行社的关注。

(五) 口碑传播

服务消费的过程是一种体验，顾客在购买服务之前很难了解到服务的特征，在没有亲身经历的情况下，顾客会认为有亲身经历的其他顾客传递的信息比广告更可靠。更重要的是，这种传播方式所传递的信息被认为是客观和中立的，不会引起人们面对传统营销方式时的戒备与排斥。因此，为了避免购买的风险，顾客乐意接受他人口头传播的信息。

作为一种传播方式，口碑传播最大的特点就是交流性强，信息反馈直接、快速、及时、集中，同时易于在较短的时间内改变接受者的态度和行为。作为一种营销手段，口碑营销所拥有的效应和发散状的扩散态势使得有关的信息得以批量性地传播出去；同时，面对面的信息交流，针对性是显而易见的。

❖ **案例** ┃ 马蜂窝旅游网的推广策略

马蜂窝旅游网的推广策略分为线上推广策略和线下推广策略。线上推广策略主要包括其他社交网站传播、微电影和电子邮件的推广；线下推广策略主要有地铁广告、口碑相传、各项活动的举办等。马蜂窝旅游网具体的推广方式如下。

首先，在早期提高马蜂窝的知名度时，主要是通过地铁车窗大面积广告覆盖来推广。地铁的使用者包括大部分学生和年轻白领，广告的内容主要是易于辨识的马蜂窝标志及网站性质介绍，这种大面积、高频度的户外广告覆盖，对于扩大马蜂窝的知名度和影响力非常有效。此外，马蜂窝也与其他社交群体网站合作，使得其他网站的用户可以方便直接地使用马蜂窝。例如，在马蜂窝网站注册时，可以通过合作网站登录，而免去了填写复杂个人资料的步骤。合作网站包括新浪微博、QQ和腾讯微博等，覆盖了年轻上网群体使用的主流社交网站。

其次，在提高马蜂窝的接受度和认可度时，马蜂窝在线下渠道并没有花费过多资源和精力，主要是通过自身产品的特性让使用过的人满意，再通过口碑相传让更多的人接受。在线上渠道方面，马蜂窝通过其微博主页、豆瓣小站的平台发布最新的旅游攻略等新鲜事，让微博、豆瓣的使用群体可以关注这些信息，引发兴趣而成为马蜂窝的使用者。

最后，在提高马蜂窝使用者的忠诚度和黏着度时，马蜂窝在线下渠道举办顾客交流活动，如马蜂窝与美国大使馆举办的"这里是美国"文化沙龙，请马蜂窝社区顾客做"搭车去旅行"的分享等，使原本分散的网站使用者互相认识，形成一个更为交错复杂的马蜂窝社交网络，加强他们对线上社交平台的依赖。在线上渠道，马蜂窝营造出一种有创意和友爱的氛围，让使用者认可和接受网站的理念，提高对马蜂窝网站的忠诚度。例如，马蜂窝曾拍摄过一部关于明信片环球旅行求婚记的微电影，这个事件的背景是一对热爱旅行的年轻情侣要结婚，于是在马蜂窝上发布了一个帖子希望收集到世界各地的朋友寄来的明信片。马蜂窝很重视这个帖子，并将其推上了主页头条，许多人看到后纷纷响应，而这对情侣也由此收到了200多张来自世界各地祝福的明信片。该微电影在网上发布后，观看分享上万次，使得更多人对马蜂窝印象深刻且深受感动。

（资料来源：根据网络资料整理而来。）

第四节 ┃ 销售促进

销售促进，是指服务机构运用各种短期诱因，促使顾客加快购买、增加购买而采取的一系列鼓励性的措施。销售促进的主要手段如下。

一、免费

免费是服务机构为顾客提供无须付费的服务，目的是使顾客对服务机构的其他服务产生购买兴趣。一些酒楼看准每年新人办喜事的旺季，竞相推出免费服务，如免费代送宾客，免费提供新婚礼服、化妆品、花车及结婚蛋糕等，这些都是服务机构采取的免费服务形式，其有利于提高顾客满意度，树立服务机构的形象。

❖ **案例** | **家政服务的促销**

　　杨东平将工作辞掉后，回到自己的家乡泸州，租了一个6平方米的门面，注册成立了泸州第一家家政服务企业——泸州市江阳区小蜜蜂家政服务中心。创业初期，杨东平晚上在门面熬夜写传单，白天就挨家挨户上门分发，靠手写杨东平竟然发出了3万多张传单。为了扩大影响，杨东平还在大街上拉起了横幅，自己站在横幅前，宣讲公司的业务。然而，开业后的3个月里竟然没有做成一单生意。

　　杨东平发现，业务开展不下去，并非因为没有市场，而是这个市场没有发掘。要发掘首先得改变顾客的观念。找到这一症结后，杨东平决定大张旗鼓地宣传自己的企业理念。他要求自己及手下的每一位员工见人就灌输一个观点：作为一名男人，应该让自己的妻子过得轻松一点。要对妻子好，最实惠的就是将妻子从繁重的家务中解脱出来。现在有了"小蜜蜂"家政公司，为什么还要让妻子辛苦呢？杨东平还为自己的企业别出心裁地设计了一句广告语："选择小蜜蜂，生活更轻松。"

　　宣传收到了一定的效果，但距离全面打开市场还很远。杨东平决定放手一搏，那就是提供免费家政服务。杨东平找到了泸州城区几家大的商场，宣传凡一次购物达300元以上，"小蜜蜂"就可提供免费家政服务一次；凡订购《泸州晚报》一份，也能够享受免费家政服务一次。后来，杨东平响亮地提出买一套房、一辆车，也全都可享受免费家政服务一次……一时间，小蜜蜂家政服务中心的员工，开始叩开泸州城区一户户居民家陌生的大门，而这些居民也大多成了"小蜜蜂"忠实的顾客，以至于绝大多数泸州市民，一提到家政，脑海中的第一反应就是"小蜜蜂"。

　　经过这样一波又一波的宣传攻势，单单泸州城区，小蜜蜂家政服务中心已有稳定顾客2万余户。但杨东平并不满足，他将自己的业务从最初的保洁，拓展到了保姆、月子护理、老人看护等20多个项目，而服务中心也摇身一变，成为有限公司。

　　对于自己的所有员工，杨东平都请求派出所和居委会出具了相关证明，同时还提出了一套规范的操作流程。操作流程上，细致到了进门前必须轻敲门，进门后要先穿鞋套。擦窗户和家具、卫生间的毛巾、清洁剂应分开使用，清洁完成后，工人应戴上白手套检查……正是这样苛刻的细节要求，最终为杨东平带来了源源不断的顾客。

　　一次，杨东平乘飞机由昆明飞往厦门，下飞机时，一机的乘客全都离开了机舱，唯有杨东平一个人，蹲着不动。工作人员上前一看，这个乘客原来盯住了前面座位座套上面的一块咖啡污渍。杨东平告诉工作人员，他有办法清除。经不住杨东平的软磨硬泡，机长和空姐答应了杨东平的要求。等焕然一新的座套出现在眼前时，机长和空姐的态度出现了大逆转。杨东平一举拿下来这一航线 17 个航机的保洁工作。这是一个 100 万元的大单。单子签下来时，所有的人都不敢相信，就因为乘坐一次航班，就因为一个小污渍，一个 100 万元的大合同，就这样给谈妥了。

（资料来源：根据网络资料整理而来。）

二、特价

特价是指在短期内通过直接降价，以特别优惠的价格吸引顾客，促进服务的销售。

特价的优点是：资金快速回笼，降低了亏损的风险。

特价的缺点是：赚的钱少了；降低了服务的形象和档次；持币待购，顾客会觉得产品过一阵子又有特价而等待时机。

策划特价活动时，一般需要体现出价格的前后对比、活动时间及服务项目等，让买家可以清楚地看到优惠，进而提升服务的销量。

特价的活动时间以 1～2 周为宜，要考虑顾客正常的购买周期，若时间太长，价格可能难以恢复到原位。同时要给出明确的特价到期倒计时提醒，使买家有紧迫感。

❖ **案例** ▏李××的报价

李××直播间常常因为优惠力度太大导致一抢而空，受众总担心下一秒产品就被抢空了而错失优惠机会，所以一看到产品上架就会立马下单。在介绍产品价格时，李××会先报出产品在线下专柜或线上旗舰店的原价，再说出这款产品在直播间里的价格，然后通过承诺赠送超值赠品的方式来刺激粉丝的购买欲。

例如，在介绍某款身体乳的价格时，李××这样说："所有女生，这款身体乳原价138元一瓶，××直播间108元两瓶，买一瓶送一瓶同款身体乳"。在介绍某款精华液的价格时，他这样说："今天给大家提供的是限量包装，精华液大瓶一瓶50毫升，还附赠同品牌亮灯化妆镜，还会送一瓶40毫升的同品牌的橙花精露，还会送一瓶5毫升的舒缓面霜，然后××直播间再加送一瓶5毫升的舒缓精华，再加送两个50毫升的洗面奶，这么多东西到手，只要680元！"

（资料来源：根据网络资料整理而来。）

三、抢购

抢购是一种限制性的促销方式，包括限时、限量和限价三种类型。

1. 限时

限时是指在抢购活动开始前与顾客约定抢购的时间，并且一旦确定不能更改。时间上要尽可能选择整点，也可以在一段时间内的每个整点都有服务产品参与抢购活动，这样可以保证顾客在不同的时间点进入都能参加抢购活动，保持活动的热度，保证抢购活动的最终效果。

2. 限量

限量是指抢购商品是有数量限制的，必须控制参加抢购活动的商品数量在一定范围内，保证顾客既能抢购到，又不会因为数量太多而造成掉价的感觉——物以稀为贵。

3. 限价

限价是指服务的折扣价格，因为是抢购的服务，所以折扣一定要高，要让顾客感受到诚意且愿意购买。

当然，限时、限量和限价三种类型可以同时使用，令受众相信"买到就是赚到"，觉得机不可失，失不再来。

四、优惠

优惠是指服务机构给予购买人在购买服务时一定的减价或折扣，或者提供附加服务与利益。由于能够得到减价优惠，所以，优惠对价格敏感的顾客有很强的吸引力。

优惠形式也包括限时折扣、限时加推赠品、免费送货、附赠礼品、抽奖送礼物等。

五、买赠与满赠

(一) 买赠

买赠，购买即赠送，指服务机构为所销售的服务设定一个价格，同时赠送其他产品或者服务等，目的也是使顾客对服务产生购买兴趣。

有家餐厅将顾客每次用餐后结账的账目记录在案，餐厅将纯利的10%，按顾客总账目金额大小的比例向顾客发奖金。这项"利润共享"的奖励措施，提升了顾客的忠诚度，使得餐厅成天顾客盈门。

许多图书直播间会开展买赠活动，即买一本图书赠一本相关的图书。这种加赠式售卖很受受众的欢迎，一方面能够买到自己需要的书籍，另一方面又能够物超所值地得到另一本图书。例如，在城市绿洲图书专营店，实付满388元的前30名顾客送128元枕头书礼盒，提高了直播间图书销量。又如，刘××向粉丝发放专属福利，购买89元的《富爸爸穷爸爸》即赠送价值198元的"小白财商训练营"在线课程以及财商记账本，刺激受众形成物超所值的心理。

(二) 满赠

满赠有两种常见的形式，一种是"满××元，送××礼品"，如航空公司推出"里程奖励"活动，对乘坐航空公司班机的乘客进行里程累计，当累积到一定公里数时，就奖励若干里程的免费机票等。另一种是"满××元，加××元赠送××礼品"。当选择第二种满赠方式时，额外加的金额必须是顾客可以"忽略"的，可设置为不超出支付产品的10%的价位，否则容易让顾客产生不值得的感觉，从而打消购买的念头。

不论是买赠还是满赠实际上都是服务机构对顾客的一种额外馈赠和优惠，因为顾客总是期望在交易中获得更多的价值，买赠、满赠就是为了迎合这一消费心理而设计出的营销策略。

选择赠品的注意事项：不要选择次品、劣质品作为赠品；要选择顾客需要的赠品，如果赠品是顾客用不着的，那么这件赠品也就没有任何吸引力；提供的赠品需要有足够的价值，价值太低无法吸引顾客；赠品必须比销量最好的竞争对手的赠品的价值高，必须比他们好；在危机公关等情况下也可考虑不计成本的赠品活动以挽回形象。

六、满减与满返

(一) 满减

满减是一种打折的手段，即购买一定金额的服务后，可以从价格里减去一部分金额，如"满300元减50元；满500元减100元"。满减的核心目的是提高销售量。满减设置的门槛一般是要2项及以上的服务组合才能达到，通过这种方式可以促进顾客购买更多的产品。

(二) 满返

满返是指"满××元，返××"，返的一般是价值××的优惠券。

满返促销比满减、满赠的效果略差，因为顾客能享受到的利益需要二次消费才能使用。这样会让顾客考虑是否还会有下次消费，从而造成犹豫心理，使消费行为受到影响，特别是一些返的内容还可能设有消费额度，如"满299元，返50元店铺优惠券"，但这50元店铺优惠券需要满300元才能使用，这种情况可能会直接打消顾客的购物热情。因此，满返的内容要有吸引力，且尽量不设置实现条件。

本章练习

一、不定项选择题

1. 服务机构的促销策略是指服务机构通过(   )等促销方式，向顾客传递服务的有关信息，达到促进服务销售目的的活动。

    A. 人员推销   B. 广告

    C. 公共关系   D. 销售促进

2. 销售促进的主要手段有(   )。

    A. 免费服务   B. 奖金或礼品

    C. 优惠券   D. 会员制

3. (   )是服务机构的工作人员在与顾客的交往中向对方传递有关信息，刺激其购买欲望的活动。

    A. 人员推销   B. 广告

    C. 公共关系   D. 销售促进

4. 由于服务的非实体性及不易感知的特点，(   )在服务促销中是很活跃的因素。

    A. 人员推销   B. 广告

    C. 公共关系   D. 销售促进

5. ( )是指服务机构运用各种短期诱因，促使顾客加快购买、增加购买而采取的一系列鼓励性的措施。

　　A. 人员推销　　　　　　　　　　B. 广告

　　C. 公共关系　　　　　　　　　　D. 销售促进

二、判断题

1. 服务广告要增强服务的"有形性"，要强调服务能够带来的利益。　　　　　　　( )

2. 公共关系是服务机构采用各种交际技巧、公关宣传、公关赞助等形式来加强与社会公众沟通的一种活动。　　　　　　　　　　　　　　　　　　　　　　　　　　　　( )

3. 服务人员推销的针对性不强，不利于建立良好的合作关系。　　　　　　　　　( )

4. 服务广告要重视宣传服务提供者。　　　　　　　　　　　　　　　　　　　( )

5. 服务广告要能唤起顾客美好的联想。　　　　　　　　　　　　　　　　　　( )

三、思考题

1. 人员推销的优缺点是什么？

2. 服务广告的策略有哪些？

2. 公共关系的类型有哪些？

3. 销售促进的手段有哪些？

本章实践

成功案例分享——××服务机构的促销策略

实践内容：

1. 充分调研，客观全面分享一家服务机构促销策略的成功经验。

2. 分享的内容，不求面面俱到，但求典型有效。

3. 注意介绍其中应用到的互联网、大数据、人工智能技术。

实践组织：

1. 教师布置实践任务，指出实践要点和注意事项。

2. 全班分为若干个小组，各组确定本组分享的专题(如产品策略、定价策略……)。

3. 相关资料和数据的收集可以进行实地调查，也可以采用第二手资料。

4. 小组内部充分讨论，认真研究，形成分享报告。

5. 小组需制作一份 5～10 分钟能够演示完毕的 PPT 文件在课堂上进行汇报，之后其他小组可提出问题，台上台下进行互动。

6. 教师对每组的分享报告和课堂讨论情况即时进行点评和总结。

第六章

展示策略

❖ 引例 | 抖音图书直播的场景

当前抖音图书直播间场景主要为书店、图书馆、书展等，以书架陈列的形式作为直播间背景，为受众提供实体书店购物场景感的同时，以浓厚的阅读氛围激发受众购买欲望，受众在直播间还可以享受到专业的图书讲解、阅读指导服务。

抖音图书主播还会通过多元化背景、道具、图书场景化陈列、贴片等要素营造出销售氛围强的购书场景，通过节日氛围贴片或优惠福利信息贴片，从而促进受众停留和成交，如在推介童书时，通过摆放玩具、卡通书柜、趣味道具等营造出儿童快乐成长的氛围，用场景引发受众的意识共振，使其接收图书讲解信息的同时感受到该图书可以陪伴孩子快乐成长。

另外，图书仓库也可以作为直播场景，一方面可以让受众看到图书从储藏到打包配送的全过程，实现购买过程的透明化，从而赢得直播间受众信任；另一方面，仓库内陈列的大量图书可以满足受众多元化的购书需求，也在一定程度上能够激发直播间受众的购买欲望。

(资料来源：根据网络资料整理而来。)

服务的非实体性使顾客在消费服务之前很难对该服务做出判断，这会影响他们对服务的消费热情。

服务的有形展示，简称服务展示，是指服务机构借助服务地段、服务环境、服务设施、服务人员、其他顾客、服务信息、服务资料、服务价格等顾客可以了解的有形线索，从而使服务具体化、生动化、形象化，以引导顾客预期及引起顾客兴趣所采取的措施。

第一节 | 服务展示的作用与内容

一、服务展示的作用

服务展示如同产品的包装，会影响顾客对服务的第一印象，能够突出服务特色，能够引导顾客产生合理的预期，能够激发顾客的消费热情。

(一) 影响顾客对服务的第一印象

虽然服务是非实体的，但顾客在购买和享用服务前，还是能看到服务机构的地段、环境、设施、陈设布置、装修风格和标识、价格、人员等有形因素，这些都直接影响顾客对服务的第一印象。对于新顾客而言，在购买和享用某项服务之前，他们往往会根据第一印象对服务做出判断，即透过现象看本质。

例如，一位初次光顾某家餐馆的顾客，在走进餐馆之前，餐馆的外环境、门口的招牌等已经使他对之有了一个初步的印象。如果印象好的话，他会径直走进去，而这时餐馆内部的装修装饰、桌面的干净程度及服务人员的礼仪形象等也将影响顾客是否会选择在此用餐。如果餐厅环境污浊，服务人员穿着邋遢、不修边幅的话，显然会令顾客望而止步，至少顾客会将其定位为低档消费场所，认为其根本不可能提供好的服务。

❖ **案例│大师的窘境**

纽约地铁里，一个女孩忘我地拉着小提琴，美妙的演奏堪称完美，可是却没有一个路人为之驻足……可是当这段视频被传到了网上时，竟然引来近1000万人观看，这是为什么呢？

原来，这个女孩是身价上百万美金的小提琴手林赛·斯特林(Lindsey Stirling)，她在全球拥有无数粉丝。站在音乐厅的舞台上，她是耀眼的明星，她的演奏会场场爆满，门票供不应求。可是当她褪去华服，乔装成最朴素的样子，在纽约地铁里演奏，无数路人却不屑一顾，不知自己错过了一场专业的表演。

无独有偶，在华盛顿特区朗方广场(Enfant Plaza)地铁站L入口处，一位男士站着演奏小提琴。他面前的地上，放着一顶口朝上的帽子。没有人知道，这位在地铁里卖艺的小提琴手，是约夏·贝尔(Joshua David Bell)，美国最好的小提琴手之一。他演奏的是巴赫和舒伯特最高难度的几首作品，用的是他那把著名的、1713年制成的斯特拉迪瓦里(Stradivarius)名琴——这把琴当时的市场价格是350万美元。要知道，在美国，约夏·贝尔是获得主流媒体一致褒奖的"古典音乐超级巨星"，就在两天前，贝尔在波士顿一家剧院演出，而要坐在剧院里聆听他演奏同样的那些乐曲，平均得花200美元——市面上却依旧一票难求。

大约3分钟之后，演奏者迎来第一位驻足听众。那是一位看起来颇有修养的中年男子，他放慢了脚步，停了几秒钟稍微听了一下，然后就又急匆匆地继续赶路了。又过了大约1分钟之后，约夏·贝尔终于收到了他的第一块美元：一位女士把钱丢到帽子里，她没有停留哪怕一秒钟，更不用说留心这个男人指尖流动的音符，就继续往前走去。第6分钟时，一位小伙子倚靠在墙上倾听他演奏，然后看看手表，就又开始往前走。在约夏·贝尔演奏的45分钟里，大约有2000人从这个地铁站经过，只有7个人停下来听了一会儿，有27个人给了钱，就继续以平常的步伐离开。

根据隐藏摄影机的记录，45分钟内总收入为32.17美元，扣除事先放入的25美元，大师45分钟只挣了7.17美元，也就是说，其余投钱的25人大部分给的是25分硬币，甚至有人只给了一美分。与约夏·贝尔平时每分钟1000美元的演奏酬劳相比，简直是天壤之别。这是怎么了？难道朗方广场地铁站位于穷乡僻壤吗？还是出入的人没有美学品位？但事实上，朗方广场地铁站位于华盛顿的中心地段，出入的人大多是中产阶层，也就是说，多的是戴着响亮头衔的人物：政策分析师、项目管理员、预算审查官员、专家、顾问等。

(资料来源：根据网络资料整理而来。)

(二) 引导顾客产生合理的预期

一定的服务展示可引导顾客产生一定的预期，恰当的服务展示可以让顾客产生合理的预期，避免过高或过低的预期所造成的负面影响。

例如，经济型酒店"如家"就剔除了传统星级酒店过多的豪华装饰及娱乐设施，不设豪华气派的大堂，也舍弃投资巨大、利用率低的康乐中心、KTV、酒吧等娱乐场所，但空调、电视、电话、磁卡门锁、标准席梦思床具、配套家具、独立卫生间、24 小时热水等设施一应俱全。"如家"以"一星的墙、二星的堂、三星的房、四星的床"，满足了其所定位的经济型商务客人的需求。凭借标准化、干净、温馨、舒适、贴心的酒店服务，"如家"为海内外八方来客提供安心、便捷的旅行住宿服务，传递着"适度生活，自然自在"的简约生活理念。

(三) 激发顾客的消费热情

正如产品的包装能够对产品的促销起着一定的作用那样，恰当的服务展示可以激发顾客的消费欲望与热情，对服务的促销也起着积极的作用。

IKEA 有一条座右铭——"想要把东西卖给顾客，最好的方法就是，先让顾客看看东西要怎么用"。IKEA 的展示间有 4 种风格，分别是乡村风、北欧风、现代风和瑞典潮流风，为了让顾客一进到 IKEA 的卖场就看到自己喜爱的设计，IKEA 将各个展示间都设计得像是有人住一样，让顾客觉得这些商品既有吸引力又相当实用，继而去购买。

(四) 突出服务特色

例如，零售机构处在繁华的地段，会提示顾客零售服务的档次不会太低，整洁的环境提示认真和严谨的服务态度，服务人员举止文明提示服务机构格调高雅。学校通过展示教学楼、图书馆、实验室、教师或各种荣誉证书，可以突出自己的办学特色与实力。医院通过展示雪白的床单、整洁的病房、先进的设备等，暗示医疗服务水平较高。

总之，服务机构应通过服务的展示，使顾客产生"一见如故""宾至如归"而不是"望而却步"的感觉，以便让顾客不但放心而且有兴趣，从而吸引顾客持续不断地来消费，这也是服务展示的目的与目标。

二、服务展示的内容

服务展示的内容可以分为服务条件展示、服务人文展示和服务信息展示三个方面。

(一) 服务条件展示

服务条件展示的内容主要包括：服务机构的位置、地段、环境、建筑物、内部装饰、装修风格、空间布局、场地设计、服务设施等。

例如，医院应当注意展示自己的门诊大楼、住院部、医疗设备、病房、病床、护理室、停车场、景观绿化等。

(二) 服务人文展示

服务人文展示的内容主要包括：服务场所的气氛、服务人员的形象、其他顾客的形象等。

例如，医院应当注意展示宁静祥和的气氛、医护人员亲切友善的形象，干净温馨、舒适怡人的医疗环境会给人们带来安全感，医务人员仪表大方得体、服务热情规范会使病人产生信任感。一些医院将传统的白色病房改为绿色或者其他暖色调，使病人有一种亲切、温馨的感觉，缓解紧张焦虑的情绪。

(三) 服务信息展示

一般来说，服务的条件与人文气息都相对外显，都很直观，顾客很容易就能够感受到，而一些服务的内在信息则不容易被顾客所感受，服务机构需要通过一定的载体、媒介来传递深层的服务信息。

服务信息展示的载体主要包括：服务标志、指示、目录、价格、橱窗、广告、照片、题词、宣传品、影视、直播、证明、荣誉、表扬、理念、口号等。

例如，医院可以通过展示其医务人员的学历或资历及临床经验等来打消患者的疑虑，此外，医院可以运用某些辅助工具，如外科医生可以利用石膏模型或挂图，指出手术后的变化，让病人可以看到医疗服务的效果。医院还可以参加有关权威机构举办的评选活动，树立医院的声誉，让患者在选择和购买医疗服务时感到放心。

❖ **案例** │ 美团外卖的服务展示

1. 口号

美团外卖以"美团外卖，送啥都快"作为自己的口号，并印在配送员的工作服上，时刻都在展示自己作为外卖平台的快速准时性与品类广泛性，从而增强顾客对美团外卖的信心。

2. 图标

美团用袋鼠作为图标，一方面是想表达他们送外卖的服务和袋鼠一样灵活，并且速度非常快；另一方面，袋鼠身上的"育儿袋"是用来装自己的孩子的，以此来比喻他们把自己送的外卖看成自己的孩子一样，会小心护送。

3. 主色调

美团外卖 App 界面以黄色为主色调，并贯穿整个产品设计。黄色是暖色系中最明亮温暖的颜色，具有刺激人体的激素分泌、增进食欲的生理作用。

4. 人员着装

美团外卖对与商家、顾客有直接接触的骑手有统一着装要求，黄色的骑手服装配上黄色的头盔，形成统一的对外形象。

第二节 | 服务条件展示

一、位置与地段

服务位置与地段不但关系到客流量，而且会影响服务机构的形象。坐落在繁华闹市区与坐落在偏僻小巷的服务机构在顾客心目中档次会有很大不同，能够表现出不同的市场定位和形象，因而选址对服务机构来说非常重要。

❖ **案例** | **瑞蚨祥的线下实体门店展示**

瑞蚨祥的线下实体门店各具特色：前门总店侧重高端定制服务和非遗文化体验；金源燕莎MALL门店重点打造现代时尚生活方式和体验式营销模式；地安门门店主打经典复古风格，侧重服务"老北京"群体。

位于北京前门大街的瑞蚨祥总店吸收了"巴洛克"式西洋建筑风格，店面装饰融入中国传统建筑文化元素，入口两侧石柱雕刻着爱奥尼克式涡卷，造型自由、追求动感；八开间的门面外墙寓意"聚四方之才，揽八方来客"；外墙底端雕刻着荷花图案，"荷"与"和"谐音，寓意"和气生财"；上方雕刻着"牡丹"图案，寓意"富贵"；门楣上雕刻"松鹤延年"图案，寓意"生意兴隆、长盛不衰"。作为中西合璧的商业建筑典范，瑞蚨祥前门总店门楼1995年被列为"北京市市级文物保护单位"，2006年被列为"第六批全国重点文物保护单位"。

瑞蚨祥在金源燕莎MALL开设的直营门店，店内分为产品展示区、试衣区、柜台区、休憩区和网络购物区。产品展示区根据产品类别细分为旗袍展示区、礼服展示区、中式成衣展示区、配饰展示区和床品展示区，各展示区域进行差异化陈列，多而不乱，颇具层次感。休憩区摆放整套中式木质骨架和棕色软包坐面的沙发椅，不仅营造了典雅的氛围，还能让顾客在小憩时感受到尊重与呵护。

(资料来源：张景云，吕欣欣. 瑞蚨祥：百年品牌创新升级[J]. 企业管理，2021(14): 81-83.)

二、建筑物

服务机构所在建筑物的规模、造型、使用的材料，以及与邻近建筑物的比较，都是塑造顾客观感的因素，因为建筑物往往能使顾客发生联想，产生牢靠、永固、保守、进步等各种印象。另外，建筑物对塑造服务机构形象起着重要的作用，在不同情况下，可传达威严、安全感、效率、现代精神或传统风貌等。

例如，作为北京奥运会的比赛场馆"水立方"，展示了中国的科技水平和建筑水平，其外表是根据细胞排列形式和肥皂泡天然结构设计而成，创意奇特。"水立方"的设计能够使人们想起水这种自然元素，并激发人们欢乐的情绪。

此外，建筑物也承载着服务机构的历史。例如，著名大学都保留了历史悠久的建筑物，这些建筑带有很强的历史文化色彩，可令人联想到学校的历史和治学传统，以致成为莘莘学子尊重和向往的地方。

❖ **案例** | 星巴克的建筑设计

星巴克的总部有一个设计室，拥有一批专业的设计师和艺术家，专门设计全世界的星巴克店铺。在风格上，主要突出美式风格。每个新店的地点定下来之后，都要及时将店面绘成图纸发往美国，由位于西雅图的星巴克总部统一设计，然后再发回各地进行装修。

星巴克一方面费尽心思去找寻具有特色的店址，另一方面在每次要增加一家新店时，他们就用数码相机把店址内景和周围环境拍下来传到美国总部，设计师和艺术家在设计时会尽量依据当地商圈的特色并结合当地景观进行设计，装饰因地制宜，不断创造新鲜感。

星巴克在中国的一些门店就融入了许多本土的元素，如北京的前门店、上海豫园店、成都的宽窄巷子店等，既透着浓厚的中国传统文化，又保持着原汁原味的美式风情，二者并行不悖，结合得天衣无缝。

（资料来源：根据网络资料整理而来。）

三、内部装饰

服务机构内部装饰恰到好处，可以加强顾客对机构的印象和好感。

例如，如家酒店的客房装潢十分讲究色彩和空间的运用，墙面以淡粉色、淡黄色为主，挂着法国风格的艺术画；地毯的色彩与墙面协调，小巧的高圆桌代替了写字台和茶几，木质的床头柜简洁干净。简洁、温馨、方便是客人对如家最直接、最深刻的印象，在这里每一个人都会感受到家的温暖。

而一些别出心裁的装修风格也可为服务机构打造自身特色。

例如，在美国俄勒冈州纽波特海滨有一家不起眼的小饭店，它占地面积小，整个饭店仅20间客房。不少客人从远处赶来海滨，就是为了想在这家名叫希尔维亚贝奇的袖珍饭店里住几宿，领略这儿特别的风情。因为它的每间客房都有自己的特色，布置格局均不一样，而且设计思路都是以"名人"为主题的。例如，一间叫"福尔摩斯"的客房，客人坐在房里可以感受到自己似乎是那位享誉全球的神探在推理、分析；还有一间叫"海明威"的房间，住店的客人可以在房内找到《老人与海》《战地钟声》等名著中描述的某些经典场景。由于它提供了不同于普通饭店的服务，把大文豪刻画的人物情境融入客房设计中，让顾客体验到各种文学氛围，因而获得了顾客的好感。

四、空间布局与场地设计

研究显示，顾客对空间是否拥挤的感觉影响着其对服务环境的感知，进而影响到顾客在服务体验流程中的兴奋程度，特别是那些需要顾客长时间置身其中的服务环境，如果空间布局让人感到局促或受到限制，就会影响到顾客对服务质量的感知、兴奋程度等。因此，那些旨在为顾客提供兴奋刺激体验的高级餐厅、咖啡店、博物馆、艺术中心等应该特别注意为顾客提供充足的空间。

场地设计是对服务场所内的区域分块、行走路线等进行战略性设计，通过严谨的和独特的场地设计，可以突出服务机构的服务宗旨和服务特色。

📖 **知识拓展** | 原产地直播

顾名思义，也就是在原产地进行的直播。

在许多售卖水果和农产品的直播间，场景转移到果园、农场，受众能够直观看到产品实时采摘的全过程，这种真实的场景使得受众仿佛身临其境，置身于与线下同样真实的果园、农场里。

原产地直播模式被称为最有诚意的直播模式，该模式是主播直击源头，去各个产品的原产地做直播。显然，实时的原产地直播比纯照片或短视频更加逼真，受众可以零距离观看来自原产地的相关产品，这样可以带给受众更多生动形象的体验，受众直面原产地对产品品质会比较放心。

例如，网络红人"××哥"将直播现场搬到了果园，让顾客可以更为直观地看到石榴的生长情况和新鲜的品质，通过现场采摘和试吃，大大激发顾客对于石榴的食欲和购买欲。

(资料来源：根据网络资料整理而来。)

第三节 | 服务人文展示

一、服务场所的气氛

服务场所展示出的舒适程度、文明程度、亲切友好程度，即为服务场所的气氛。优雅、舒适、轻松、愉快的气氛，能够吸引顾客，提高顾客的满意度。

影响服务场所"气氛"的因素除设计、装饰、布局外，还包括气味、声音、色彩、灯光、温度、湿度等。服务机构要善于利用这些因素，为顾客营造温馨舒适的气氛。

(一) 气味

气味会影响服务场所的气氛，从而影响顾客的感观体验。

例如，新鲜而芳香的店面空气使顾客感到产品更新程度较高；零售商店，如咖啡店、面包店、餐馆、花店和香水店，都可用香味来吸引顾客接受其服务。

美国的一家食品公司在底特律城郊竖立了一块高 80 英寸、长 100 英寸的推销面包的巨型广告牌，不仅能播放介绍面包的音乐，还能释放出一种"神奇的混合面包"香味，勾起路人的食欲，这是由人的直接感觉而产生的连锁心理反应。结果，这家面包公司的销量激增 2 倍多。

(二) 声音

声音可作为营造气氛的背景，影响顾客的感受。音量适中的音乐能使顾客舒心、愉悦，增加购买欲望；反之，音量过大则可能影响顾客的交谈，使人感到厌烦。

同时，不同的服务机构应当选择不同风格的音乐，如快餐厅可能适合播放节奏感较强的流行音乐，而格调高雅的咖啡店，则更适合旋律优美而舒缓的古典音乐等。

例如，进入星巴克，你会感受到空中回旋的音乐在涤荡你的心魄。店内经常播放一些爵士乐、美国乡村音乐以及钢琴独奏等，这些正好迎合了那些时尚、新潮、追求前卫的白领阶层。他们天天面临着强大的生存压力，十分需要精神安慰，这时的音乐正好起到了这种作用。星巴克会尽量选一些舒缓、优美的轻柔音乐，使人们沉醉其中，增加消费。星巴克期望你久坐在店中，然后用音乐来俘获你的心。不少人本来停留不到一小时就要走的，结果为美妙的乐曲所吸引，于是一下子停留了两三个小时，咖啡也从一杯可能增加到三四杯。人流量不增，咖啡销量却有可能翻倍。

❖ **案例** | 刘畊宏直播间配乐《本草纲目》

不同的直播间、不同的直播流程要选择不同风格的配乐，有的适合于播放节奏感较强的流行音乐，有的适合旋律优美而舒缓的古典音乐等。

刘畊宏减肥操的配乐主要是周杰伦的一些传唱度比较高、发行时间比较久的歌曲，以及一些在抖音或网络上较流行的歌曲，其中让刘畊宏爆火的就是以《本草纲目》为背景音乐的这一套毽子操。《本草纲目》原本是2006年由周杰伦发行的流行歌曲，在当年也是火遍大街小巷的曲目。如今刘畊宏将其与毽子操结合，让歌曲重新"翻红"至"全网级现象"，火爆的程度估计连歌曲原唱周杰伦也没有料想到。

周杰伦的歌曲本身节奏感较强、传唱度较高，"洗脑"的歌词加上"魔性"的动作，不由地激发了大众的从众心理，让大家都开始跟风参与进来。同时周杰伦本身就拥有一大批粉丝，利用他的歌曲作为背景音乐能够很好地利用到他的粉丝流量，再加上刘畊宏与周杰伦多年的好友关系，用他的歌曲也不会让受众们感到突兀或是"蹭流量"。有了背景音乐的加持，让本身枯燥的健身氛围更加欢快，熟悉的背景音乐与简单的健身动作，带来了很高的关注度与话题度。

此外，刘畊宏在直播过程中会不停地喊口号，比如"动起来""腰间的肥肉咔咔掉，人鱼线马甲线我想要"。他的口号押韵、有记忆点，能成功抓住粉丝想要甩掉肥肉的心理，与粉丝产生情感共鸣。通过不断重复这些口号，刘畊宏促使粉丝设立起锻炼目标，让彼此的情感处于同一频率，建立起与粉丝的紧密联系。

动感的运动曲风搭配刘畊宏夫妇的口号，音乐与口号双倍"洗脑"的加持，让健身这件事似乎容易了许多。这套欢乐又带点"魔性"的健身操，为刘畊宏的健身直播推波助澜。

(资料来源：根据网络资料整理而来。)

(三) 色彩

色彩会影响人的感觉、注意、记忆、情绪和联想等心理活动，不同的色调也会带来不同的气氛。

当顾客进入服务环境时，颜色可能是其首先感受到的视觉要素之一，颜色能够在不为顾客意识到的情况下影响顾客的情绪、注意力及价值评价，如红色可以使人兴奋或警醒，黄色有助于引起注意，粉色能创造温馨感觉，黑色代表着严肃和庄重等。

在服务场所中，运用合适的色彩，不仅可以营造出适宜的服务环境，还能刺激顾客做出购买选择。

例如，肯德基的主题色就是红色，代表着青春、活力、激情，伴随着欢快的音乐，会加速顾客的用餐速度，为吸纳更多顾客赢得时间与空间。

📖 **延伸阅读** | 色调对服务场所气氛的影响

1. 红色

红色是最容易引人注意的颜色。红色是中国传统喜庆色，它具有刺激交感神经，使人的肌肉机能和血液循环加快的生理作用，以及使人产生兴奋、冲动的心理。在零售业，红色常用于店内价签和降价海报的设计，以及传统节日的促销宣传。但应该注意的是，如果店内促销装饰中，红色使用过多，往往会给顾客留下廉价店或折扣店的印象。另外，红色是兴奋色，店内过多地使用，会使顾客感觉拥挤和喧闹，产生疲劳感和烦躁的情绪，缩短顾客在店内的停留时间。红色不仅代表热情和活力，同时还代表危险和恐怖。在医院和药店，红色可能会给顾客留下血、疼痛的印象。

2. 橙色

橙色是暖色系中最温暖和明亮的颜色之一。橙色不仅具有刺激人的内分泌、增进食欲的生理作用，同时让人产生健康、温暖、富足、幸福的感受。橙色广泛应用于超市的食品卖场、滋补品卖场和体育用品卖场，特别是水果卖场，为了吸引顾客注意，橙子总陈列在入口处显眼的位置，或者主通路外侧。橙色明示度较高，在店内过多使用，会给人廉价、低档、不可信的感觉。快餐店经常用一些橙色来装点氛围，而世界巨型家居连锁店家得宝和百安居都以橙色为主色调，以凸显其幸福感和平价特征。

3. 黄色

黄色刺激人的大脑，促使人提高注意力和发挥想象力。黄色代表希望、喜悦、成就感，象征着财富和权力。但是黄色也常用来警告危险或提醒注意。折扣店、超市等做特卖时，常以黄色为底色制作价签，以吸引顾客注意。以青少年为目标顾客的卖场和产品常使用黄色，但对于中年女性来说，黄色有时意味着轻浮。

4. 绿色

绿色象征着平衡。它拥有清爽、理想、希望、生长的意象，符合医疗卫生服务业的诉求，很多医疗终端把绿色作为主题色和医疗用品的标识。绿色在生理上可以缓解人的紧张和眼睛的疲劳。绿色贴近自然、植物等，目前国外许多家居商店都把外墙壁涂成绿色。在美国许多连锁药店的维生素柜台，为了体现自然的活力，往往也会使用绿色的陈列器具。

5. 蓝色

有人把蓝色看作梦想与现实分界线上的颜色。蓝色是永恒的象征，同时也是最冷的色彩之一。纯净的蓝色代表内省、沉着、理智、安详等，也是现代人最喜爱的颜色之一。但是，蓝色代表沉稳的同时，也代表忧郁和寒冷。由于冷色调往往抑制人的食欲，所以非常不适合用于饮食店和超市中的生鲜食品卖场。由于在生理上蓝色通过刺激人的副交感神经，会使人的脉搏、呼吸、血压、体温下降，具有安定心神的作用，很多卫生类终端及夏日消费品终端采用蓝色。在食品卖场中，蓝色经常用于夏季清凉饮料或夏季产品销售区的装饰，另外，在有金属感的体育用品区，以及面向男性顾客的卖场，也经常以蓝色为主基调。

6. 紫色

紫色是波长最短的可见光波。它既美丽又神秘，既富有威胁性又富有鼓舞性，是给人以深刻印象的具有矛盾性和两面性的颜色。紫色处于冷暖色调之间游离不定的状态，加上它的低明度性质，构成了这一色彩心理上的消极感。紫色具有高贵的性质。在卖场中往往适用于高价格的化妆品、流行产品、珠宝饰品、芳香品等卖场的装饰，但紫色是使人食欲减退以及暗示有毒的颜色，一般不适合食品包装和食品卖场的装饰。

7. 白色

白色是所有颜色中明度最高的颜色。白色具有纯粹、清洁、正直、明亮、高级的意象，但也给人以寒冷、严峻、哀愁的感觉。所以在使用白色时，都会加入一些其他的颜色，形成象牙白、米白、乳白等。

8. 黑色

黑色吸收全部可视光线，是最暗的颜色。黑色具有威严、高贵、稳重、科技的意象，许多科技产品的用色大多采用黑色。另外，黑色具有庄重、高品质的意象，也常用于高级化妆品、服饰和一些流行产品陈列的设计，但是黑色常使人联想到不吉利，因此要避免在健康产品、饮料和食品卖场使用。

(资料来源：根据网络资料整理而来。)

(四) 灯光

灯光的明暗度对顾客很重要，尤其在服务场所，适当的照明会令人感到愉快，使顾客愿意留下来，耐心挑选商品与服务；反之，过亮的灯光可能会使顾客感到刺眼、难受，进而感到不适，想快速离开，而过于阴暗的灯光又会影响顾客挑选产品，甚至产生不安全感。一般来说，强烈的灯光使顾客感知到热情、豪爽的服务态度，柔和的灯光使顾客感到温情。

例如，高级西餐厅需要制造柔和的气氛，所以灯光在 60～80 瓦；日本料理店为了使生鱼片显得更新鲜，所以灯光在 130～160 瓦。

又如，无印良品采用和谐雅致的色调，给人以浪漫、自然、温和之感，舒适的空间、柔和的灯光、轻快的音乐以及由加湿器缓缓释放出的悠悠清香等都给予消费者高档优雅的预期。

科特勒(Kotler)曾对一个著名的汽车旅馆"联号"进行过调查研究。"联号"对所属的汽车旅馆采用标准化的大堂装修布置，唯一不同的是一些汽车旅馆的大堂采用较昏暗的灯光，另一些则采用较为明亮的灯光。调查结果表明，旅客明显偏爱后者。原来，经过长时间开车旅行后，旅馆昏暗的灯光会使人感到沮丧，旅客感觉这间旅馆毫无生气，不愿停留。相反，如果旅馆透出的是明亮的灯光，则让他们感到振奋、愉快，愿意在此停车留宿。

(五) 温度、湿度

室内温度、湿度也会影响顾客对服务的感受，如冬天温暖宜人的室内温度使顾客感到温暖；夏天室内凉爽的温度又使人感到舒畅。

❖ **案例** | 星巴克的气氛

重烘焙极品咖啡豆是星巴克味道的来源，加上"四禁"政策——禁烟、禁止员工用香水、禁用化学香精的调味咖啡豆、禁售其他食品和羹汤，力保店内充满咖啡自然醇正的浓香。在柔和的暖暖的灯光下，恣意流淌在星巴克的是一种悠闲和自在，客人在忙乱的工作和生活的节奏中可以偷得片刻的闲暇。

星巴克在色调上一般用的是暗红与橘黄色，加上各种柔和略带暖色的灯光以及体现西方抽象派风格的一幅幅艺术作品，再摆放一些流行时尚的报纸杂志、精美的欧式饰品等，写一些诸如"咖啡是你一辈子的情人"等温存的话语，那种亦真亦幻的氛围就出来了，人们在这里就会觉得非常舒服。

在这里，轻松的爵士乐取代了严肃的歌剧和古典乐，店内经常播放一些爵士乐、美国乡村音乐以及钢琴独奏等。这些正好迎合了时尚、新潮、追求前卫的白领阶层，他们天天面临着强大的生存压力，十分需要精神安慰。星巴克还会尽量选一些舒缓、优美的轻柔音乐，使人们沉醉其中，增加消费。

此外，合伙人之间对话的悦耳腔调，吧台师傅煮咖啡时的嘶嘶声，将咖啡粉末从过滤器敲击下来时发出的啪啪声，用金属勺子铲出咖啡豆时发出的沙沙声，以及打奶泡的哗哗声都让顾客感觉亲切舒服。

为了使星巴克的咖啡文化更深入影响顾客，他们在墙上挂上了古色古香的壁画、展示咖啡历史的图片，随手可及的大吧台上，排满了供顾客DIY的工具……这一切的一切都在默默地、持续地、无形地植入顾客的心田。

(资料来源：根据网络资料整理而来。)

二、服务人员的形象

服务人员的衣着、打扮、言谈举止都会直接影响顾客对服务质量和服务机构的评价。整洁配套的制服、落落大方的仪表、训练有素的举止，会说服顾客相信他们能够提供优质的服务。相反，服务人员头发杂乱，不修边幅，顾客往往会质疑其所提供服务的质量。此外，顾客往往对某些服务人员的外表有特殊的期望，如保卫人员的身材高大魁梧，这样能使顾客产生安全感，仪容清爽、制服整洁、动作敏捷的厨师也一定可以提高客人的食欲。总之，服务人员的形象对服务营销有重要的影响，服务机构必须对服务人员的形象进行管理。

例如，迪士尼十分注重对服务人员的外貌管理，制定了严格的个人着装标准，所有迎接顾客的公园职员每天都要求穿着洁净的戏服，职员的头发长度、首饰、妆容和其他个人修饰因素都有明确的规定且被严格地执行。迪士尼的大量着装整洁、神采奕奕、训练有素的"舞台成员"对于这个"梦幻王国"至关重要。

❖ **案例** | 佰草集直播间

佰草集直播间堪称2021年最具创意的直播间之一，因为，佰草集直播间将古装剧与直播带货相结合，无论是场景搭建还是主播话术，都是经过精心设计的，给受众带来一种"沉浸感"，让受众身临其中。在回答受众问题的时候，拒绝了以往的回应方式，而是采用古代一些常用的称呼，比如：公主、娘娘、王爷、主子、格格等。除此之外，佰草集直播间还将这类创意产品化，产出了一系列宫廷剧的视频，在抖音平台上进行传播。

"现在下单，本宫再加送一盒面膜。" "娘娘大气。" 进入抖音的佰草集直播间，仿佛置身于一出清朝宫廷剧之中。"娘娘"与"嬷嬷"的斗嘴，让万千网友着迷，开始在直播间里"追剧"。毫无疑问的是，佰草集直播间的这出宫廷戏，足够吸人眼球，为佰草集直播间品牌入驻直播带货渠道，开了个好头。

佰草集直播间的成功，不仅在于主播的颜值高，专业性强，幽默风趣，更在于整个团队的密切配合。例如，本来主播的打扮已经足够吸引受众关注和讨论了，而副播还配了一个嬷嬷的角色，而且嬷嬷又是男扮女装，像喜剧明星一样呆萌，这样便形成了自然的冲突，而且嬷嬷无论是临场应变、护肤专业还是捧哏能力都不错，敢于出丑。这种一美一丑，一慢一快，一高一低的组合，无论视觉效果还是互动效果都特别好。每款产品上架的时候，场控团队场外音特别有趣，就像恭迎皇后娘娘出场一样，特别容易烘托气氛，每个人都不紧不慢地介绍产品抛梗接梗，小动作小眼神都超级有戏，别出心裁、别有新意。

(资料来源：根据网络资料整理而来。)

微笑是不用翻译的世界语言，它传递着亲切、友好、愉快的信息，顾客会有如沐春风的感觉，会吸引顾客再次光临。服务人员的微笑是一种愉快心情的反映，也是一种礼貌和涵养的表现。在服务行业，微笑服务的重要性是不言而喻的，微笑服务几乎是被提得最多的理念之一。

❖ **案例** | 刘畊宏直播间的人员组合

刘畊宏的直播场景是他自己的家里，居家的直播场景和受众观看直播的场景一致，能够让受众们更加有代入感。居家的场景相比于其他商业化较强的直播间，能够弱化主播与受众由于场景不同、身份不同、距离不同而产生的距离感，更能被顾客接受。

刘畊宏直播间的人员配置通常为一强一弱组合——刘畊宏和他的老婆王婉霏。刘畊宏是元气满满、爱碎碎念的健身教练。王婉霏塑造的则是"被迫营业"的"划水"形象，她正代表了一众希望减肥却不喜欢健身的女孩，痛苦的表情和每次健身结束后的开心，能够引起很多人的共鸣。很多人喜欢跟刘畊宏直播间是因为刘畊宏的妻子王婉霏。王婉霏曾因怀孕生子而身材走形，如今她的身材已经恢复得很好。这给了许多妈妈锻炼的勇气和决心。王婉霏在陪练的过程中也会有"划水"、疲劳倒地、表情失控的时候，这让妈妈们看到王婉霏仿佛就看到了自己，感觉在直播间找到了一起锻炼的好闺蜜；看王婉霏和刘畊宏的互动，就像看家庭搞笑剧一样，缓解了她们锻炼的痛苦。

除了简单的一强一弱组合，刘畊宏还会时不时邀请一些特邀嘉宾一起运动。让岳母、女儿、儿子等一系列的家庭成员跟随他一起运动更是引起了一段"全家一起刘畊宏"的热潮。特邀嘉宾里还包括一些在上海的健身博主，以及一些明星朋友，这些特邀嘉宾本身自带流量和话题，给直播间带来了热度，也为直播间增添了新鲜感。

此外，"腰间的赘肉咔咔掉，人鱼线马甲线我想要""瘦掉蝴蝶袖，和拜拜肉说拜拜"这种直播口号总能在直播间听见，"人鱼线""马甲线"这些都是减肥成功后良好身材的代名词，刘畊宏将跟随他减肥后的效果以口号的形式传达出来，一遍又一遍地重复，成功地引起了大家对于减肥效果的期待。另外，刘畊宏时不时爆出的金句，以及他与妻子的有趣对话也能很好地缓解锻炼时的沉闷，让人能够坚持下去。

(资料来源：根据网络资料整理而来。)

另外，服务人员的形象除了人员的外貌形象外，还包括人员的内在素养。例如，展示服务人员的学历、技术等级证书、服务能手称号等也能够体现服务机构的实力与人才优势。

三、其他顾客的形象

对顾客来说，服务场所中出现的人，除了服务人员外，还有其他顾客，而这些人的表现都会对顾客的预期及体验造成影响。

由于出入同一服务场所的其他顾客，其身份、素质、地位、数量、外表、行为都会影响顾客对服务的期望和判断。有时候是正面的："哇！高朋满座哦！服务不要太好哦！"有时候却是负面的："怎么这种人也在这，这里的服务肯定不上档次！"

例如，饭店、剧院、医院等机构提供的服务都是在其他顾客也在场的情况下发生的，在这些多顾客并存的服务环境中，其他顾客的身份、素质、地位、数量、外表、行为会影响顾客的认知和感受。所以，酒店在开业时要进行优惠大酬宾——可以吸引大量顾客，聚集"人气"；而酒店谢绝"衣冠不整"的顾客可以避免"体面"顾客的负面感受。

当顾客之间志趣相投、相互帮助、和谐共处时，就会对其产生积极的影响，他们会有很好的心态，愿意在此消费逗留；相反，破坏行为、过度拥挤、彼此冲突，则会使其产生消极影响，不愿意在此久留与消费。

例如，有些俱乐部为确保会员的素质，规定申请人须由会员推荐，再由会籍审查委员会决定是否接纳；对会员的仪表、行为也有一定的要求，如在餐厅用餐时关掉手机，穿戴要讲究正式等。

第四节 服务信息展示

鉴于服务的特性，顾客在购买和消费服务前不容易判断服务优劣，服务机构应尽可能地通过各种载体、媒介为顾客提供相关信息，包括以各种提示、暗示来帮助顾客认识自己的服务水平。

一、标志、指示

服务机构的标志和指示可以传达服务信息，展示服务特色，影响顾客预期。

例如，证券公司的"公牛"似乎象征着"牛市"；银行的"老虎"似乎象征着"安全"；保险公司的"红伞"似乎也象征着"平安"。

中国银行的标识采用了中国古钱与"中"字为基本设计元素，圆形的框线设计，中间方孔，上下加垂直线，寓意天方地圆，经济为本，给人的感觉是简洁、稳重、易识别。行标从总体上看是古钱形状，代表银行，"中"字代表中国，外圆表明中国银行是面向全球的国际性大银行。

我国国家旅游局以甘肃武威出土的文物珍品为元素设计了中国旅游的图形标志，象征我国是古色古香的旅游胜地，以吸引游客来中国旅游。

凤凰卫视的标志为一只凤和一只凰，盘旋飞舞、和谐互动的形象，即凤凰涅槃，这种与时俱进精神体现了凤凰卫视的经营理念和服务文化。

肯德基的标识是一个和蔼可亲的老人，面带着笑容，花白的胡须，黑色的领结，红色的围裙。他的笑容似乎在告诉每位客人，肯德基的食物美味、安全、健康。

麦当劳取其英文名称McDonald's的第一个字母"M"为其基本设计元素，并且将其设计成双拱门的形状，代表欢乐与美味，像磁石一般不断地把顾客吸进这扇欢乐之门，拱形的大门还给人以家的感觉。此外，"麦当劳大叔"总是传统马戏小丑打扮，黄色连体裤、红白条的衬衣和短裤、大红鞋、黄手套、一头红发。一直到现在"麦当劳叔叔"都是快乐和谐的象征，他的笑容给人的感觉永远都是有感染力的。于是，"麦当劳叔叔"的形象风靡世界，成了家喻户晓的人物。当人们想起"麦当劳叔叔"的时候，自然地就会想起麦当劳汉堡包、炸薯条……这些美味可口的食物。

二、价格

在服务行业，价格是顾客在购买前可利用的、有限的参考信息之一，特别是当顾客对某项服务处于一无所知的状态时，仅有的价格信息便成为其判断服务优劣的关键线索——当服务机构制定的价格高时，顾客就会对其所提供的服务抱有较高的期望；当服务价格过低时，可能会使顾客产生服务质量不够好的想法。

三、橱窗、网页、界面

橱窗、网页、界面是连接服务内外环境的重要部分，服务机构透过橱窗、网页、界面可向顾客展示服务内容与特色，从而提高顾客对服务的兴趣。

例如，面包店把面包的烤制现场通过玻璃橱窗加以展示，这样可以提高透明度，让顾客观察到生产过程及现场的卫生状况，从而增强他们的消费信心。

📖 **延伸阅读 | 直播界面**

直播间是主播或品牌商开展直播营销的通道、舞台或载体，直播间在某种程度上就是"销售现场"，通过直播间受众能够感知到直播现场的情况。

数字直播间是指数字化、信息化形态的直播间，主要由头像、昵称、签名、标题、账号主页与封面、悬浮卡、背景图片、配音、直播画面等组成。搭建生动化的数字直播间对吸引受众观看直播有着重要影响。

对进入直播间的受众来说，视觉线索是他们进入直播间最先感知到的信息，也是最为直观的感官刺激，因此场景中视觉线索的呈现对于引发受众兴趣至关重要。同时，直播界面外观整体呈现、文字描述、图片展示以及影像声音等都会使受众产生不同的印象，影响直播体验。

例如，当受众打开一个直播间时，首先可以看到页面上显示的观看人数以及实时在线人数，左下角的评论与弹幕互动区可以看到"某某进入了直播间""某某关注了主播"等信息。弹幕会在直播的过程中悬浮而过，吸引受众的注意力。直播页面的右下角是点赞的选项，无论正在观看直播的受众是否正在进行点赞，右下角的点赞都会呈现动态效果。如果直播界面能够经常变换一些布景元素和主题装饰等，会使每次来观看直播的受众眼前焕然一新，带给受众愉悦的体验，如配合春节主题在空白处添加春联或"福"字图片，可以烘托直播间的喜庆氛围。

四、广告、照片、题词、宣传品

服务机构通过广告、照片等可以展示自身的服务实力与水平，如设备的数目和先进程度、分店或连锁系统的数量、员工的人数和素质结构等，向顾客宣传自己的服务能力。

例如，美发店通过照片上的模特造型，让顾客了解美发店的服务，产生合理的预期，也使顾客可以根据模特的造型选择服务。

此外，还可展示名人接受服务时的照片、题词等，从而加强顾客对服务机构的信心。另外，服务机构还可以提供顾客指南、顾客手册等宣传品，帮助顾客对服务产生合理的期望，同时使顾客尽情享用服务。

五、影视、直播

服务机构还可以通过影视、直播等来展现服务特色、服务水平。

例如，人们通常看不到外科手术治疗的过程，而医院通过放映影视或视频可展示手术的全过程，这样就能使人们对外科手术有个基本的认知。

旅游景区借助优秀的影视剧可以对景区进行传播推广，如一部《大红灯笼高高挂》复苏了沉睡百年的乔家大院，一部《刘三姐》不仅演绎了来之不易的爱情故事，更展示了美轮美奂的桂林山水和民俗风情，这就是影视的力量。

又如，卖土鸡蛋的商家为了证明自己卖的是"纯正土鸡蛋"，现场直播土鸡在山上吃虫子及谷物的画面进行宣传。

六、证明、荣誉、表扬

服务机构可以通过展示政府、行业协会等权威机构或第三方评审结果，如行业排名、获奖证明、荣誉证书、被确定的等级，以及顾客、领导的表扬、奖励等方面的信息来宣传自身的服务规模、质量和水平。

例如，管理咨询公司、广告策划公司可以展示自己服务过的知名顾客清单，学校可以展示学生考试通过率、校友的成就，律师事务所可以展示胜诉率和成功诉讼案例等，交通运输业可以展示正点率、安全率、年平均行李丢失率等来证明提供优质服务的能力。

此外，服务机构还可用顾客的口碑来证实服务质量，通过宣传顾客对服务体验的正面反馈(如顾客赠送的锦旗、表扬信、感谢信等)，来展示服务水平。

七、理念

服务理念是指服务机构用语言文字向社会公布和传达自己的经营思想、管理哲学和服务文化，主要包括机构或公司的宗旨、精神、使命、原则、目标、方针、政策等。

服务机构可通过服务理念来展示自己的服务宗旨，使顾客认识到服务机构的真诚，从而增强顾客对服务机构的信心。

中国国航的服务理念是"放心、顺心、舒心、动心"，远景和定位是"具有国际知名度的航空公司"，其内涵是实现"竞争实力世界前列、发展能力持续增强、顾客体验美好独特、相关利益稳步提升"四大战略目标，服务精神强调"爱心服务世界、创新导航未来"，使命是"满足顾客需求，创造共有价值"，价值观是"服务至高境界、公众普遍认同"。

英国敦豪速递公司的理念是"我们的使命是成为全球速递业公认的领先者。实现使命的途径是服务质量达到高的行业标准和服务成本在承诺的范围内保持全球最低；努力了解和满足顾客需求，为顾客提供合适的产品、服务、价格和保证及其组合；向员工提供充满温暖和团队精神及有助于个人发展和成功的环境；在世界范围建立技术水平先进的信息网络，以便于顾客交易、查询和公司的信息管理；资源配置与公司全球商务的形象保持一致；我们对在世界各地的专业机构实行集中化与当地化相结合的管理。适应顾客需求的变化，是推动我们的服务或产品创新和市场开拓的唯一源泉"。

本章练习

一、不定项选择题

1. 服务机构或网点的建筑物、周围环境、内部装修等属于(　　)。
   A. 服务过程　　　　　　　　　　　　　　B. 服务的有形提示
   C. 服务的分销渠道　　　　　　　　　　　D. 服务沟通
2. 影响服务场所"气氛"的因素有(　　)。
   A. 设计　　　　　　　　　　　　　　　　B. 装饰
   C. 气味　　　　　　　　　　　　　　　　D. 声音

3. 服务展示具有( )等作用。

    A. 影响顾客对服务产品的第一印象   B. 展现服务特色

    C. 引导顾客产生合理的期望   D. 激发消费热情

4. 服务展示的内容可以分为( )。

    A. 服务条件展示   B. 服务信息展示

    C. 服务人文展示   D. 服务质量展示

5. 服务的人文展示包括( )。

    A. 服务场所的气氛   B. 服务人员的形象

    C. 服务场所的广告   D. 其他顾客的形象

二、判断题

1. 服务人员的衣着、打扮、言谈举止不会直接影响顾客对服务质量和服务机构的评价。

                                  ( )

2. 服务场所中出现的其他顾客,其身份、素质、地位、数量、外表、行为都会影响顾客对服务的期望和判断。   ( )

3. 当顾客之间是志趣相投、相互对话、相互帮助、和谐共处的,就会对服务机构产生积极的评价。   ( )

4. 顾客可以看到服务环境、服务工具、服务设施、服务信息、服务资料、服务价目表、其他顾客等,这些是顾客了解服务的有形线索。   ( )

5. 服务机构要善于通过色调、灯光、温度、湿度等,为顾客营造温馨的气氛。 ( )

三、思考题

1. 服务展示的作用是什么?

2. 服务展示的内容是什么?

3. 如何展示服务条件?

4. 如何展示服务人文?

5. 如何展示服务信息?

本章实践

成功案例分享——××服务机构的展示策略

实践内容:

1. 充分调研,客观全面分享一家服务机构展示策略的成功经验。

2. 分享的内容,不求面面俱到,但求典型有效。

3. 注意介绍其中应用到的互联网、大数据、人工智能技术。

实践组织：

1. 教师布置实践任务，指出实践要点和注意事项。

2. 全班分为若干个小组，各组确定本组分享的专题(如产品策略、定价策略……)。

3. 相关资料和数据的收集可以进行实地调查，也可以采用第二手资料。

4. 小组内部充分讨论，认真研究，形成分享报告。

5. 小组需制作一份 5~10 分钟能够演示完毕的 PPT 文件在课堂上进行汇报，之后其他小组可提出问题，台上台下进行互动。

6. 教师对每组的分享报告和课堂讨论情况即时进行点评和总结。

第七章

人员策略

❖ **引例** | 为什么选中刘畊宏

2021年底，刘畊宏签约无忧传媒。

无忧传媒创始人雷彬艺披露签约刘畊宏的过程是这样的：当时刚好刘畊宏经纪人的一位朋友知道我有签约明星的想法，就给我推荐了刘畊宏。我一看，条件果然不错。最早我们定下招人的5条标准：颜值、情商、才艺、诉求和人品，如果5条都符合，就属于很优秀了。我觉得刘畊宏颜值、情商、才艺、诉求和人品都是很符合要求的。另外，刘畊宏出道早，健身多年，夫妻恩爱，3个孩子都很可爱，整体来说，应该是大多数人都会美慕的那种家庭，而且他的目标非常明确，就是传播健身理念、健康生活，也很愿意投入精力，分享他的健康理念和经验。

(资料来源：郑丹. 无忧传媒创始人雷彬艺：我为什么选中刘畊宏？ [N]. 中国经营报，2022.)

广义上，服务人员指服务机构的所有从业人员。狭义上，服务人员指最直接地接触顾客、服务顾客的工作人员，他们在确保服务质量上发挥了重要作用，当服务质量发生问题时，也只有他们才能及时采取纠正措施。

第一节 | 服务人员的作用与素质要求

一、服务人员的作用

(一) 代表服务机构的形象

服务机构通过服务人员向顾客提供服务，通过他们把服务理念生动、形象地传递给顾客，服务人员实际就是服务机构的化身，其行为、素质和形象代表着服务机构，肩负着给顾客留下良好印象的重任。

📖**知识拓展** │ 人员价值

人员价值是指服务机构的服务人员的服务作风、服务能力、服务态度、服务效率等所产生的价值，对提高顾客的感知价值及顾客的满意度都具有重要意义。

例如，麦当劳的服务人员基本上是一些富有青春活力的年轻人，文明礼貌，友好亲切，动作敏捷，反应迅速。他(她)们穿着有麦当劳标志的统一制服，长裤衬衫，工牌工帽，干净又整洁，简洁明快，看上去很有精神，充满活力。

一般来说，顾客在一个井然有序的环境中，接受由技术精湛又有礼貌的服务人员提供的服务时，他们的整体感受是舒适、安心的；而当接受仪表邋遢、态度粗暴的服务人员提供的服务时，顾客就会觉得不舒服，甚至想尽快离开。

(资料来源：根据网络资料整理而来。)

(二) 服务营销的生力军

服务人员在服务传递过程中的态度、行为和专业技能等是顾客关注的焦点所在，所以，服务人员在吸引顾客及留住顾客上都能够发挥重要的作用。优秀的服务人员在顾客中享有声望，对提高服务机构的知名度和美誉度有重要的意义。例如，大学的名气，往往与知名教授有关；医院的名气，也往往与名医有关等。

📖**知识拓展** │ 服务营销三角形

"服务营销三角形"是由格罗鲁斯(Gronroos)提出的战略框架，三角形的三个顶点分别表示三个关键的参与者：服务机构、顾客、服务提供者，如图7-1所示。服务提供者可以是服务机构的员工、分包商或者是实际向顾客传递服务的外包商。

三角形的三边反映了外部营销、互动营销和内部营销。

外部营销位于三角形的右边，是服务机构对可交付的服务向顾客做出承诺。

互动营销位于三角形的底边，是服务提供者在与顾客进行互动的过程中传递承诺。

内部营销位于三角形的左边，是服务机构对服务提供者的培训与激励以使服务提供者理解承诺。

图7-1 服务营销三角形

科特勒(Kotler)曾指出："内部营销是指成功地雇用、训练和激励员工并使之很好地为顾客服务的工作。"

内部营销的对象是服务机构的内部员工，是服务机构通过满足雇员需求来吸引、培训、保留和激励员工，并通过满意的员工来实现客户的满意，从而使服务机构获得竞争优势。

旨在提升员工满意度和忠诚度的内部营销策略包括：创建并维护以人为本的企业文化；制定实施公平而富于激励的薪酬制度；为员工提供充分的个人成长空间；创造良好的工作氛围和工作环境；建设畅通的内部沟通机制；提供形式多样的培训机会。

（资料来源：根据网络资料整理而来。）

(三) 实现顾客满意的关键

一般来说，顾客都喜欢热情、积极、善于倾听、愿意解决问题、知道如何解决问题的服务人员。当顾客同一位友好、和善且技能娴熟的服务人员打交道时，他会获得信心和安全感。

📖 知识拓展 | 服务利润链

詹姆斯·赫斯克特(James L. Heskett)等5位哈佛商学院教授于1994年提出了"服务利润链"的概念，他们认为：服务利润链是一条将"盈利能力、顾客忠诚度、员工满意度和忠诚度与生产力之间联系起来的纽带"，它是一条循环作用的闭合链，其中每一个环节的实施质量都将直接影响其后的环节。

"服务利润链"的主要思想是：顾客忠诚驱动盈利，顾客满意驱动顾客忠诚，服务价值驱动顾客满意，员工忠诚驱动服务价值，员工满意驱动员工忠诚，内部营销质量驱动员工满意。简单来说，员工满意了才能带来顾客满意，也才能带来利润。

总之，服务人员的作用是显而易见的，尽管现在有些服务已逐渐由机器提供，如自动售货机、ATM机等，但实际上仍然有很多服务是机器无法完成的。因此，服务机构必须重视服务人员的作用。

❖ 案例 | 主播骆××

主播是直播间的灵魂，其重要性不言而喻。为了确保直播营销的效果，要注意提升主播的专业力与表达力。

骆××，凭借专业的美妆素养和优秀的销售能力，深耕抖音平台，成功晋升" '95后'人气美妆博主"，在抖音拥有了千万粉丝。他在选品上独辟蹊径，旨在帮助粉丝做"美妆减法"，将看似高端的护肤品用简单的话术进行拆解调侃，帮助粉丝提升自己的判断力。因此，他被粉丝们亲切地称为"骆大娘"，奠定了在粉丝心中的"美妆意见领袖"地位。

骆××在直播中一直叮嘱粉丝不要送礼物，留着钱买护肤品，另外他也不开美颜滤镜，以便让粉丝更直观地看到产品的使用效果。直播中骆××还会教一些化妆或者护肤技巧：从基础底妆开始，画眉毛、眼影、修容，到刷酸，担心粉丝听不懂就一句话重复很多遍。骆××和团队还会亲自参与售后工作，而不是丢给厂商和发货端，尽量做到整个过程的可控。

骆××在为受众发声和为品牌背书之间选择了前者，并且一直贯彻受众思维，真正想受众所想、为受众发声。正是因为这样，他不仅创造了巨大的销售数据，还有远远低于行业平均水平的退货率。

（资料来源：根据网络资料整理而来。）

二、服务人员的素质要求

(一) 服务人员的基本素质要求

服务人员的基本素质要求如下。

(1) 具有整洁的仪表和良好的习惯。

(2) 文明礼貌，谈吐文雅，口齿清楚，对顾客提出的疑问做好细致、明确的回答。

(3) 热爱工作，任劳任怨，不辞劳苦，有高度的责任感和使命感，具有良好的职业道德，真心实意为顾客提供服务。

(4) 温暖、友爱、诚实、可靠，能够与顾客建立良好的关系，甚至能够发展为朋友关系。

📖 **延伸阅读** | service

"服务"一词在英语中为"service"，具有仪式的意思。有人将这个单词的每个字母所代表的含义解释如下。

s——smile(微笑，即服务是对每一位宾客展露微笑)。

e——excellent(出色，即服务提供者要将每一项微小的工作都做得出色)。

r——ready(准备，即服务提供者要随时准备好为宾客服务)。

v——viewing(看待，即服务提供者要把每一位顾客都看成需要提供特殊照顾的贵宾)。

i——inviting(邀请，即服务提供者在每一次服务结束时，都要邀请宾客再次光临)。

c——creating(创造，即每一位服务提供者要精心创造出使宾客能享受其热情服务的气氛)。

e——eye(眼光，即每一位服务提供者始终要用热情好客的眼光关注宾客，预测宾客需求，并及时提供服务，使宾客时刻感受到被关心)。

(资料来源：根据网络资料整理而来。)

(二) 服务人员的技能素质要求

服务人员的技能素质要求如下。

(1) 对服务项目有深入了解和认识。

(2) 掌握为顾客提供优质服务的专业能力。

(3) 善于倾听与表达，能够与顾客进行有效沟通。

(4) 掌握异议处理技巧，提高顾客满意度。

例如，服务人员的表达力在此主要是指服务人员的语言表达能力，普通话标准、口齿清楚、言辞达意、语气语调适宜恰当等。除语言表达之外，还需要有眼神、表情、动作等肢体语言配合传达服务信息。

总之，服务人员要采取专业化的服务导向，如文艺家具有精湛的技艺才能满足文艺欣赏者的要求，教师要有渊博的知识才能满足学生的求知欲望，医生拥有高超的技术和医德才能使患者满意。

❖ **案例** | 李××的专业力

　　被誉为"口红一哥"的李××在进入直播行业之前，曾在线下的欧莱雅专柜做了3年的彩妆师和销售员，积累了丰富的经验，在当时已经成为那个柜台最专业、最懂化妆品、最会销售的导购之一了，在销售中往往能够一针见血地指出产品的优劣势。正是在柜台的实战销售经验，让他能够在直播间介绍起口红得心应手。

　　李××在直播中不但能对口红的品牌、色号、质地、适用人群进行专业详细的介绍，而且会针对不同受众、不同使用场景给出不同的推荐意见。李××直播间最好、最有特色的是他卖口红的直播，不仅有专业解说，还会亲自上唇试色。很多博主用胳膊试色口红，但是为了让粉丝更直观贴切地看出口红效果，李××会直接用嘴唇试色，对着镜头涂抹口红，给粉丝们带来极大的视觉冲击，激发粉丝的购买热情。

　　李××在讲解某一大牌精华液时说道："这款精华是蛋清透明质地，主要成分是二裂酵母产物，使用它可以解决肌肤粗糙、暗黄等问题，加速皮肤的新陈代谢，简单来说就是让你的皮肤亮、嫩、透、滑。"语速飞快、浅显易懂。区别于大部分主播的是李××不生搬硬套那些冰冷的广告词，而是基于对产品的理解把相关专业术语变成受众易接受的语言。李××通过通俗的语言加快受众深入了解产品，一定程度上影响受众的判断，缩短受众决策时间，激发其选择确认。

（资料来源：根据网络资料整理而来。）

第二节　服务人员的招聘与培训

一、服务人员的招聘

　　服务机构应该注意招聘高素质的人员，这样才能够为提供让顾客满意的服务打好基础。服务机构在招聘服务人员时，除了要考察其教育背景、技术技能等常规项目外，还应考察应聘人员的内在素质和顾客导向的意识，以保证招聘的服务人员同服务机构的价值观相融合，从而降低新聘服务人员与组织的磨合成本。

　　例如，希尔顿酒店有一套人才选拔的标准，包括基层服务人员和管理层服务人员的选拔标准。对基层服务人员的要求为：注重人际沟通，因为酒店是服务性行业，人际沟通能力显得尤为重要；注重服务业绩、产出业绩，包括通过有效工作控制浪费、不影响服务质量的前提下降低成本、在可接受的成本许可下增加更多收入等；注重顾客需求和服务质量。对管理层服务人员的核心能力要求为：人员管理能力、影响力、沟通能力、发展关系能力、计划能力、信息分析能力、决策能力、商业意识及推动力和顺应力。严格的招聘、选拔体系既可以使希尔顿酒店招聘到高质量和适合的人才，同时又能为希尔顿酒店的服务质量管理提供坚实的基础。

　　Au Bon Pain 的一家法国咖啡饼屋连锁店的经理加里·阿伦森(Gary Aronson)只雇佣愿意每

周工作 50～60 小时的人(这一行业中每位员工平均每周的工作时间是 40 小时)，他对员工多工作的 10～20 小时付了加班工资，为的是希望每天光顾的大部分顾客能够见到同一张面孔为他服务——熟悉就会亲切，如果一个员工在服务顾客的岗位上做的时间长了，不仅可以了解顾客的兴趣与需求，而且能够给顾客带来亲切与温暖。正是这样，该店的许多服务员能够记住一百多位老顾客的名字和喜好，因此该店的顾客"回头率"非常高。

由于并不是所有的人都适合从事服务工作，因此，越来越多的公司开始尝试根据一个人的价值观、生活风格来招聘服务人员。

二、服务人员的培训

服务人员的培训是指服务机构采用各种方式对服务人员进行有目的、有计划的培养和训练的管理活动。其目的是使服务人员不断地更新知识、提高技能，从而促进服务质量的稳定和提高。

(一) 培训的意义

服务机构通过培训，可以使服务人员树立先进的服务观念，理解优质服务和顾客忠诚的关系，理解顾客忠诚对服务机构生存的意义，理解服务质量的好坏与自己前途的密切关系，帮助服务人员了解自己工作的价值及努力的方向，从而规范服务人员的心态和行为，确保服务的质量。

(二) 培训的方法

1. 讲授培训

讲授培训即由专家和优秀推销员讲授推销知识、方法和技巧。

2. 模拟培训

模拟培训即由受训人员扮演推销人员，向由专家和优秀推销员扮演的顾客进行推销。

3. 实践培训

实践培训即受训人员直接上岗，与有经验的推销人员建立师徒关系，通过传帮带的方式使受训人员熟悉推销业务。

4. 其他方法

其他方法包括组织人员参与看书、讨论、写心得、开读书会等活动；鼓励人员利用业余时间参加相关培训；日常工作中，人员互相学习，交流经验。

例如，联邦快递公司为保证与顾客接触的运务员符合要求，在招聘新服务人员时要进行心理和性格测验；新进运务员在入职培训中要先接受两周的课堂训练，接着是服务站的培训，然后让正式的老运务员带半个月，最后才能独立作业。

❖ **案例** | 迪士尼的培训

在迪士尼，典型的培训新服务人员的对话练习如下。

导师："众所周知，麦当劳生产汉堡包。迪士尼生产什么呢？"

新服务人员："迪士尼给人们带来欢乐！"

导师："对极了。我们给人们带来欢乐。不管他们是谁，说什么语言，干什么工作，从哪里来，什么肤色，都要在此让他们高兴。你们不是被请来做工的，你们每一个都是来我们的节目中扮演一个角色的。"

在这种反复强化的训练中，迪士尼给人们带来欢乐的宗旨已经被灌输进每个被培训者的脑海里，并融化到血液中。在服务人员以后漫长的工作中，心灵深处总有一个随时提醒自己的预警系统——自己的责任就是给人们带来欢乐。

(资料来源：根据网络资料整理而来。)

(三) 培训的内容

服务人员的素质决定服务质量，不仅要培训服务人员的专业技能、沟通及解决问题的能力，更要进行服务观念的培训，并且向服务人员灌输服务机构倡导的核心价值观念、职业道德、工作规范等。

1. 观念培训

服务好不好，观念、心态很重要，因此服务机构要特别重视对服务人员的观念培训。一般来说，服务机构要通过培训帮助服务人员树立以下观念。

1) 服务要以顾客为中心

"以顾客为中心"就是一切从顾客的利益出发，要以顾客及其需求作为行动的导向，想顾客之所想，急顾客之所急，理解、关心、爱护和尊重顾客，预见他们的需求，迅速回应顾客的需求并采取行动满足顾客的需求，不断完善服务体系，最大限度地使顾客满意。

2) 服务应从细节做起、追求完美

随着经济的发展，人们对生活质量的要求越来越高，对服务质量的要求也相应提高，这种高要求落实到现实中就是对完美细节的追求。

❖ **案例** | 王永庆卖米

富商王永庆当年在卖米时做了几件在别人看来离奇而又与挣钱无关的事。他和弟弟一起动手，将夹杂在大米里的糠谷、沙粒等统统清理干净(那时候，稻谷加工非常粗糙，大米里有不少糠、沙粒、老鼠屎，这一来他店里的米质量比其他店要高出一个档次)。无论天晴下雨，无论路程远近，只要顾客叫一声，他立马送货上门(当时大多数的商家尚无送货服务，卖米的利润极其微薄，但他坚持提供免费送货服务)。

给顾客送米，他都帮人家将米倒进米缸里，减少主人的麻烦。倒米时他总是先把缸内的旧米倒出来，把米缸擦干净后，再倒进新米，最后把旧米放在上层(这样米就不至于因放置过久而变质)。每次给顾客送米，他还默默记下顾客家中的人数，大人几个，小孩几个，以此来估计日消耗米量，详细记录在小本上(这样就能在顾客家里的米即将吃完的前几天，专程到顾客家去提醒要不要送米)。

每次送米，他并不急于收钱，他把全体顾客按发薪日期分门别类，登记在册，等顾客发了薪水，再去一拨一拨地收米款(当时大多数家庭都靠做工谋生，收入微薄，少有闲钱，如果马上收钱，碰上顾客手头紧，会让双方都很尴尬)……从这些极富人情味、极富爱心的举动来看，王永庆能够成为富商也就不奇怪了。

(资料来源：根据网络资料整理而来。)

3) 服务要多走一步

服务做得好不好还取决于自己能否比别人多走一步。多走一步可从两个方面理解：一方面是与竞争对手相比多走一步；另一方面是与顾客期望的服务水准相比，多走一步，做到比顾客期望的还多一点儿，即超越顾客的期望。

例如，医生嘱咐一个刚拔过牙的病人4小时后才能吃东西，4小时后病人意外地接到主治医师的一条手机短信——"祝贺你，可以吃东西了"，这个病人会有什么感想？检查科室实行一对一服务，室内设置床帘及窗帘；心电图、超声检查及内外科做到男女分室检查；体检结果均装在订好的信封内，保护体检人员的隐私；患者在医院输液感到有点冷，护士抱来了热乎乎的毯子——原来是医院把消过毒的毯子放在烘箱里，调节到接近人体的温度保存，以便随时取用……如此细腻贴心的服务能不让顾客满意吗？

4) 服务要换位思考

服务意识要求我们考虑问题不能仅仅从自己的角度出发，而是要从顾客需要的角度出发，即换位思考。

应该看到作为血肉之躯的人是容易被伤害的，所以，企业应该设身处地为顾客着想，千万不能让顾客感到窘迫或出丑，即使是老、弱、残、障、妇、孺在接受服务时都不会感到不舒服，都很便利。

例如，美国一家汽车修理厂有一条服务宗旨是"先修理人，后修理车"——一个人的车坏了，心情肯定非常不好，所以，应该先关注人的心情，再关注车的维修。

5) 服务要以诚信为本

诚信是服务机构的无形资产，它有利于服务机构树立良好的形象，赢得商誉，为服务机构的长期发展奠定坚实的基础。诚信原则要求服务人员对顾客忠诚，诚恳待人，不做假、不欺骗、讲信誉、守承诺。

例如，"湾仔码头手工水饺"的创始人藏健和女士的成功完全是靠经营者踏实的努力换来的。起初摊位上包饺子、煮饺子、卖饺子都是她一个人，其中的辛苦可想而知，藏女士没有因为辛苦而放弃产品品质，以味道鲜美、价格低廉吸引顾客。渐渐地，"湾仔码头"租店铺、开分店、建工厂一步一个脚印地向前发展。在这个过程中，藏女士一直严把配料关和质量关，选料绝不马虎，工艺也严格控制，因此，虽然是机器生产出的水饺，但仍保持了手工水饺的鲜美味道，受到广大顾客的青睐。藏健和女士的这种踏实敬业的精神无论在哪个时代，在什么背景下都是值得提倡和推崇的。

6) 服务要适度

对顾客的服务要适度，即奉行"中道"原则。所谓中道，就是"人在处理自己的情感和行为时要适度，不要不及，也不要过度"。在服务中贯彻中道原则，就是要注意服务的适度性，注意避免"服务不够"和"服务过分"两种极端情况，既不能漫不经心、懒散傲慢、敷衍了事，使顾客产生不被尊重的感觉；也不能对顾客曲意迎合、卑躬屈膝，这种做法不仅难以赢得顾客的信任，反而可能招致顾客的厌恶。

一般来说，服务要适度、自然，既要满足顾客的要求，也要遵守服务机构的底线，否则将招致顾客的讨厌和轻蔑，如"微笑服务"所要求的微笑就要适度，是服务人员发自内心真实的笑容，不能伪装笑脸，曲意迎合，不考虑顾客实际感受，否则，将招致顾客讨厌、反感。

7) 服务要崇尚团队分工与协作

分工带来的是服务人员的高度责任感和工作的高效率，但是过度强调分工可能使服务质量打折扣。只有恰到好处地分工与协作才能确保服务质量。

例如，最初吉野家将每个岗位的工作职责都进行了细化和标准化规定，后来出现了每个岗位的服务人员"各人自扫门前雪，哪管他人瓦上霜"的局面，工作效率反而降低了，服务质量也大大降低。吉野家意识到了这个为了标准而设置标准的错误，于是便打破各个岗位职责的限制，推行无边界组织的文化，推崇团队精神，以共同提高工作效率和顾客满意度为最终目标，结果服务质量大大提高。

2. 技能培训

专业知识和专业技能是提供优质服务的前提，服务机构通过对服务人员的技能培训，可以提高服务质量，从而提高顾客对服务的满意度和忠诚度。

例如，由于医护人员与患者对检查、治疗、处方、配药等专业信息掌握的不对称，极易产生医患之间的不信任。因此，医院应加强与患者的沟通。一个平易近人、善于与患者沟通的医护人员，显然会给患者留下好的印象，会得到患者更多、更好的配合与信赖。因此，医院在注重提升医护人员专业知识的同时，也要培训他们的沟通技巧，那么将使患者的满意度大大提升。

服务机构可以建立多层次的培训，即让高层管理人员不但熟悉服务策略，还会根据服务机构的实际情况制定和修改服务策略，并指导和控制它的实施；让中层管理人员熟知服务策略，并且能够将书面的策略同实际工作联系起来，使自己所管辖的部门能服从服务机构的整体利益；让一线服务人员理解服务策略，贯彻执行服务策略，真正向顾客提供超值服务。

❖ 案例 | 星巴克的培训

星巴克创始人霍华德·舒尔茨(Howard Schultz)早就已经意识到站在吧台后面直接与顾客交流的"咖啡大师傅"决定了咖啡店的氛围，他们在为顾客创造舒适、稳定和轻松的环境中起到了关键作用。

为此，在伙伴招募上，星巴克一贯坚持雇用对咖啡怀有热情和激情的人。此外，每个"合作伙伴"都要接受深度的专业培训，培训内容包括顾客服务、零售基本技巧以及咖啡知识等，使之成为咖啡方面的"行家"。"咖啡大师傅"被教育去预测顾客的需求，在解释不同的咖啡风味时与顾客进行目光交流，被授权可以和顾客一起探讨有关咖啡的种植、挑选和品尝，还可以讨论有关咖啡的文化甚至奇闻、轶事，以及回答顾客的各种询问。

星巴克(中国)建立了从门店经营培训、咖啡知识培训到星巴克(中国)大学的三个层次的培训体系。

门店经营培训：星巴克会在新店员入职后的3个月培训期内，支持中心(总部)的新员工到门店培训，时间是2~3周。这期间，新人会在老员工的指导下学习如何泡出不同口味的咖啡，整个培训主要会涉及零售课程、岗位锻炼、门店负责辅导等内容。

咖啡知识培训：员工获得咖啡知识主要通过员工分享和自学两个途径。入职之初，新员工会接受来自公司的咖啡知识的培训，主要涉及一些诸如咖啡豆产地分布、烘焙方式等基础知识，在培训结束后，新人往往还需要通过一个考核。在基本的培训之后，员工可以借助公司内部的资料发放、员工分享活动等来了解更多的咖啡知识。

星巴克(中国)大学：这是星巴克(中国)推出的一个面向员工的企业大学培训平台，分为咖啡学院、零售学院、领导力学院和职能学院4个"虚拟院系"(因为实际上很多培训在时空上并不集中)。员工除了接受入职的相关培训之外，还可以报名入学，接受更加系统性的培训，为今后进一步提升做知识技能储备。

"咖啡学习护照"是一本让员工成为咖啡行家的学习手册。员工循着学习路径，每天拨出十分钟，共同品尝、讨论咖啡，从中不断累积咖啡知识，无形中和顾客、伙伴、家人讨论咖啡，形成一种星巴克特有的咖啡文化。

当然，星巴克也为"合作伙伴"提供实现梦想的平台，将本来用于广告的支出用于员工的福利使员工的离职率很低，坚信把伙伴利益放在第一位，尊重他们所做出的贡献，将会促使他们进一步带来一流的服务。

(资料来源：根据网络资料整理而来。)

第三节 ┃ 服务人员的激励

激励，顾名思义就是激发、鼓励的意思。服务机构要采用适当的激励措施让服务人员感到满意，以调动服务人员的积极性，从而激励服务人员为顾客持续提供优质的服务。

一般来说，激励服务人员的方式包含物质激励、精神激励、晋升激励和授权激励等。

一、物质激励

物质激励是根据服务人员对服务机构做出的贡献，以物质、薪金、福利等形式奖励服务人员。

服务机构可设计合适的薪酬福利计划，发挥考核与奖励的杠杆作用，使薪酬制度对服务人员更有吸引力，并且在同行业中更有竞争力。明智的服务公司往往会用高薪挽留优秀的服务人员，甚至以股权奖励对公司做出突出贡献的服务人员。

例如，星巴克的薪酬福利政策如下。①保险。除了国家规定的保险，公司还为包括门店兼职员工在内的所有员工购买了补充的医疗保险和意外险，以保障伙伴们的健康福利。②咖啡豆股票。所谓的"咖啡豆股票"，就是针对全体员工发放的限制性股票，使每个员工都持股，都成为公司的股东之一，包括那些在星巴克做兼职的临时员工。兼职员工只要每星期工作超过 20 小时，一年做满 360 小时就可以享受当年的股票了，第二年这个股票就能够兑现。③星基金。这是星巴克员工自发的一个互助计划，公司还会定期往基金中投入资金。假如员工遇到意外，他们就能够向委员会提出申请，并且有机会获得帮助。星基金同样向兼职员工开放。

又如，京东以发放各种福利关爱员工——在医疗方面，京东为工作 5 年以上的老员工提供医药费报销，若治病资金不足，京东也会全力支持。考虑员工家中有孩子的情况，京东开设了一家幼儿园，员工家中 0～3 岁的宝宝都可以送到京东内部的"托幼中心"入学，不仅学费全免，生活费和用品费也都不要钱。此外，为满足员工用餐，京东设置了 6 层食堂，总面积约两万平方米，包括情调十足的咖啡厅、茶餐厅、面包房、果蔬房等。饮食风格涵盖了北方风味、西北风味、岭南风味、境外风味等种类，每餐的饭菜多达 400 多个品类。

二、精神激励

精神激励是服务机构通过赞扬、授予荣誉称号、评定职称、表彰奖励，以及尊重、关怀等方式来激励服务人员。

精神激励不需要昂贵的花费，却可以明显提升服务人员的士气，但以精神激励提高服务人员满意度的前提是了解服务人员的情感和需求，关心他们的精神世界，即了解服务人员真正的心理，从而采取相应的激励形式。

例如，肯德基最重要的文化之一就是"餐厅经理第一"，因为餐厅经理是餐厅的核心人物，是餐厅经营成败的关键，更是品牌成功的根基，为此，对于每年在餐厅销售和管理上出色完成公司"冠军检测"考核要求的餐厅经理，公司都会给予特别礼遇，他们会从世界各地飞到百胜集团总部，由名贵轿车接送与总裁共进晚餐。

又如，为了调动一线员工的积极性，迪士尼要求管理人员勤奋、正直、积极地推进工作。在游园旺季，管理人员常常放下手中的书面文件，到餐饮部门、演出后台、游乐服务点等处加班加点。这样，既加强了一线岗位，保证了游客服务质量，又体现了管理人员对一线员工的关怀。

❖ 案例｜联邦快递对服务人员的激励

联邦快递认为，顾客的满意取决于一线服务人员所提供的劳动和服务，只有服务人员满意才能赢得顾客的满意。为此，联邦快递公司制定了多项激励制度。比如，合理化建议奖，无论是联邦快递的服务人员还是顾客，凡向联邦快递提交合理化建议并被采纳的都能得到不同程度的奖励。"真心大使"奖，其目的是通过顾客对服务人员表现的反馈来评选和奖励杰出的服务人员，以此激励所有的服务人员更加努力，不断提高能力与自我要求，使工作达到更高目标，为顾客提供更好的快递服务。

此外，公司还开展了"每月最佳递送员"计划，这个计划的目标是对杰出的递送员给予肯定，肯定他们为了提高服务质量所付出的额外的努力。同时，联邦快递公司为在职、兼职和长期的服务人员都提供人身保险、退休金、医疗保险、学费补助等。同时还有一项很特别的福利，联邦快递的服务人员可以以他孩子的名字为联邦快递的一架飞机命名——名字将会出现在飞机的机头部位。

联邦快递公司也为个人发展提供了广阔的空间，如果公司有职位空缺，会首先在公司内部公开招聘，觉得适合这个职位的人都可以来应聘，管理者当中91%都是从内部提拔的。联邦快递的管理者还真心地、认真地倾听服务人员的心声，努力为大家创造一个宽松、民主、和谐的沟通与交流氛围，使每一个服务人员能开开心心工作，保持愉快的心情，更好地服务于顾客。

(资料来源：根据网络资料整理而来。)

三、晋升激励

晋升激励能够培养服务人员的工作热情，激励服务人员提供更优秀的服务。服务机构应当为服务人员建立公平、公开和公正的晋升机制，以业绩和才干为晋升准则，给服务人员提供晋升机会。合理、公平的晋升、激励机制能够提高员工对服务机构的归属感和忠诚度。

❖ **案例** | **希尔顿酒店对服务人员的激励**

希尔顿酒店为服务人员提供了一系列的激励措施，主要包括内部应聘和提升、留才计划、劳动合同和服务人员关怀等。希尔顿几乎和所有的服务人员都签订了无固定期限的劳动合同，让他们觉得劳动关系是受到保护的，强调酒店不会无故解除服务人员合同。希尔顿注重人的发展，为服务人员提供良好的工作环境和工作发展机会。只要服务人员工作努力，就有机会获得提升。

希尔顿总部有一个信息不断更新的"人才银行"，每个酒店部门副经理及以上级别的人员都会被列入"人才银行"名单，酒店会一直跟进这些服务人员的发展情况，也会跟名单上的服务人员沟通，让他们清楚自己在酒店将来可能的职业发展。

希尔顿的总经理、高级管理人员都是从内部选拔提升的，总监级及以上的管理者，集团都会从希尔顿全球人才库中选拔最优秀、最适合的人员调配到相应的酒店。因此，希尔顿内部调职的比例很高，人才流动率非常低，因为他们在酒店内部就能找到适合自身发展的机会。

(资料来源：根据网络资料整理而来。)

四、授权激励

授权激励是服务机构通过赋予服务人员相应的权利和自主性，使其能控制与工作相关的情况和做决定。

服务机构对服务人员授权的好处是：一方面，被授权的服务人员可以在服务过程中对顾客的需求更快速、更直接地予以回应，因而就有更大的可能性在短暂的"关键时刻"让顾客满意，所以，被授权的服务人员在创造好的口碑和提高顾客保持率方面极有价值；另一方面，服务人员有权处理自己的工作，可以使员工感到自己受重视、被信任，进而增强其责任心和使命感，激发其解决问题的积极性、创造性和主动性，增强服务人员从工作本身所获得的满足感、成就感和自豪感，从而提升服务人员对服务机构的满意度和忠诚度。

❖ **案例** | 海底捞对员工的激励

1. 住宿

宿舍与门店的距离步行不超过20分钟，宿舍都是正式小区或公寓中的两居室、三居室。宿舍内配备齐全。若夫妻二人共同在海底捞工作，门店会提供单独房间。

2. 福利

海底捞给每个店长的父母发工资，每月200~800元不等，子女做得越好他们父母拿的工资会越多。优秀员工的一部分奖金，由公司直接寄给父母。在海底捞工作满一年的员工，若一年累计三次或连续三次被评为先进个人，该员工的父母就可探亲一次，往返车票公司全部报销，其子女还有3天的陪同假，父母享受免费在店就餐一次。所有店员享有每年12天的带薪年假，公司提供回家往返的火车票。工作一年以上的员工可以享受婚假及相关福利待遇；工作3个月以上的员工可以享受父母丧假及补助；工作3年以上的员工可享受产假及补助。

3. 配股

给优秀员工配股，一级以上员工享受纯利率为3.5%的红利。海底捞实行的是孵化式门店合伙制，其内部将门店分为A、B、C类，A类门店店长有资格成为股权激励对象，有两个选择，不可更改。一是获得所在门店利润的2.8%；二是获得所在门店利润的0.4%，但同时获得开辟家族店群的资格，即可以培养20个徒弟，徒弟考核合格后成为店长，其门店利润的3.1%归师傅。一旦徒弟的门店也成为A类，则徒弟也有两个选择，如果继续选择开辟家族店群，那他可获得徒孙门店的利润的1.5%。假设一个A类店长培养20个徒弟，20个徒弟又培养了400个徒孙，那师傅可获得每个徒弟门店3.1%的利润，20个徒弟合计相当于一家门店62%的利润，同时还可获得每个徒孙门店1.5%的利润，400个徒孙合计相当于一家门店600%的利润，综上，他可以得到相当于一家门店662%的利润，即相当于6.62家门店的总利润！在这种股权激励的利益牵引下，每个员工都会想方设法成为店长；每个店长都会想方设法将自己的店打造成A类店；每个店长都会想方设法培养20个徒弟，并帮助徒弟把店也打造成A类店，同时自己的店还保持为A类店；每个店长都会想方设法引导徒弟再去培养徒弟开店……当然，海底捞还设计了科学的行权约束机制及退出机制，确保员工与企业的利益是一致的，保持企业和人才梯队良性发展。

4. 发展

海底捞给员工创造了职业生涯的发展路径：新员工—合格员工—优秀员工—实习领班—优秀领班—实习大堂经理—优秀大堂经理—实习店经理—优秀店经理—实习大区经理—片区经理—总经理，让员工看到了个人职业发展的前途。

5. 承诺

在海底捞有个说法，叫"嫁妆"。一个店长离职，只要任职超过一年，就给8万元的"嫁妆"，就算是这个人被小肥羊挖走了，也给。张勇解释：因为在海底捞工作太累，能干到店长以上，都对海底捞有贡献，应该补偿。他说，如果是小区经理(大概管5家分店)走，给20万元；大区经理走，送一家火锅店，价值大概800万元。这种承诺，怎能不让员工忠诚？

(资料来源：根据网易号文章《海底捞薪酬体系曝光，这才叫薪酬激励，你那只能叫"画大饼"！》整理而来。)

　　服务机构在进行具体的激励时，要因人而异，针对服务人员的不同特点，采取不同的激励方式，也可以同时运用多种方式来激励服务人员。服务机构还要坚持公开、公正、适度的原则，使每个员工都有获得激励的机会，让他们感受到自己的努力得到了服务机构的认同和重视，从而促使服务人员产生奋发向上的进取精神、努力工作的积极性和主动性。

❖ **案例** | 美国西南航空公司的人员策略

1. 招聘合适的员工

　　西南航空公司的策略之一是他们雇用合适的员工——热情具有幽默感的员工、更认真地为顾客服务的员工。西南航空刻意用心招募擅长于团队合作的员工，了解人际关系处理能力的重要性，并认真寻找具备这种能力的员工，努力加强员工团队合作，提供人际关系的强化训练。比起那些忽略这项能力的企业，其自然展现出更大的优势，它特别注重以往工作中展现良好团队合作精神的人，也喜欢能多用心的人，且比别家航空公司花更多的钱在招募和培训上，不论职务高低，公司都会花时间寻找适当人选，也花时间培训他们。

　　西南航空公司的招聘过程没有什么条条框框，第一轮是集体面试，每一个求职者都被要求站起来讲述自己最尴尬的时刻，这些未来的员工由乘务员、地面站控制员、管理者，甚至是顾客组成的面试小组进行评估。西南航空公司让顾客参与招聘面试基于两个认识：顾客最有能力判别谁将会成为优秀乘务员；顾客最有能力培养有潜力的乘务员成为顾客想要的乘务员。接下来是对通过第一轮的面试者进行深度个人访谈，在这个访谈中，招聘人员会试图去发现应聘人员是否具备一些特定的心理素质，这些特定的心理素质是西南航空公司通过研究最成功的和最不成功的乘务人员发现的。新聘用的员工要经过一年的试用期，在这段时间里管理人员和新员工有足够的时间来判断他们是否真正适合这个公司。西南航空公司鼓励监督人员和管理人员充分利用这一年的试用期或评估期，将那些不适合在公司工作的人员解雇。

2. 营造快乐和尊重的气氛

　　西南航空公司从创立开始就一直坚持一个基本理念，就是爱。赫伯·克勒赫(Herb Kelleher)将每个员工视为西南航空公司大家庭的一员，他鼓励大家在工作中寻找乐趣，而且自己带头这样做，比如为推广一个新航线，他会打扮得像猫王埃尔维斯(Elvis)一样，在飞机上分发花生；他还会举办员工聚会或者在公司的音乐录像中表演节目，他时时刻刻与自己的团队在一起，向团队传递信息，他告诉员工，他们是在为谁工作，他们的工作有多重要。他要让员工感觉自己很重要和受到尊重。

　　公司鼓励员工释放自己，保持愉快的心情，因为好心情是有感染力的。如果乘务员有一个愉快的心情，那么乘客也更有可能度过一段美好的时光。如果整个工作氛围都很好，那么当他面对其他人时也能很热情。他会很有礼貌地对待在那里的每个人，也会和人有很好的目光接触。爱的氛围使西南航空公司的员工乐于到公司来，而且以工作为乐。赫伯·克勒赫(Herb Kelleher)说："也许有其他公司与我们公司的成本相同，也许有其他公司的服务质量与我们公司相同，但有一件事它们是不可能与我们公司一样的，至少不会很容易，那就是我们的员工对待顾客的精神状态和态度。"快乐的工作气氛不仅使员工的服务态度更加热情，也使他们的工作效率大大提高。

3. 设计有吸引力的薪酬体系

西南航空有着充满吸引力的薪酬体系，可以保证员工"衣食无忧"，西南航空设置了利润共享计划。①退休储蓄。公司每年拿出税前营业额的一部分分发给工龄超过5年的员工，这些钱只有到退休或离职的时候才能得到，这对于必须面对高额税收和高额医疗保险的美国人来说，是一种很有吸引力的做法。②广泛持股。西南航空是美国整个航空行业多年来唯一一家持续盈利的公司，其股票是公认的最成功的航空股之一。公司提供职工优先认股权，90%的员工持有公司的股票，约占西南航空流通在外股数的10%以上，员工能够充分地分享到公司成长的果实。

4. 管理层对员工的支持

西南航空公司的管理层了解一线员工的工作，支持和尊敬一线员工的工作，甚至宁愿"得罪"无理的顾客。赫伯·克勒赫(Herb Kelleher)说："实际上，顾客也并不总是对的，他们也经常犯错，我们经常遇到醉汉或者可耻的家伙。这时我们不说顾客永远是对的。我们说："你永远也不要再乘坐西南航空公司的航班了，因为你竟然那样对待我们的员工。"西南航空授予服务人员有权"放弃无理取闹的顾客"，可以拒绝为无礼的顾客(如喝醉酒闹事的顾客)服务。

多年以来，西南航空公司始终坚持不解聘任何一名员工，也不让任何一名员工暂时下岗。在西南航空的逻辑中，裁员会打击员工的工作士气，也会伤害员工对企业的感情，瓦解企业内部的凝聚力。

在同一个时期，西南航空的空服人员每小时收入为18美元，大陆航空为20美元，美国航空为23美元，相比之下，西南航空的薪水并不高，甚至低于市场的平均水平，但西南航空的员工流失率非常低。很多跳槽到西南航空的飞行员拒绝了两倍于西南航空起薪的航空公司的挽留，这些跳槽的员工认为，有竞争力的薪酬很多时候远远比不上付出得到及时认可。

(资料来源：根据网络资料整理而来。)

本章 练习

一、不定项选择题

1. 培训的方法有(   )。
   A. 讲授培训　　　　　　　　　B. 模拟培训
   C. 实践培训　　　　　　　　　D. 公司培训
2. 服务人员的作用是(   )。
   A. 代表服务机构的形象　　　　B. 服务营销的生力军
   C. 实现顾客满意的关键　　　　D. 较大程度决定服务价值
3. 激励服务人员的方式有(   )。
   A. 物质激励　　　　　　　　　B. 精神激励
   C. 晋升激励　　　　　　　　　D. 授权激励

4. 服务要( )。

　　A. 以顾客为中心　　　　　　　B. 分工与协作

　　C. 换位思考　　　　　　　　　D. 追求完美

5. ( )是服务机构通过赞扬、授予荣誉称号、评定职称、表彰奖励，以及尊重、关怀等方式来激励服务人员。

　　A. 物质激励　　　　　　　　　B. 精神激励

　　C. 晋升激励　　　　　　　　　D. 授权激励

二、判断题

1. 服务要努力超越顾客的期望。　　　　　　　　　　　　　　　　( )

2. 只有满意的服务人员才能创造出满意的顾客。　　　　　　　　( )

3. 服务价值决定了顾客满意度。　　　　　　　　　　　　　　　( )

4. 服务要以诚信为本。　　　　　　　　　　　　　　　　　　　( )

5. "微笑服务"要发自内心，不能佯装笑脸。　　　　　　　　　( )

三、思考题

1. 服务人员有什么作用？

2. "服务利润链"的主要思想是什么？

3. 服务人员应当树立哪些服务观念？

4. 为什么服务要适度？

5. 如何激励服务人员？

▌本章 实践

成功案例分享——××服务机构的人员策略

实践内容：

1. 充分调研，客观全面分享一家服务机构人员策略的成功经验。

2. 分享的内容，不求面面俱到，但求典型有效。

3. 注意介绍其中应用到的互联网、大数据、人工智能技术。

实践组织：

1. 教师布置实践任务，指出实践要点和注意事项。

2. 全班分为若干个小组，各组确定本组分享的专题(如产品策略、定价策略……)。

3. 相关资料和数据的收集可以进行实地调查，也可以采用第二手资料。

4. 小组内部充分讨论，认真研究，形成分享报告。

5. 小组需制作一份 5~10 分钟能够演示完毕的 PPT 文件在课堂上进行汇报，之后其他小组可提出问题，台上台下进行互动。

6. 教师对每组的分享报告和课堂讨论情况即时进行点评和总结。

第八章

过程策略

❖ **引例** | 微信上的用友服务

用友微信服务中心在确认顾客求助信息后，会将派往现场的服务人员的相关照片等信息发给顾客，使得顾客可以对现场服务人员的身份进行核实，防止其他假冒的服务机构或服务人员对顾客造成损失。用友的现场服务人员在到达顾客约定的地点时，必须要通过微信进行位置签到。签到的时间与地点也都被记录在了系统中，这就意味着服务人员对服务的响应时间也同样被记录下来。服务人员同样要通过微信签离才能最终确认本次服务的交付完成。顾客在服务人员交付完成之后会收到用友微信服务中心发来的顾客满意度评价表，顾客可以通过微信直接评价此次的服务情况。

另外，有些经常发生的顾客问题，如公司报表系统出了状况，顾客可以直接通过用友微信服务中心进行服务预约。用友顾客服务人员收到预约后，会根据顾客所属的服务商将相关服务请求信息用微信发送至具体的服务人员。该服务人员会通过微信直接和顾客约定现场服务的时间和内容等。在之后的现场服务过程之中，服务人员同样会利用微信进行现场实时的签到与签离，这使得整个服务从开始到交付的每一个过程节点都是实时和透明的。

总之，用友将顾客发来求助、服务现场的签到与签离、记录签到和签离时间、顾客提交满意度评价、再次回访等一整套流程拓展至微信公众平台，使得现场服务做到了移动化、实时化、可监控、可协同。

(资料来源：根据网络资料整理而来。)

在实物产品消费中，顾客只消费作为生产结果的产品，不必与生产者接触就可以独立地消费。而在服务消费中，顾客不仅仅消费了服务结果，还消费了服务过程，即服务消费是结果消费和过程消费的统一。例如，航空公司的顾客所消费的不仅仅是到达目的地的旅行服务，还包括旅行过程中的登机服务、飞行途中的服务和行李管理服务等。可见，服务机构不仅要对服务结果进行管理，而且还要对服务过程进行管理。

服务机构为了把握好服务过程，需要注意三个方面：一是要注意服务流程的设计与再造以确保服务流程的通畅；二是要在服务过程中给顾客完美的体验；三是要在服务过程中加强与顾客的互动。

第一节 | 服务流程的设计与再造

一、服务流程的概念

服务流程是指服务机构提供服务的顺序与提供服务的步骤，包括服务机构向顾客提供服务的整个过程中的行为事件以及完成该过程所需要素的组合方式、时间和产出的具体描述。

显然，不同服务机构的服务流程是存在差异的，同一服务机构的不同服务的流程也是不同的。

❖ **案例** │ **"货拉拉"的服务流程**

货拉拉的用户可通过微信公众号及货拉拉App下单。

首先，用户进入货拉拉的主界面后，可先选择"搬家""货运"或"企业用车"。以"货运"为例，货拉拉提供多种车型，不同的车型起步价是不同的，用户可根据需要搬运的东西的大小来决定自己想使用的车型。

接着，用户输入发货地址和收货地址后，系统将自动测算出价格。如果客户需要马上用车可以点击"现在用车"，如果不需要则可以点击"预约"，选择预约发车时间，完成后跳转页面进行付款。另外，客户可以根据个人情况选择是否需要"搬运服务"，明码标价，省时省力又省心。"搬运服务"包括人工搬货、卸载、拆装，以及上下楼出入库等服务，形成完整的"拉货+搬家"服务链。

用户下单后一般两三分钟就会有司机接单，货拉拉司机在抢单成功后一分钟之内就会联系客户，跟客户确定地点以及货物类型、体积和数量，并咨询是否需要跟车，同时告知客户多久到达约定起点。到达起点后会致电客户，告知客户车子的特征以方便用户寻找……

（资料来源：根据网络资料整理而来。）

二、服务流程的设计

对于服务机构来说，可以预先设计好服务流程，并且考虑流程中的重要细节，同时确保服务流程的通畅。

(一) 服务蓝图的概念

服务蓝图是一种有效的设计服务流程的工具，它将服务过程进行合理分块，再逐一描述服务过程中各个步骤与顺序，包括顾客可见的服务要素等，帮助服务人员与管理人员对即将付诸实施的服务进行设想和计划，以减少意外及不能控制的情况。

(二) 服务蓝图的构成

整个服务蓝图被 3 条线分成 4 个主要行为,如图 8-1 所示。

3 条线是:外部互动分界线、可视分界线、内部互动分界线。外部互动分界线,它表示顾客与前台员工之间直接的互动,如果有一条垂直线穿过互动分界线,就表明顾客与前台员工发生服务接触;可视分界线,它把顾客能看到的服务行为与不能看到的服务行为分开,这条线还可以将员工在前台与后台所做的工作分开;内部互动分界线,它是后台员工与支持过程之间的分界线,如果有垂直线穿过内部互动线,就意味着有内部服务接触发生。

4 个主要行为从上到下依次是:顾客行为、前台员工行为、后台员工行为和支持过程。顾客行为是指顾客在购买、消费和评价服务的过程中所经历的步骤、选择、行动和互动;前台员工行为是指顾客能看到的服务人员的行为;后台员工行为是指发生在幕后、支持前台人员的员工的行为;支持过程是为支持服务人员的工作而产生的各种内部服务的步骤和行为。

另外,在服务蓝图中,每个行为部分的方框图表示相应水平上执行服务的人员所经历的服务步骤,箭头是流向线,它指明了行为步骤的顺序。服务蓝图中最上方是服务的有形展示。由于服务本身是无形的,顾客常常在购买之前通过有形线索来判断服务质量,为此应当在每一个接触点上方都列出相应的有形展示。

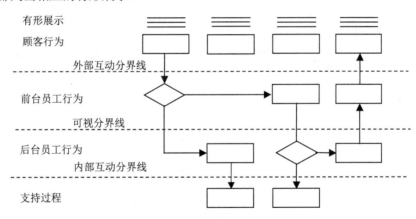

图8-1 服务蓝图的构成

(三) 服务蓝图的作用

服务蓝图的作用如下。

(1) 服务蓝图可以帮助服务机构分析从后勤到直接面对顾客的各个环节,寻找与顾客接触的各个点。例如,顾客在一家宾馆下榻所经历的接触点主要有:入住登记、由服务人员引导至房间、在餐厅就餐、要求提供唤醒服务,以及结账等。每个接触点都是顾客感受宾馆服务的机会,也是宾馆了解顾客需求、改善服务流程的契机,宾馆必须在这些接触点上为顾客提供优质的服务。

(2) 服务蓝图可以为服务机构指出在服务过程中的哪些阶段,顾客可能需要等待。对于每一项活动,服务蓝图必须指出执行标准,包括完成任务的时间、顾客最长等待时间等。

(3) 服务蓝图还可协助服务机构找出潜在失误点，这些潜在的失误点可能会影响服务质量，以便服务机构可以采取防范措施并事先准备应变计划。

(4) 服务蓝图可以客观描述出服务过程的特点并使之形象化，这样管理者、员工和顾客都知道正在做的服务是什么和自己在服务执行过程中所扮演的角色。

(5) 服务蓝图不仅能用来分析和改善现有的服务流程，还可以用来开发新的服务流程。

(四) 绘制服务蓝图的步骤

服务蓝图是使无形的服务系统可视化的一种方法，通过绘制和分析服务蓝图可以对服务流程进行管理。

服务蓝图的绘制有以下几个步骤。

(1) 确定服务流程。

(2) 识别顾客对服务的体验。

(3) 从顾客角度描绘服务过程。

(4) 描绘前台和后台员工行为。

(5) 把顾客行为、服务人员行为与支持系统相连。

(6) 添加有形展示。

餐饮业服务蓝图如图 8-2 所示。

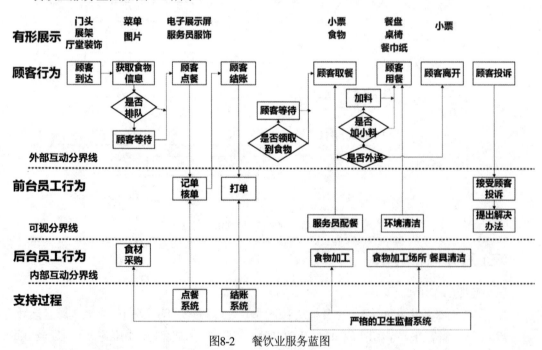

图8-2　餐饮业服务蓝图

📖 延伸阅读 │ 直播脚本

直播脚本是对直播的总体设计与细节安排，既包括确定直播主题、直播内容、直播时间、直播流程、直播设备、带货产品、主播等，也包括策划直播间预热引流、话题引入、产品讲解、上架顺序、促单话术、抽奖、直播中注意事项等，还包括设计直播所有环节、每个步骤对应的时间节点，以及相关人员及设备的协调与配合等。

例如，根据直播内容的需求，在准备基本的直播设备情况下，还需要配备直播所需要的器材、工具——如果是美妆直播就需要确保灯光照明并使之具有一定的美颜作用，如果是服装直播就需要准备衣架、更衣室等。又如，根据直播内容的需要，设计与安排直播所需人员及其分工合作——如果是带货零食，是否需要助理配合试吃？如果是带货服装，是否需要模特帮忙试穿？

就像拍电视剧需要剧本一样，直播也需要脚本，其起到的就是剧本的作用。直播脚本可以使直播有计划、有章法、有谋略，帮助直播团队掌握直播节奏，保证直播有序进行。此外，有了直播脚本，在进行复盘的时候，可以有针对性地分析各个环节表现的优缺点。

例如，一场180分钟直播的直播脚本，大致可以这么设计与安排。

19: 30—19: 45　暖场互动15分钟，主播和进入直播间的受众打招呼，进行简单互动。

19: 45—20: 00　活动剧透15分钟，包括剧透产品及优惠力度，介绍奖品和抽奖规则，引导受众关注直播间。

20: 00—20: 10　抽奖互动10分钟，引导受众参与抽奖。

20: 10—20: 30　引流款产品介绍、引导成交20分钟，包括介绍产品，展示使用方法，分享产品使用经验。

20: 30—20: 40　主播讲述自己或团队的故事10分钟。

20: 40—21: 10　利润款产品介绍、引导成交30分钟，包括介绍产品，展示使用方法，分享产品使用经验。

21: 10—21: 30　形象款产品介绍、引导成交20分钟，包括介绍产品，展示使用方法，分享产品使用经验。

21: 30—21: 40　主播讲述自己或团队的故事10分钟。

21: 40—22: 00　福利款产品介绍、引导成交20分钟，包括介绍产品，展示使用方法，分享产品使用经验。

22: 00—22: 10　下期预告10分钟。

22: 10—22: 20　抽奖10分钟，引导受众参与抽奖。

22: 20—22: 30　结束语、感谢语、送客10分钟。

以上只是一个微缩版的直播脚本，实际上还应当对直播的每个流程进行详细的设计与安排。

（资料来源：苏朝晖. 直播营销[M]. 北京：人民邮电出版社，2023.）

三、服务流程的再造

服务流程再造是指对现有服务流程的更新。

(一) 服务流程再造的必要性

假如出现现有的服务流程运转不畅，就要求服务机构从顾客需求出发，分析调整现有的服务流程，或是进行全新的服务流程设计，从而给服务机构带来良好的效益。

(二) 服务流程不畅的原因

一般来说，造成现有的服务流程不畅，主要有两个原因。

(1) 外部环境的变化。科技的进步、新的法律法规出台、竞争者推出新的服务、顾客需求改变等因素的变化，会使原有的服务流程变得陈旧。为保证服务机构流程的适用性与响应性，服务机构需要改进现有服务流程，甚至是推出全新的服务流程。

(2) 服务机构内部的原因。服务流程在运行中可能会由于种种原因而变样走样，或者变得日益复杂、烦琐。当出现顾客的抱怨情况增多等现象时，说明服务流程已经有问题了，需要进行服务流程再造了。

(三) 服务流程再造的目标

理想的服务流程再造应该同时达到这 4 个指标，即减少服务失误的数量、缩短从顾客开始接受服务到完成服务的时间、提高服务效率、提高顾客满意度。

(四) 服务流程再造的路径

服务流程再造包括以下几种路径，服务机构经常会联合使用这些路径进行流程再造。

1. 删除没有价值的步骤

在服务流程再造时，企业可以通过删除那些没有价值的步骤来简化流程。这样既可提高生产率，又可以提升顾客满意度。

2. 处理服务流程中的瓶颈问题

在流程再造时，找出现有服务流程中的瓶颈并加以妥善处理。服务流程中存在的瓶颈会带来顾客等待问题，从而影响顾客的服务体验。解决瓶颈问题的目标是各环节的供需基本平衡，使顾客在各个服务环节都无须等候，能快速顺畅地得到服务。企业可以通过观察顾客在哪些服务环节必须等待和等待的时间长短来发现瓶颈，然后通过向该服务环节增加服务资源，或者重新设计服务流程来提高服务能力。

3. 采用自助服务

通过引入先进的技术和设备，采用自助服务可以提高服务生产率。例如，快递公司的智能快递柜服务，当顾客不在家时快递员可将快递放入快递柜，让顾客自助取件，这可以提高快递员的服务效率，也能让顾客可以在方便时再取件，优化其服务体验。

4. 提供上门服务

即将原来要求顾客到服务网点接受服务转变为上门为顾客提供服务，这意味着可能在顾客家里或者工作地点为顾客服务。例如，在家中接受计算机远程教育和培训服务而不是到培训中心去，这样会让顾客感到很方便。

5. 合并某些服务

这种服务流程再造是将多种服务组合在一起提供给特定的目标顾客。这样可以降低交易成本，也能够为顾客增加价值，因为购买一组服务通常比单独购买多个服务划算，而且更符合他们的需求。

6. 重新设计服务流程的有形要素

例如，重新装修装饰服务场所，改善顾客体验，提高顾客满意度。例如，航空公司通过飞机内部再设计可以改变顾客的整个飞行体验。

第二节　给顾客以完美的体验

一、体验的重要性

体验是指因受客体的某些刺激而使主体产生的内在反应或心理感受，通常是由于对事件的直接观察或是参与造成的。

产品、服务对顾客来说是外在的，体验则是内在的、存在于个人心中的，是个人在形体、情绪、知识上参与的所得。那些能刺激顾客感觉、心灵和大脑，并且进一步融进其生活的体验，才能使顾客内心深处感受到强烈的震撼，得到他们的支持和认可。

随着体验经济的渐进发展，顾客越来越看重服务过程中所体会到的满足，他们期待某些不同寻常的产品或经历，并乐于体验由此产生的心灵愉悦。面对顾客对体验服务的消费心理和需求，服务机构应洞察先机，积极提供能满足顾客体验的服务，才能在市场竞争中取得优势地位。

例如，在以"茶"文化闻名的中国，星巴克却成为闻名遐迩的咖啡文化品牌。步入灯光幽暗的咖啡店，享受着沁人心脾的咖啡香气，手捧热乎乎的咖啡，坐下什么都不想，或者拿出笔记本上网看看资料，这种惬意，这种悠闲和这种享受，远远超过了咖啡带来的价值。星巴克之所以成为世界知名的咖啡品牌，并不是销售一杯香甜的咖啡这样简单，更多的是销售一种在淡淡优雅的氛围中放松的感觉和愉悦心情中的美妙的咖啡体验。

丹麦作家杰斯帕·昆德(Jesper Kunde)指出星巴克独特的营销方式，即由产品转向服务，再由服务转向体验。星巴克的"第三空间"理念用舒适的环境、有特色的装潢满足了人的视觉体验，用音量恰到好处的舒缓浪漫的美国乡村乐以及钢琴曲满足了人的听觉体验，用醇正浓香的咖啡豆香味满足了人的嗅觉体验，用以人为本、宾至如归的服务满足了人的情感体验，用柔和的灯光、带有浓厚西方抽象派风格的艺术作品满足了人的氛围体验，用高层次的文化追求满足了人的社会体验，并且店内配备了免费的 Wi-Fi 和电源，这些丰富的体验感的满足让都市中的白领和小资忠诚于星巴克。

📖 **延伸阅读** │ 顾客的网上购物体验

(1) 感官体验，即呈现给顾客视听上的体验，强调舒适性。如设计风格符合目标顾客的审美习惯，并具有一定的引导性，网站在设计之前必须明确目标顾客群体，并针对目标顾客的审美喜好进行分析，从而确定网站的总体设计风格；网站标志确保品牌的清晰展示而又不占据过大空间；网速正常情况下，尽量确保页面在5秒内打开；页面布局重点突出，主次分明，图文并茂，与机构的营销目标相结合，将目标顾客最感兴趣的、最具有销售力的信息放置在最重要的位置。

(2) 交互体验，即呈现给顾客操作上的体验，强调易用性、可用性。如介绍清晰的会员权责，并提示顾客确认已阅读条款；会员注册流程清晰、简洁，待会员注册成功后，再详细完善资料；表单填写尽量采用下拉选择，需填写部分需注明要填写内容，并对必填字段做出限制；表单填写后需输入验证码；提交成功后，应显示感谢提示。

(3) 情感体验，即呈现给顾客心理上的体验，强调友好性。如将不同的浏览者进行划分(如顾客、经销商、内部员工)，为顾客提供不同的服务；对于每一步操作进行提示，以体现对浏览者的友好度；提供便利的会员交流功能(如论坛)，增进与会员的感情；定期进行售后的反馈跟踪，提高顾客满意度；定期举办会员优惠活动，让会员感觉到实实在在的利益。

(4) 浏览体验，即呈现给顾客浏览上的体验，强调吸引性。如与栏目内容准确相关，简洁清晰，不宜过于深奥；栏目的层级最多不超过三层，导航清晰，运用各类技术使得层级之间伸缩便利；同一栏目下，不同分类区隔清晰，不互相包含或混淆；内容具有丰富性，每一个栏目应确保足够的信息量，避免栏目无内容情况出现。

(5) 信任体验，即呈现给顾客的信任体验，强调可靠性。如搜索引擎——查找的相关内容可以显示在搜索结果前列，信息真实可靠；投资者关系——上市公司需为股民提供真实准确的年报、财务信息等，将公司的服务保障清晰列出，以增强顾客的信任。

(资料来源：根据网络资料整理而来。)

二、如何提供完美的体验

服务机构要想提供完美的体验，就必须切实站在顾客的立场上，以提高顾客整体体验为出发点，从顾客的感觉、情感、思考、行动及关联等方面进行设计，有目的地、无缝隙地为顾客创造匹配品牌承诺的正面感受。

服务机构可通过先寻找接触点，再构造美好的接触点，进一步落实接触点的服务规范来为顾客提供完美的体验。

(一) 寻找接触点

服务机构只有细致入微地寻找接触点，注重与顾客的每一次接触，同时精益求精地提供服务，才能在白热化的竞争中取胜。

满意的服务体验是在服务接触点上给顾客留下了良好的印象。如在两小时的服务过程中，可能让顾客满意只需要三分钟，甚至更少。虽然服务机构与顾客的接触可能是非常短暂的，却构成了顾客感知的重要时刻或关键时刻，也被称为"真实瞬间"。

北欧航空公司前总裁简·卡尔森(Jan Carlzon)在《关键时刻 MOT》一书中也曾指出，关键时刻就是客人与公司的面对面接触，无论多么微不足道，但都是给客人留下好印象或坏印象的一个机会。

例如，海底捞火锅的服务是一流的，无论是餐前检查筷子、杯子、餐盘、纸巾、调料等的服务，还是就餐时的倒饮料、发围裙等的服务，对消费者来说都是一种就餐享受——男服务员表演式地给顾客擦干净桌子，并摆好餐具，一切动作优美标准，每个服务员都笑容满面，充满激情；女服务员会为长发的女士扎起头发，并提供小发夹夹住前面的刘海，防止头发垂到食物里，戴眼镜的朋友可以得到擦镜布，放在桌上的手机会被小塑料袋装起来以防溅到油。每隔 15 分钟，就会有服务员主动更换你面前的热毛巾，如果你带了小孩子，服务员还会帮你喂孩子吃饭，陪他/她在儿童乐园做游戏……整个消费过程让顾客感到十分温馨、愉快。

(二) 构造美好的接触点

服务接触点既是服务机构证明其服务能力和提高顾客忠诚度的机会，也可能是令顾客失望、失去顾客的瞬间。因此，服务机构要想获得竞争优势，就必须构造美好的接触点，优化顾客体验，注重每一次接触过程中的顾客体验。

例如，银行可以在营业大厅配置自助发票打印机、费用查询自助机、顾客排队系统等现代化设施；提供多样化的便民服务，设置有填单样本的填单台、接待台等，专门为顾客提供老花镜、针线、饮水机、小药箱、雨伞架等便民物品；营造清新的营业大厅，开设绿色通道、爱心窗口等，彰显人性化服务；优化自助平台建设，以文字、图像、动画、声音等多媒体相关技术来表现，最大化利用互联网技术手段为顾客提供便利服务。

📖 **知识拓展** ｜ 峰终定律

峰终定律，是诺贝尔奖获得者、心理学家丹尼尔·卡尼曼(Daniel Kahneman)经过深入研究发现的。该定律是说人们对一件事的印象往往只能记住两个部分，一个是过程中的最强体验，峰；一个是最后的体验，终。

比如，一些儿科医院会在诊疗结束后，送给小孩子一些他们喜爱的零食或玩具，这样会使孩子对看医生过程中痛苦的印象没那么深刻。

又如，星巴克的"峰"是友善的店员和咖啡的味道，"终"是店员的注视和微笑。尽管整个服务过程中有排长队、价格贵、长时间等待制作、不易找到座位等很多差的体验，但是受众下次还会再去。

Tesco 为女性购物者和对健康很在意的顾客特别推出了"瘦身购物车"。这种推车装有设定阻力的装置，顾客可自主决定推车时的吃力程度，阻力越大，消耗的卡路里就越多。推车购物过程中，顾客的手臂、腿部和腹部肌肉都会得到锻炼，相当于进行一定时间的慢跑或游泳。手推车上还装有仪器，可测量使用者的脉搏、推车速度与时间，并显示出推车者消耗的热量。这种"瘦身购物车"的造价是普通推车的 7 倍，但它却受到热烈欢迎，因为顾客得到了在其他

商场没有的"健身服务"。

又如，给游客以欢乐是迪士尼乐园始终如一的核心经营理念，迪士尼乐园有魔术王国、迪士尼影城和伊波科中心等若干主题公园，集观赏、游览、参与、学习为一体。进了迪士尼乐园，无论男女老少，都能找到适合自己的地方，玩得刺激，玩得尽兴，玩得舒心。没去的人想去，去了的人不想走，去过的人还想再去。迪士尼致力于提供高品质、高标准和高质量的娱乐服务，为顾客创造独特的体验。游人中的大多数人来自大都市，人们对城市的高楼大厦和现代化的一切感到厌倦，而在迪士尼乐园里，人们则会产生一种回归大自然的满足感。如仿亚马孙河的冒险乐园令人置身于原始的大自然中，使人感到清新、忘我。那些18世纪或19世纪的欧美街景，如美国西部的板房、路边的小铺等，都会给人们展现一种往日流行的色彩，使人们脱离现实，回忆昔日的岁月和感叹社会的更迭。迪士尼乐园还拥有许多独具特色的娱乐性建筑，如天鹅宾馆棚顶的一对29吨重的天鹅雕塑、海豚旅馆栩栩如生的海豚塑像，为迪士尼的景观增添了不少特色。

❖ 案例｜宜家家居构造的顾客体验

宜家家居(IKEA)是创立于1943年的一家瑞典家居用品机构，其"创造温馨舒适的家"的经营理念融入整个集团的运作并在其逐步的扩张中将自己的触角伸及世界各地。宜家家居主张并引导顾客进行随意全面的体验，通过销售现场的精心布置刺激顾客感官，刚进入中国市场没多久，就吸引了众多顾客的眼球，其体验营销的操作方法，可以作为精彩的范例。

例如，宜家鼓励顾客在卖场进行全面的体验，比如拉开抽屉、打开柜门、在地毯上走走、试一试床和沙发是否舒适等。宜家在沙发、餐椅的展示处还特意提示顾客："请坐上去！感觉一下它是多么舒服！"宜家的店员不会对顾客喋喋不休地推荐，而是非常安静地站在一边，除非顾客主动要求店员帮助，否则店员不会轻易打扰。这样可以使顾客静心浏览，在一种轻松、自由的气氛中做出购物的决定。

宜家商品测试是夺人眼球的一道风景线。在厨房用品区，宜家出售的橱柜从摆进卖场的第一天就开始接受测试器的测试，橱柜的柜门和抽屉不停地开、关着，数码计数器显示了门及抽屉可承受开关的次数。餐厅会摆放餐桌和椅子，餐桌上摆放着玻璃杯、咖啡壶、闪闪发亮的刀叉、精美的瓷盘等。而在卧室，被子、床单、枕头和抱枕在大床上展示它们的效果，灯光也和家中一样柔和、浪漫……这些展示区就像一个真"家"那样设施齐全、温馨迷人。

卖场人性化布局的设计也从一个侧面体现了宜家家居人文关怀的一个方面，进入商场后，地板上有箭头指引顾客按最佳顺序逛完整个商场。主通道旁边为展示区，按照客厅、餐厅、工作室、卧室、厨房、儿童用品区的顺序排列。这种顺序是从顾客习惯出发制定的，有利于给顾客一个装饰效果的整体展示，同时还能够带动顾客的联想空间，关联性的陈列往往能够激发连带购买，使顾客得到需求的满足。

立体式的逼真展示，无人打扰的购物环境，自由自在的随心体验，还有体贴入微的配套服务都让人感觉在宜家就像在家里一样放松、惬意。顾客在逛宜家时，累了可以在床或者沙发上休息，饿了宜家餐厅有美味实惠的瑞典食品和适合本地顾客口味的中国食品。在北欧淳朴浪漫的音乐环境中，顾客心情渐归平静……美好的环境叫人不忍离去，宜家就这样用"春风化雨"

的方式俘获了每位光顾者的心。

此外，宜家的购物路线也是按照"峰终定律"设计的。虽然顾客在购物过程中体验不是那么完美，比如商场"地形"复杂，哪怕顾客只想买一件家具，也要走完整个商场；比如店员很少，顾客在需要时得不到及时帮助；比如顾客要亲自从货架上搬货物、要排长队结账等。但顾客的峰终体验是好的，它的"峰"就是过程中的小惊喜，比如便宜又好用的挂钟、好看的羊毛毯，以及著名的瑞典肉丸；它的"终"是出口处1元钱的冰淇淋，为顾客带来了极佳的"终"体验。很多顾客在回忆逛宜家的经历时，都会马上想起它既便宜又好吃的冰激凌，而忘记了逛商场时的无聊与疲惫感。

（资料来源：根据网络资料整理而来。）

（三）落实接触点的服务规范

服务机构要在了解顾客期望的基础上，设计每个接触点的服务标准，统一每个接触点的服务规范，并将这些服务标准和服务规范与员工的培训、薪酬制度挂钩，从而在与顾客接触的每个点上能够缩小顾客期望与服务机构实际表现的差距。

进入肯德基，每个顾客首先都会得到离自己最近的肯德基员工"欢迎光临"的问候，在靠近点餐台的时候，都会有点餐员主动向顾客招呼"您好，请这边点餐"，用餐完毕离开时，也会有服务员帮忙开门并且大声说"您好，请慢走，欢迎下次光临"，所有这些细致的服务都会让顾客感觉舒畅愉悦。在用餐过程中，每一个肯德基门店都会定时地播放甜美的女声广播："亲爱的顾客，欢迎光临肯德基餐厅……祝您用餐愉快"，同时会提醒顾客们在点餐或上卫生间时携带好自己的贵重物品，要把贵重物品放在自己视线范围以内，提醒儿童在游乐区玩耍时注意安全等。在客流高峰期，顾客在点餐区排起长队时，大厅的接待员也会帮忙记录点餐，不使进入肯德基的每一位顾客感觉受到冷落，从而使得顾客们只要进去一次就愿意一次又一次地光顾。

❖ 案例 | 美国饭店如何接待日本游客

每年都有大量的日本游客，尤其是商务游客涌入美国，美国饭店业为了争取这一利润丰厚的市场，在许多方面对其服务规范进行重新设计。

如美国的四季度假饭店，在日本游客较多的旅游地，设置一个日本游客服务会，并安排日语流利、有丰富对日服务经验的专职经理，专门负责接待日本游客。许多饭店与"日本语翻译服务系统"联网，这个24小时昼夜服务的系统可以提供三向电话，使日本客人、饭店服务人员和口译电话员可以同时对话，便于解释美国的习俗和消除误解。饭店还考虑到日本客人生病需要医务人员的情况，于是增加了懂日语的医生；有些带孩子的游客需要找人看护孩子，便增加了看护孩子的临时保姆。

日本客人在别国旅游时，对当地菜肴一般持谨慎的态度，相对还是喜欢日式菜肴。因此，一些美国饭店开始提供地道的日本料理，如早餐必备蔬菜、米粥和泡菜等。又如在客房和日本客人经常光顾的餐厅，提供日语菜单。考虑到新鲜水果在日本比较贵，饭店特地为入住的日本客人免费提供一些水果，包括在日本国内难以买到的水果，很受日本客人的称赞。

在办完公务或旅游归来回到客房之后，日本客人喜欢换上拖鞋及和服。一些饭店在客房里就备有拖鞋及和服。此外，还提供日式的浴衣和既有淋浴器也有浴盆的浴室，以满足日本人的习惯。

许多饭店备有日语版的当地城市游览指南和地图，有家饭店还别出心裁，设计了一种"信息袋"，里面盛有各种"游客须知"，如支付小费的标准、娱乐及观光的注意事项等。许多日本人在美投资经商，对通信和办公方面的要求比较高。美国饭店除了提供一般的商务设施，还帮助日本客人了解经济信息，如有的饭店向客人提供东京股市行情、日本主要的经济报刊，以及其他日本方面的信息。

日本客人有时对服务质量期望很高，觉得美国的服务较冷漠，为此，美国许多饭店对服务人员进行了培训，让他们对美日之间的文化差异有一定的了解，有的饭店还专门聘请日本礼仪专家做顾问，有的饭店在总台增加懂日语的服务人员。日本商务团体常常有等级次序，这在入住排房、签名等问题上有所表现，懂日语并略懂日本习俗的服务员可以在办入住手续时处理好这个问题。

（资料来源：根据网络资料整理而来。）

第三节　加强与顾客的互动

所谓"互动"又称为"交互"，是指一种使对象之间相互作用而彼此产生改变的过程。从市场营销的角度来看，顾客与服务机构双方的任何接触，都可以被视为互动。

互动是一种双向管理，是服务机构通过与顾客联系、沟通、交流等，与顾客进行信息、情感、业务等方面的交换，一方面使服务机构动态地掌握顾客真实的需求情况，对顾客需求和消费行为进行引导和管理，并且满足顾客个性化的需要；另一方面也使顾客了解、支持、配合服务机构的行为，从而实现服务机构与顾客双赢。

一、为什么要与顾客互动

(一) 有利于传播服务信息与收集意见

1. 有利于传播服务信息

服务机构通过与顾客的互动，可把机构的宗旨、理念介绍给顾客，还可以将机构的新的信息及时传递给顾客，使顾客知晓服务机构的经营意图，并且理解和认同服务机构及其服务。

2. 有利于收集意见

顾客是服务最直接的使用者，也是权威的评判者，最具有发言权，可为服务机构提供重要的线索，使服务机构及时了解和改进服务的不足之处。但是，顾客并没有义务将自己的意见和看法反映给服务机构，如果服务机构经常与顾客进行互动，向顾客征求其对服务机构的意见和建议，就能及时了解顾客的需求，满足他们的期望。

(二) 有利于增进与顾客的关系

服务机构与顾客之间的良好互动会使顾客感受到自己被尊重，从而对服务机构产生亲切感、信任感，这样有利于激励顾客与服务机构建立亲密关系。良好的互动，还能增进彼此的了解，化解误会，消除顾客对服务机构的心理隔阂。

📖 延伸阅读 | 直播间的互动

在直播间，主播可以分享人生经历和感受或者通过产品背后的故事引发受众的情感共鸣。一般来说，主播可以在直播过程中讲以下几种类型的故事。一是正能量的故事，正能量的故事能够提升主播和团队的形象，如亲情、友谊、爱情、励志、诚信、互助、忠诚、踏实等都是能够打动人心的正能量主题。二是生活化的故事，生活化的故事"接地气"，能够让受众觉得真实。三是有情怀的故事，有情怀的故事容易打动人心，引发赞赏和钦佩。

例如，一场直播，李××虽然要推荐很多产品，但还是会抽出时间来讲很多故事，如自己跟厂商谈价的故事、自己和周围的人体验产品的故事……这样的直播内容，会让受众感觉李××是一个真实的、有感情的人，从而更愿意相信他。如李××在为品牌"花西子"销售一款彩妆产品时，介绍自己参与了产品的研发，并且着重介绍了品牌方在整个过程中如何不断推翻原有设计，不断打磨产品的过程。又如，带货母婴产品的主播可以讲自己当妈妈的经历，以及那些育儿时难忘的回忆等，这很容易激发受众产生共鸣，拉近两者之间的距离。

"食物+餐具，讲解+现煮现试吃"是林××直播间最明显的特征，林××经常在直播间一边讲解一边教做菜，让客户们有身临其境之感。在直播间里，林××会穿着围裙，在镜头前教粉丝怎么用他推荐的厨具、调料做菜，带着大家"云烹饪"，做一些宫保鸡丁意面、番茄牛腩等家常菜，试吃直播间里推荐的风味小吃、方便菜等。所以，当林××直播间销售火锅餐厨具和火锅食材时，林××不是坐在桌子前一件一件地口播产品，而是与助理们直接在直播间吃起热气腾腾的火锅，一边聊着天一边推荐产品，其乐融融的热闹景象和烟火气息让粉丝们看了都忍不住纷纷下单。

此外，主播还要擅长营造氛围，活跃气氛。例如，在陈××代言传奇手游《热血合击》的直播会场，他在进入直播间后并没有着急介绍产品，而是先与主持人就"兄弟"这个传奇品类的热门话题展开了一番讨论，随后又向直播间受众普及了一些有趣的粤语词汇，中间会提到一些与游戏相关的内容。待直播间气氛热烈起来之后，《热血合击》才逐渐成为话题的中心。这个时候，陈××引导直播间受众通过抖音直播间中的下载卡片下载注册，共同打败一个"关卡BOSS"。在受众的感知中，他们只是与明星一起通过游戏做了一些互动。但在这个过程里，主播不仅有机会详细地介绍《热血合击》游戏的玩法，也获得了大量受众。

(资料来源：根据网络资料整理而来。)

又如，招商银行在每个支行均设置两名以上的大堂经理，为的是第一时间了解顾客需求，分流顾客到最合理的处理区域，同时引导顾客、帮助顾客以最合理的方式完成业务办理，大堂经理会在营业厅不断巡视，主动热情地解答顾客的咨询，帮助顾客处理业务，提高顾客办理效率。

由于医护人员与患者对检查、治疗、处方、配药等专业信息掌握的不对称，极易产生医患之间的不信任，因此，医疗服务机构应加强与患者的互动，可通过与患者协商治疗方案来进行互动，体现人文关怀，这样能让患者有被重视的感受。一个平易近人、善于与患者互动的医护人员，显然会给患者好的印象，会得到患者更多、更好的配合与信赖。

❖ **案例｜辛×与受众的互动交流**

辛×直播间与受众的情感沟通秘籍，就是他特有的"家人"属性。辛×身上有一种难能可贵的亲和力。有人说这是源自辛×真诚的笑容，也有人将其归功于辛×风趣幽默的谈吐，让人有宾至如归的感觉。对辛×直播间的受众来说，他们之所以选择驻足，是因为在这里能感受到家一般的温暖，可以一起聊聊家常，讨论几句时事热点，关心一下生活琐事，吐槽一下心中不快。在大家眼里，主播辛×更像是一个家人，因为他从不避讳谈及自己的人生经历、人生感悟，以及自己身边的人与事，他将受众当作朋友，会和受众闲话家常，深入交流，分享自己的个人经历，这样的做法让受众感觉亲切。对许多受众来说，辛×与他的受众仿佛相熟相知多年，即便不购物，看辛×直播也是一种放松的休闲娱乐方式。

（资料来源：根据网络资料整理而来。）

（三）服务效果有赖于顾客参与互动的程度

如前所述，顾客的配合与否直接影响到服务的效果。例如，一场球赛或一场演出，如果观众太少，或者反应麻木，显然会降低比赛或演出的气氛，也会影响球赛或演出的效果。如果顾客能够以积极的、合作的态度参与到服务生产过程，就能鼓励服务机构在提供服务的过程中更认真更努力，从而使顾客享受到优质的服务。因此，服务机构要主动关心顾客的需求，为顾客提供贴心的服务，同时调动顾客参与的积极性，使其全力配合，这样才能使双方共同分享服务的成果。

例如，在迪士尼乐园中，通过一系列游戏设施和表演，在早已预设的轨迹和效果中，在迪士尼世界固有而唯一的规律下，游客所感受到的是一段既惊险又安全且充满快乐的旅程。在这一旅程中，游客们能同艺术家同台舞蹈，参与电影配音，制作小型电视片，通过计算机影像合成成为动画片中的主角，亲身参与升空、跳楼、攀登绝壁等各种绝技的拍摄制作等。迪士尼营造了欢乐的氛围——这种旅程的欢乐氛围是由员工与游客一起创造的。

📖 **知识拓展｜服务剧场理论**

服务剧场理论是将服务接触时的情境比喻成剧场表演，将服务人员与顾客视为同一舞台上的演员与观众，共同演绎服务的整个表演过程。演出整体效果取决于场景、演员、观众、表演四大因素，这几个因素相互影响，共同决定了演出效果即服务效果。

"场景"即实体环境，包括服务环境与设施等，强调的是前台的气氛、布置、空间规划与清洁程度对服务接触的影响；"演员"即为服务人员，服务人员在与顾客互动时所扮演的角色会直接影响顾客对服务质量的评价；"观众"即为接受服务的顾客，也是一个主动的服务参与者；"表演"即顾客与服务人员的互动。

根据服务剧场理论，在服务过程中一方都必须依赖另一方的表现，才能使互动顺利进行。

（资料来源：根据网络资料整理而来。）

总之，为了使服务过程生动、有趣、成功、圆满，服务机构必须与顾客进行互动。

二、如何与顾客互动

服务机构要想有效与顾客进行互动，需做好以下几点。

(一) 及时响应顾客的互动诉求

服务机构应当及时、迅速地响应顾客的互动诉求，随时随地满足顾客的互动需要。

(二) 让互动变得简便易行

首先，建立与顾客互动的制度，清清楚楚、明明白白地告诉顾客服务机构接受互动的部门及其联系方式和工作程序。

其次，降低互动的"门槛"，为顾客提供互动便利及各种互动途径，并保持途径的畅通，让顾客互动变得简单。

(三) 提高服务人员的互动能力与动力

首先，服务机构可以通过对服务人员的培训来增强他们与顾客互动的能力，从而与顾客保持良好的互动。

其次，服务机构还可以通过对服务人员的激励措施来增强他们与顾客互动的动力。

(四) 提高顾客参与互动的能力与动力

1. 提高顾客参与互动的能力

顾客作为服务的合作者，其投入互动的程度对服务的顺利进行起着至关重要的作用。一般来说，人们对自己不熟悉或不具备驾驭能力的活动总是采取回避的态度，因此，对于某些复杂的服务或者新的服务，顾客可能不具备参与互动的知识或能力，那么顾客就会因为不理解而对互动产生消极态度。

因此，当互动对顾客的知识和能力提出要求时，要注意控制在顾客力所能及的范围，同时，服务机构要开展顾客教育和培训，使顾客具备参与互动的知识和能力，帮助顾客了解互动过程以及自己在互动过程中扮演的角色，并且服务机构要提供必要的技术支持，现场的帮助和引导也是必要的。

例如，旅游业为推广一处新的旅游景点，通常要开展新景点的旅游知识宣传，甚至开办讲座等。证券业向股民等投资者介绍金融知识、财务知识、投资知识、宏观经济知识及其他相关知识，以便使顾客能够更好地认识自己的角色，从而更好地与证券公司互动、更好地配合证券公司的服务。

2. 提高顾客参与互动的动力

顾客一般会权衡自己在互动中扮演的角色，如果认为互动符合自己的利益和身份地位，那么就会愉快地参与互动，如果认为互动与自己的利益和身份不相符，就会回避互动或消极互动。

因此，服务机构在设计互动环节时，要避免角色模糊或冲突，要使顾客感到自己适合在互动中扮演角色，这样他们才会乐意参与互动。此外，服务机构可以出台鼓励顾客互动的措施，如对顾客的积极互动给予奖励，使顾客知道互动能带给自己什么利益、什么好处，从而提高顾客参与互动的积极性，并且有意愿尽力承担好自己的角色。

例如，联邦快递公司就保证：顾客在递交邮件的次日上午10：30前收件人没有收到邮件，只要顾客投诉，那么邮递费用全免；上海铁路局上海站则通过设立"乘客征求意见奖"，鼓励乘客投诉。

日本横滨市郊有一家咖啡店，一进门就可以看到一幅风景摄影作品，取景、布局、摄影都极高明。店主透露这是一位顾客的作品，这位客人喜欢摄影，作品除了投往报章杂志之外，没有其他的园地发表。店主将其作品悬挂在咖啡店中就满足了他的发表欲，这位客人也因此经常带朋友来喝咖啡，以炫耀其作品。客人还按四季变化主动换上不同的风景摄影作品。结果，这家咖啡店不花一分钱，就拥有了许多适当的装饰品，省下一笔不小的装潢费用。

3. 关心爱护参与互动的顾客

一般来说，过于复杂的互动可能导致顾客受挫，一旦挫折感产生，顾客参与互动的兴趣就会降低，信心也会丧失。因此，如果顾客在互动中产生了挫折感，服务机构要及时采取措施进行补救，并通过物质补偿来安抚受到挫折的顾客，从而打消顾客参与互动的顾虑。

▌本章 练习

一、不定项选择题

1. 服务机构加强与顾客互动的原因是(　　　)。

　　A. 有利于信息的传播与收集

　　B. 有利于增进与顾客的关系

　　C. 有利于服务机构做广告

　　D. 服务效果有赖于顾客参与互动的程度

2. 在服务剧场中，(　　　)即为服务人员，服务人员在与顾客互动时所扮演的角色会直接影响顾客对服务质量的评价。

　　A. 场景　　　　　　　　　　B. 演员

　　C. 观众　　　　　　　　　　D. 表演

3. 在服务剧场中，（　　）即实体环境，包括服务环境与设施等，强调的是前台的气氛、布置、空间规划与清洁程度对服务接触的影响。

A 场景　　　　　　　　　　B. 演员

C. 观众　　　　　　　　　　D. 表演

4. 在服务剧场中，（　　）即顾客与服务人员的互动。

A. 场景　　　　　　　　　　B. 演员

C. 观众　　　　　　　　　　D. 表演

5. 在服务剧场中，（　　）即为接受服务的顾客，也是一个主动的服务参与者。

A. 场景　　　　　　　　　　B. 演员

C. 观众　　　　　　　　　　D. 表演

二、判断题

1. 虽然服务机构与顾客的接触可能是非常短暂的，却构成了顾客感知的重要时刻。

（　　）

2. 服务接触点既是服务机构证明其服务能力和提高顾客忠诚度的机会，也可能是令顾客失望、失去顾客的瞬间。　　（　　）

3. 在服务消费中，顾客仅仅消费了服务结果。　　（　　）

4. 在服务过程中一方无须依赖另一方的表现便可以顺利进行。　　（　　）

5. 服务机构要做好与顾客的互动就要提高顾客参与互动的能力。　　（　　）

三、思考题

1. 什么是服务蓝图？它由什么构成？它有什么作用？

2. 服务流程再造的目标与路径是什么？

3. 服务机构如何为顾客提供完美的服务体验？

4. 服务机构为什么要与顾客互动？如何与顾客互动？

5. 什么是"峰终定律"？什么是服务剧场理论？

▌本章 实践

成功案例分享——××服务机构的过程策略

实践内容：

1. 充分调研，客观全面分享一家服务机构过程策略的成功经验。

2. 分享的内容，不求面面俱到，但求典型有效。

3. 注意介绍其中应用到的互联网、大数据、人工智能技术。

实践组织：

1. 教师布置实践任务，指出实践要点和注意事项。

2. 全班分为若干个小组，各组确定本组分享的专题(如产品策略、定价策略……)。

3. 相关资料和数据的收集可以进行实地调查，也可以采用第二手资料。

4. 小组内部充分讨论，认真研究，形成分享报告。

5. 小组需制作一份 5~10 分钟能够演示完毕的 PPT 文件在课堂上进行汇报，之后其他小组可提出问题，台上台下进行互动。

6. 教师对每组的分享报告和课堂讨论情况即时进行点评和总结。

供求管理

针对冗长的队伍，喜茶推出了小程序"喜茶GO"。喜茶在每家门店的外玻璃上均贴了一张小程序码并标注提醒：提前下单，无须排队。顾客扫码后，就可以就近选择门店和相应的产品和规格，支付即可完成点单，订单结算页面会提示大致等待时间，同时也可以预约自取时间，时间可精确到15分钟。这样一来，原先花几个小时排队等茶的顾客直接扫码就能在线上点单，之后可以去逛街，等到茶品做好后，小程序会推送服务通知消息给顾客，告知具体的取餐时间。不光如此，除了线下扫码，顾客还可以通过搜索"喜茶GO"在上班路上预约一杯喜茶，午饭后再去取，这样一来喜茶便可将无法排队等待的上班族迎进门内。小程序推出仅三个月，用户数量便已超百万，复购率提升了两倍，实现了供求双赢。

为了进一步优化排队机制，喜茶还结合小程序"喜茶GO"推出了自助式"取茶柜"。伪装成"快递柜"的取茶箱共40个，每个柜子都有相应的编码，顾客的取茶流程十分简便：只需在小程序下单后，等待其发送取茶通知，并凭借手中的取茶码开箱，在缩短了店内排队时间的同时也缩短了取餐时间，对店内的拥堵情况起到了良好的疏散效果。

(资料来源：根据网络资料整理而来。)

服务供求管理是指服务机构通过对服务供应与需求同时进行管理，使服务供应与服务需求趋于平衡，从而提高服务机构经营效益所进行的一系列活动。

第一节 │ 服务供求不平衡的原因与对策

一、服务供求不平衡的原因

造成服务供求不平衡的原因是：服务需求具有波动性、服务供应具有刚性、服务不可储存。

(一) 服务需求具有波动性

服务需求的波动性体现在以下三个方面。

1. 有规律的需求波动

由于文化、习惯，以及作息时间的影响，人们在很多情况下需求相同，于是产生了用餐高峰、交通高峰、旅游高峰，用餐低谷、交通低谷、旅游低谷。经常出现前一小时服务大厅还是寥寥无几的顾客，但一小时后已是座无虚席，甚至排起了长队。

虽然人们的需求可能在一年、一季、一月、一日，以及不同时间有所差异，但这些需求大多还都有规律——它们往往出现在上班(开学)前、下班(放学)后、节假日的前后与节假日期间等。

例如，对补习班、夏令营、冬令营的需求往往发生在长假期；对风景区、住宿、游乐场、零售机构的需求与节假日密切相关，也与一年中的气候变化有关——假期和天气好的季节会使出游人数增加，游客大都集中在春天的四五月份和秋天的十月份出行，这时旅游城市或景区的饭店和交通就会显得紧张，而其他月份游客相对较少。

又如，汽车经销商发现周末看车的顾客非常多，而周一、周二看车的顾客却很少，因为顾客只有双休日才有时间看车，而且周一、周二通常工作比较繁忙；黄金周前、春节前车辆检查的需求水平陡然上升，因为顾客需要为长途旅行做准备。

总之，我们会发现市场上有些需求是存在周期性、阶段性、季节性等有规律变化的，可能是每日循环(变化按时发生)、每周循环(变化按日发生)、每月循环(变化按周或日发生)、每季循环(变化按月或日发生)、每年循环(变化按季或月或日发生)。识别出这部分有规律的需求，服务机构就可以对服务需求进行预测和引导，并且采取相关措施满足需求。

例如，医院可以将预约患者的诊疗时间安排在周一以外的其他时间，而在周一则将更多的人手、时间和设施用于诊疗未预约的患者或急诊病人。

2. 无规律的需求波动

有时，需求变化是与突发性事件相关的，如疫情、台风、暴雨、交通事故、食物中毒、火灾、地震等，这些突发性事件可能在瞬间改变相应的服务需求水平，而人们又无法提前预测这种无规律的需求。

例如，设备维修机构发现，其维修业务一部分来自常规合同，而另一部分则是临时业务，这些临时业务往往发生在突发事件，如雷雨天之后，而雷雨天的出现是没有规律的。

服务机构虽然无法预测更没法控制这些突发事件的发生，但可以提前制定应急预案并在突发事件发生时采取相应措施。例如，设备维修机构可以在突发事件发生后，集中人力、物力满足临时业务的需求，从而抓住市场机会，取得盈利，获得顾客信任。

3. 服务需求的弹性大

首先，服务价格的变化会对服务需求的变化产生较大的影响。也就是说，顾客对服务的需求会因为服务价格的变动而波动——当价格低于顾客愿意接受的范围时，服务需求可能就会增加；而当价格超出顾客承受的范围时，服务需求可能就会减少。

其次，人们在购买了某些产品以后可能减少或完全不用某些服务。例如，电视机的普及，使电影院的上座率降低；人们购买了汽车，就可能不去乘坐公共汽车、出租车了。

总之，现实中顾客需求是不断变化的、波动的，这使得服务机构在消费旺季或高峰期可能门庭若市、车水马龙，而在消费淡季则可能门可罗雀。

美国学者曾对全美服务业经营面临的问题做过大量的实证研究，结果发现："需求的波动"是服务业经营者最棘手的问题。

(二) 服务供应具有刚性

一方面服务供应能力是相对稳定的，另一方面服务的过程性制约了服务供应的速度，这就导致了服务供应的刚性。

1. 服务供应能力是相对稳定的

显然，在一定的背景条件下，一定的服务设施、设备、工具，一定的人力资源及服务时间，一定的服务技术、手段、效率，所提供的服务能力是相对稳定的。

例如，运输服务机构的服务能力受到交通工具及座位数的限制而相对稳定；酒店服务能力受到房间数量和床位数量的限制而相对稳定；培训机构的服务能力也受到教室和座位的限制而相对稳定。

服务机构在初期的投资中就确定了其服务能力，如一架飞机一趟仅能负载一定数量的旅客，一间旅馆一晚仅能供有限数量的旅客居住；一位医生一天仅能为有限的患者提供诊疗服务。

此外，服务机构不可能轻易提高自己的服务能力。例如，电影院的座位也不能说增加就能够立即增加，主题公园也不能立即增加过山车等娱乐设施，餐馆也不能迅速增加空间容纳更多的椅子和桌子。

📖 **知识拓展** | 标准日

欧美国家的很多服务机构普遍使用"标准日"来提高接待能力。在某些时段或者某一段日子里，需求量是低于"标准日"的需求的，顾客的等待时间是很短或者说是不存在的；相反，在另一段日子里，需求量是高于"标准日"的需求的，顾客等待的时间很长或者根本无法满足顾客的需求。

"标准日"的意义在于服务机构不可能设计一种满足最高需求的接待系统，也不可能设计一种明显不足的服务体系。因为如果服务机构按照高峰期的需求量来设计接待能力，那么在需求低谷期内，大量的接待设施将会被闲置，增加了服务机构的成本。相反，如果服务机构按照低谷期的需求量来设计接待能力，那么在需求高峰期，服务接待能力将出现供不应求的情况，从而怠慢了顾客。

所以，一般来说，服务机构接待能力的设计会低于最高需求量，高于最低需求量。标准日通常在需求高峰期的60%～90%浮动。而至于选择哪一个百分数，需要管理者根据服务质量和顾客的满意度指数来具体确定。

可见，"标准日"的设定没有解决服务的供求平衡问题，仍然总是出现服务能力不能满足顾客需求的情况，使得到达的顾客不能立即得到服务，导致排队不可避免。因此，服务机构必须在减少服务能力空闲的损失和因服务能力不足造成顾客流失的损失之间进行平衡。

(资料来源：根据网络资料整理而来。)

2. 服务的过程性制约了服务供应的速度

服务是一种过程，每项服务都需要一定的程序和时间，服务机构只能按部就班地提供服务，这就制约了服务供应的速度，从而影响服务供应量的提高。

例如，理发店在顾客到来之前只能做一些准备工作，顾客到理发店后不能一付钱头发就剪好，而必须老老实实坐在椅子上接受一段时间和几个步骤的服务，并且不同顾客的服务必须分别进行，而不能"批量"服务，这样就限制了服务供应的速度和效率。

服务供应的刚性使得服务机构很难灵活应变适应服务需求。

📖 知识拓展 | 影响服务供应的因素

1. 服务时间

由于服务是一种过程，服务机构服务时间的长短对服务的供应就会有重要的影响。例如，一般来说，医院的服务时间越长所提供的医疗护理服务就越多。不过，应当看到服务时间是有上限的——一年只有365天，一天只有24小时，服务人员的服务时间总是有限的，有限的服务时间只能提供有限的服务。

2. 服务网点、服务渠道

一般来说，服务机构的服务网点、服务渠道越多所提供的服务就越多。

3. 人力资源

服务机构人员的数量以及相互之间的协调配合也是影响服务供应能力的重要因素。例如，一般来说，医护人员的数量越多、配合越好所提供的医疗护理服务就越多。但是，人力资源不单是数量问题，还有他们的技能、效率、态度等问题。对于大学、医院、咨询公司、会计师事务所、律师事务所等技术密集型服务机构来说，要拥有高素质、高技能、高效率的教授、医师、咨询师、会计师、律师并不是一件容易的事。

例如，美国的哈佛大学与麦当劳都很有名，但人们只看到麦当劳的网点扩张到全世界，而哈佛大学却始终没有在外地或外国办一所分校。这是因为哈佛大学深知自己办分支机构的风险远高于麦当劳。为了保证哈佛的教育服务质量，哈佛大学选择不办分校和不进行规模扩张的战略。

4. 服务设施、设备、工具

显然，服务设施、设备、工具的数量越多，所能够提供的服务就越多。例如，医院、酒店等的床位、房间的数量越多所能够提供的服务就越多。当然，服务设施、设备、工具越先进，所提供的服务也就越多越好。

5. 服务技术、手段、效率

科学技术是第一生产力，服务技术、手段、效率的先进性可以提高服务供应的数量、质量与效率。例如，高速公路比普通公路可容纳更多的交通流量，可以提供更快的交通通道；飞机、高铁所提供的服务也要比其他交通工具好一些，运输能力要强一些。

美国东北航空公司曾经是一家规模较大的航空服务机构，拥有众多的航线和大量的固定资产，但在20世纪80年代不得不宣布破产。其倒闭不是因为服务质量或其他原因，而是因为当其他航空公司纷纷采用计算机信息系统实现全国各地的代理商可以实时查询、订票和更改航班，而他们却仍然要用昂贵的长途电话方式人工运作。

(三) 服务不可储存

由于服务的不可储存性，服务机构不可能将消费淡季或低谷时的服务储存起来留到旺季或高峰时出售，不能像制造业那样依靠库存来缓冲和适应市场需求的变化。

总之，服务需求的波动性、服务供应的刚性，尤其是服务不可储存，造成了服务供应与服务需求经常出现不平衡，又不能利用库存调节供需矛盾。

二、服务供求不平衡的对策

在服务供应大于需求的消费淡季或低谷期，过剩的服务能力被闲置，冷清的生意会影响到服务机构的效益，甚至生存。而在服务供应小于需求的消费旺季或高峰期间，顾客蜂拥而至，往往超出服务供应的水平，如果此时不能有效增加供应、分散需求，不仅会错失盈利的时机，影响服务机构的效益，还会损害服务机构的形象。

因此，在面对供给和需求之间的矛盾时，服务机构要尽可能实现服务供给与服务需求的平衡。服务供求不平衡的对策如下。

(一) 调整服务供应以适应服务需求

例如，在消费旺季，为了满足市场需求和顾客需要，服务机构要增添服务设备，增加服务人员。以航空运输为例，航班、航线的增减和调整，就是对服务供应的调整。

(二) 管理服务需求以适应服务供应

调节需求的一个常见的方法是利用价格杠杆，因为对于大多数服务来说，降低价格会增加需求，提高价格会减少需求。所以，在消费旺季、需求较大时，适当调高服务价格，可引导顾客选择在淡季消费，有利于实现淡季不淡。在消费淡季，服务机构要采用低价策略来刺激需求，增加销售量，提高服务设施的利用率。

❖ **案例** | 2022 年卡塔尔世界杯的住宿供求平衡

为迎接来自世界各地的球迷，面对有限城市规模和酒店数量带来的重压，卡塔尔方面尽可能多样化地满足更多球迷的住宿需求，包括提供"帐篷城"、集装箱式房屋、邮轮漂浮酒店等临时性住所，并打造了6个球迷村。

此外，卡塔尔方面还提供区域班车和50条短途航班，方便球迷穿梭于多哈和马斯喀特、利亚德、吉达、科威特城之间，以减轻多哈的住宿压力。

(资料来源：根据网络资料整理而来。)

(三) 余力管理与排队管理

在供大于求时对富余的服务能力进行管理，在供小于求时对顾客的排队进行管理。例如，饭店在进餐的高峰期可以多安排一些人手，甚至可以采用钟点工，而在进餐的低谷期可以安排人员休息或减少人员。

第二节 服务供不应求时的管理策略

在服务供不应求时，服务机构应该增加供应，并且通过转移、分散、消化需求等方式适应服务机构的供应能力，如果仍然供小于求那就要对顾客的排队进行管理。

一、增加供应

当服务需求超过服务供应时，服务机构应该尽快增加服务供应来实现供求平衡。

(一) 增加服务时间与频率

当服务出现供不应求的状况时，服务机构可增加服务时间与频率。

例如，超市在春节期间将服务时间延长；会计师事务所在繁忙的旺季晚上和周六也营业；书店每逢周末将营业时间延长；公园在节假日延后关门时间等都可以在一定程度上增加服务供应，即通过延长服务时间满足顾客的需求；医院为方便上班族和学生看病，将门诊服务时间延长到晚上 8 点，甚至有的医院推出"24 小时接收住院病人"的措施；银行为了方便收摊比较晚的小业主而提供 24 小时服务。

另外，春运期间，铁路部门增加相应的车次；航空公司在繁忙季节增加飞机的飞行频次，都是通过增加运输力量来满足旅客的需求，即通过增加服务频率为顾客服务。

(二) 增加服务网点与渠道

服务机构可以通过增加服务网点、服务渠道，以及提供上门服务、流动服务等方式，来平衡服务需求和供应的矛盾。

例如，饭店通过流动餐车供应早点；医院推出"家庭病床"和"上门接待特殊病人住院"等来平衡供求矛盾；餐馆推出"派厨师上门办家宴"的服务，顾客不仅可以请到中餐馆的厨师，而且可以请到西餐馆的厨师，在大师的服务下，顾客可以在自己家里喝咖啡，喝红茶加奶，吃法式大餐，尝西点和蛋糕。

露天电影是一种电影放映业的流动服务，尽管其放映条件与一些现代化的城市电影院无法相比。但在有些郊区和乡村，露天电影一直很红火，与市区许多电影院的冷清形成鲜明的对比，甚至在有些城市的广场上，也有露天电影供市民欣赏，市民说看露天电影有一种很舒适、很自在的感觉。

(三) 增加服务人员

1. 增加人手

服务机构可在需求高峰期间增加人手，可以是专职的，也可以是兼职的。例如，学校可在入学人数上升时增加兼课教师；酒店、餐馆、超市在供不应求时招聘季节工、半日制工和小时工等兼职服务人员；快递公司在大促期间雇用临时派件人员。

2. 交叉培训"多面手"

服务机构还要加强职工的交叉训练，让员工掌握多项服务技能，成为"一专多能"的人才，并且在员工职务设计工作中强调工作任务的灵活性。这样，在需求高峰时期服务机构就能抽调空闲的员工支援紧张的服务一线，从而缓解供求矛盾。

例如，在超级市场中，当收银机前排了很长的队，看管货架的储货员可以临时充当收银员，以减少顾客的等待时间。当交款的顾客不多时，一些收银员也可以帮忙去整理货架，为顾客做一些导购服务。这样不仅可以灵活地满足顾客的需求，而且有利于培养团队精神，也可以将员工从单调乏味的工作中解脱出来。

可见，服务机构平时要对职工在知识、技能、态度和行为方面进行交叉培训，并增强员工之间的合作意识，在必要时通过适当的授权和激励，就可以通过合作增加服务供应，满足顾客的需求。

(四) 增加或改造服务设施和设备

1. 增加服务设施和设备

例如，在繁忙的季节，运输单位可以增加座位或者站立车厢，旅馆、饭馆可以增加座位，医院可以增加病房、床位、诊断设备，学校可以增设教学楼、多媒体教学设备、宿舍楼等来满足顾客的需求。

对一些服务机构而言，可在需求高峰期向外界租用设备和设施。例如，快递公司在运输高峰期向外租用卡车；海运公司在运力不足时可以租用货轮；旅行社在旅游旺季时可以向其他公司租用大客车；航空公司在飞行旺季时可以租用其他航空公司的飞机等。

2. 改造服务设施和设备

服务机构还可调整或改造现有服务设备和设施来满足需求。例如，在旺季，酒店的两个房间可以通过一道锁上的门分别租给两位顾客，而在需求淡季则可改造为套间租给一位顾客。

当需求结构发生变化，商务舱的需求减少，而经济舱的需求增加，这时航空公司就应该适当减少商务舱的比例，而增加经济舱的比例。波音777客机的一、二、三等座位可以在几个小时内被重新划分，其设计思想就是使机舱能够迅速适应需求的变化。

又如，铁路运输公司可以调整一列火车的卧铺车厢和硬座车厢的比例，在春运高峰期间，由于旅客多，可适当减少卧铺车厢的比例，增加硬座车厢比例，使一列火车能够运送更多的旅客。

再如，零售商店采取变动的场地和布局，在柜台底下安装轮子使之可以自由移动。当白天买食品的顾客较多时，可通过移动柜台增加食品区域的营业面积，减少服装区域的营业面积，而晚上买服装的顾客较多，又可将柜台的布局反过来。

(五) 采用现代技术提高服务效率

科学技术是第一生产力，服务机构要积极并且善于借助现代技术来提高服务供应量，满足顾客的需求。

1. 采用现代化的工具来提高服务效率

例如，零售商店使用条形码扫描机查阅产品价格，加快了结账收款速度，提高了结账的工作效率和精确性，也缩短了顾客等待时间；铁路部门通过高铁、磁悬浮列车等不断提速以满足不断增加的客流；银行设置了自动柜员机、微信公众号、App 等以减少顾客的等待时间，满足顾客需求，提高服务效率。

2. 采用现代化的系统来提高服务效率

例如，必胜客的服务员把订单的编号输入一个如计算器一般大小的装置，然后把信息迅速传递到小型接收器中，接收器再把订单信息推送给厨房。有的餐厅安装了触感式的台面菜单，由顾客自己完成点菜的工作。

又如，外卖服务机构借助大数据技术，可以根据骑手未配送订单信息、不同目的地信息、骑手实时位置和运动方向等海量大数据进行智能调度和派单。此外，"聪明"的系统还可以自适应和自学习，合理压单、批量处理未派送的订单，还把许多外卖可能遇到的问题考虑进来，比如订单结构、配送员习惯、区域路况、天气、交通工具、取餐难度、出餐时间、交付难度、配送范围等，且同时存在多个优化目标，并将配送"最后一公里"中影响配送效率的路面障碍物加入地图的路网数据，有效规划导航路径。

3. 采用现代化的流程来提高服务效率

服务机构有条件时还可模仿工业化的生产方式，进行服务业的工业化生产。

例如，麦当劳的整个系统是工程式的，并依照严格的技术原则作业。每个汉堡包的包装纸以颜色来暗示汉堡包的佐料，汉堡包放置于加热的容器中，以便随时供应。麦当劳通过制定汉堡包的工艺标准，不但缩短了烤制时间，而且保证了质量，确保服务的迅速、清洁和可靠。

(六) 寻求外部合作与互助

可借助外力平衡供求矛盾，即要求对方在需要时提供合作，这不仅使服务机构可在高峰期获得援助，也使其在低峰期可通过输出服务提高资源的利用率。

例如，同一地区的旅店往往结成联盟互相介绍住客，运输公司也常常交换货运合同，以节省运力、提高效率；在许多城市，医院之间也有分享设备和设施的惯例，在诊断设备或床位出现紧缺时可与其他医院进行合作。

(七) 简化服务或适当降低服务标准

服务机构可以检查现有服务工作的程序，在保证服务质量的前提下，将烦琐的部分予以简化，将不必要的部分剔除，只提供主要的服务或基本的服务，以提高服务供给的速度，平衡供求矛盾。

例如，快递公司在快递较多的时候取消上门服务，改为代收点自取，以保证节省更多时间来服务更多顾客；餐厅对在一定时间范围内结束用餐的顾客给予折扣，可以达到鼓励顾客加快用餐速度、提前结账的目的，从而为后来者提供餐位，避免其等候时间过长。

二、转移、分散、消化需求

当服务供不应求时，服务机构还可以采用一系列调节需求的措施来实现供求平衡。

(一) 将需求从高峰期转移到低谷期

1. 调高价格或减少优惠

服务机构可通过调高价格或减少优惠的方式将需求从高峰期转移到低谷期。

例如，电影院在周末的消费高峰期间采用高票价，而平时则采用低票价，以此来鼓励观众在平时看电影；在黄金周的旅游高峰期，旅行社、宾馆、酒店及交通运输服务机构将服务价格上调，一方面可以获取高利润，另一方面又可以起到引导顾客选择非黄金周出游的作用。

2. 向顾客告示高峰期

服务机构还可以通过书面或口头的形式发布信息，与顾客沟通、预先提醒顾客高峰和低谷时间以及可能需要等待的时间，这样可以使顾客自觉避开高峰期，而选择非高峰期来接受服务，以避免拥挤和等待。

比如，旅游景区、酒店、城市交通管理单位发布高峰信息，有利于"削峰填谷"，尽可能避免"雪上加霜"。

服务机构在告示的同时还可以进行一些促销活动，让顾客知道非高峰期间消费服务的好处，如价格低或交通通畅等，这就很有可能改变顾客的消费时间，从而使需求平滑。

(二) 采取预约制度分散需求

预约是服务机构管理需求的常用方法，预约之后，额外的服务需求就会被分配到同一组织内的不同服务时间段或服务设施上，这种方法相当于分散需求。在服务对顾客具有高价值、稀缺性的情况下，这种策略用得最多。

1. 预约制度的作用

(1) 预约能够使服务机构及时了解市场需求状况，可以大致把握需求的总量，预先安排服务方式，提高了服务的计划性，有利于服务机构合理地调配、安排服务资源，提高服务资源的利用效率，提升服务能力。

(2) 通过预约系统，服务机构还可以调节需求的到来模式，通过将高峰期的需求分散到低谷期来获得潜在利润，从而保证服务能力的最佳利用。例如，在航空服务中，旅客在预订机票时，会看到航空公司不同时段的价格表，这种定价对顾客具有引导性，从而实现淡季不太淡、旺季不太旺，平滑需求的目的。

(3) 预约可以将需求分类，并且可以从需要更好的时间、更好的座位、更好的房间，以及其他更好更快服务的顾客那里得到更多的收入。

(4) 预约留下了众多顾客的信息和资料，积累到数据库中能够帮助服务机构了解常客的消费习惯与偏好，为服务机构提供个性化服务的依据。

(5) 预约能够使顾客明确具体的服务时间，避免等候的烦恼，可以有效地安排和利用时间，使顾客有更好的服务体验。

当然，预约制度并非完美，如一些顾客拒绝预约，而一些顾客预约了却没有按时到达或者突然取消，这都会导致预约系统效率的下降，增加服务机构的运营成本，减少服务机构的收入，这也是一些服务机构未采用预约制度的原因。

2. 预约制度的实施

预约制度的实施应遵循如下几点。

(1) 要有一个良好性能的预约系统。

(2) 预约要言而有信，公平公正，确保先预约者优先选择服务时间、服务项目。

(3) 要在保证正常的预约状态下，优先满足大客户、老客户的需求。

(4) 对预约的顾客适当给予优惠。

(5) 必须保证预约顾客到来时可以获得及时的服务。

(6) 可通过交付预付款或保证金防止预约可能造成的损失。

(三) 通过顾客自助消化需求

当服务供不应求时，服务供应者可以向顾客提供自助服务设施、工具或用品，鼓励顾客自行完成部分服务。顾客自助是由获得服务资格的顾客在一定的条件下，按照一定的规则自己独立进行操作，并且这种形式跟顾客接受由相应人员提供的服务具有相同的效果。

1. 顾客自助的优点

1) 可减轻服务机构的负担

顾客自助使服务机构的工作量减少了，这样可以让服务机构有能力为更多顾客提供服务。

例如，银行通过安装自动存取款终端、部署自助服务台而减少了人力；航空公司通过在线自助服务让旅客在自助终端办理登机、选位而减少了人力；在自助餐厅，顾客从餐厅供应的食物中自己动手选择喜欢的，然后在饭后自己清理残留物，大大减少了服务人员的需求量。

此外，自选商场与超市让顾客自己选配商品，自助式加油站让顾客自己为自己服务等，这些顾客自助的方式减轻了服务机构的负担。

例如，海底捞的每个桌子都会放有一台 iPad，顾客到桌后可自行点单，不需要服务员在桌边等候，菜品下单后后厨自动出单。此外，顾客可在自助结算后立即离店，无须排队等候买单。

2) 能降低服务机构的成本

服务机构可以将技术含量低、难度不大的工作交由顾客，而服务机构则可集中提供技术含量高的服务，这样就可以降低服务成本。

例如，让顾客自己承担一部分原来由医生、律师和教授做的工作，如填写病历、申诉书、申请书等，这样，相关的人工成本就有可能降低，他们可以集中精力提供更多技术含量高的服务。

3) 有利于增强顾客对服务的兴趣与责任感

20 世纪 50 年代，某家食品公司发现，他们的蛋糕粉一直卖得不好。尽管研发人员对配方不断改进，用户就是不买账。食品公司百思不得其解。最终，美国心理学家欧内斯特(Ernest)发现，蛋糕粉滞销的真正原因是这种预制蛋糕粉的配方实在太"完美"了，以至于家庭主妇们失去了"亲手做的"那种感觉。于是欧内斯特(Ernest)提出：把蛋糕粉里的蛋黄去掉！果然，蛋糕粉的销量获得了快速增长。因为，虽然去掉蛋黄会为烘焙增加难度，但家庭主妇们觉得，这样做出来的蛋糕，才算是我"亲手做的"嘛。这就是"鸡蛋理论"。它说明消费者对一个产品付出的劳动或者情感越多，产生的依恋越深，就越容易高估该产品的价值。

可见，让用户有参与感就能够使产品或者服务在他心中镀上光环。顾客自助会使顾客感到是自己的劳动成果，这样就会增强他们对服务的责任感，对服务产生兴趣，从而在不知不觉中培养了对服务机构的感情和忠诚。

例如，星巴克也十分强调它的自由风格，顾客在柜台点完餐，可以先找个位置稍事休息，也可以到旁边的等候区观看店员调制咖啡，等顾客听到服务员喊自己点的东西后再去端取。在用品区有各式各样的调味品，如砂糖、奶精、肉桂粉，以及一些餐具，顾客可以自行拿取。自助服务让顾客摆脱了长长的等候队伍，减少了等候时间，并给了他们更多的控制权。由于采用自助式消费方式，来到店里的顾客不会被迎面一声"请问您需要什么"而弄得失去好心情，而是自行走到柜台前，选取自己所需的饮料和其他小食，吸管、糖等也是自取。在完成了点单之后，侍者会为其端上所需咖啡，并报以一个淡淡的微笑。

又如，在"赶鸭子"式的旅游不受欢迎的情况下，旅行社推出"自助游"受到游客的欢迎；餐饮业推出"我准备原料，您自己下厨"的自助餐厅受到顾客欢迎；超级市场的普及表明顾客愿意扮演更主动的角色。

❖ **案例** | 京东无人商店

京东无人商店的采购过程是这样的：首先，刷脸进店，自动识别顾客身份，关联顾客的京东账户；其次，顾客随便逛、随便拿，没有导购员跟在后面推荐，充分留给顾客一定程度上私密选购的空间；再次，没有收银员，顾客将要买的东西放在结算台上，就能完成支付，自动识别、自动称重、自动算出价格，不用担心遇到情绪状态不佳的收银员，影响购物心情；最后，出店也是刷脸，识别之后点击"开门"按钮，完成购物。整个购物过程没有导购员、收银员，从进店到出店自助完成，一气呵成。

(资料来源：根据网络资料整理而来。)

2. 顾客自助的缺点

对于一部分技术控制能力强、对于新鲜事物充满好奇的顾客来说，他们很愿意去感受智能服务、自助服务，因为感到节省了包括时间、金钱、精力等在内的成本，接受服务更加方便，对服务过程有更多的控制权，能够享受智能服务技术带来的乐趣和利益。然而，对于不具备基本操作技能或者对新事物有恐惧感的顾客来说，通常不愿意使用智能服务、自助服务，更有甚者会避而远之，从心理上觉得这种服务不好，安全度不高，操作麻烦等。

3. 实行顾客自助的注意事项

服务机构提供自助服务时要注意以下几个方面。

1) 要给顾客更好的体验

例如，应能够节省时间、人力、成本或带来更高的便利性，所提供的体验质量应高于原有的服务或至少保持相同，否则顾客还是会偏好传统的人工服务方式。

2) 消除技术障碍

首先，要不断提高自助服务设施、设备的性能，并使操作更加顺畅，确保自助服务是可靠、稳定的。

其次，自助服务的界面必须很友善，能够让顾客容易操作，从而消除顾客的心理压力以及技术焦虑、风险顾虑。

最后，要在自助服务终端旁边配备经过专门培训的服务人员，他们能够随时为顾客提供帮助。

3) 通过沟通或培训提高顾客自助服务的能力

服务机构可以通过沟通或者培训的形式，如增加详细的说明书、举办培训班、提供视频、加强技术指导、开展网上服务支持等，使他们掌握使用相关自助服务的操作技能，这样不仅使顾客免去不会操作的烦恼，还能增进服务机构与顾客之间的感情，形成良好的顾客口碑。

例如，在宜家餐厅竖着一块提示牌，上面写着"在宜家，客人自己把餐具放到回收箱中，这样将使我们有能力为各位提供更优质的服务"，提示牌旁边摆放了一个分层的回收箱，顾客只需要直接把用餐后的盘子插入其中即可，回收箱满了服务员就直接把整个柜子关门拉走。整个过程简便、快捷、卫生，既让顾客自觉地收拾碗筷，又使只有寥寥几位服务员的餐厅保持整洁。

4) 适当奖励顾客自助

服务机构可适当奖励参与自助服务的顾客，从而使顾客在自助服务过程中更愿意扮演好自身的角色。

总体来说，实施自助服务在文化和技术上不可避免地会面对一些障碍，但是，只要服务机构倾听顾客的意见，并且注重顾客体验，那么自助服务就一定能够成为顾客的一种选择，至少对部分顾客而言，这样服务机构就能够成功地引导顾客采用自助服务，从而减轻服务机构的压力。

三、排队管理

对顾客来说，排队时间长是很不愉快的事情，顾客排队服务时的经历会极大地影响他们对服务机构的满意程度。对服务机构来说，排队现象也是喜忧参半，喜的是得到顾客的认可，忧的是它大大降低顾客对服务的满意度，也许现在的顾客下次将选择另一家机构。

国外的研究结果表明，83%的女性和91%的男性会因为排队结账而停止购物。除非顾客认为获得了物超所值的服务，否则很难抹去排队等候在顾客心中的阴影。因此，服务机构应高度重视服务速度，做好排队管理。

所谓排队管理，就是服务机构通过采取一系列措施，一方面缩短顾客实际排队的时间；另一方面缩短顾客心理排队的时间，从而使顾客愿意加入排队的队伍当中。

(一) 缩短顾客实际排队的时间

当排队不可避免时，服务机构应该争取缩短顾客实际排队的时间，正确合理设计排队方式，使顾客用于排队的时间最短。

一般来说，排队方式有单列排队、多列排队、叫号排队、分类排队等。

1. 单列排队

单列排队就是排队的顾客排成一列长队，其合理性体现在排在前面的先接受服务。但是，这种排队方式顾客可能会感觉等候时间长，如果队列特别长，顾客会直接选择离开，放弃服务，造成服务机构的顾客流失。另外，单列排队使顾客无法选择自己偏好的服务提供者。

2. 多列排队

多列排队就是排队的顾客可以排成几列队伍接受服务，其合理性体现在相对于单列排队，它可缩短顾客排队的时间，因为有几个窗口同时、平行地提供服务。多列排队的缺点是顾客必须选择排队的队列，如果所选队列前面的顾客耗时过长，就意味着后面的顾客要耗费较多的排队时间。

例如，到银行办理存取款业务，若按照多列排队方式，当两个同时到来的顾客分别进入不同的队列，一位排在业务量大的顾客后面，排了较长的时间，另一位则排在业务量小的顾客后边，排队的时间较短，由于顾客的排队时间相差很大，会使其在心理上产生不平衡感。

3. 叫号排队

按照顾客到达的先后顺序领取排队等候的号码数，可以较好地解决排队中的公平性问题，而且顾客知道大约的排队时长，因此他们在排队期间可以休息或与他人交谈。

例如，顾客在商店购买裤子后因长短问题需到服务台进行裁减、锁边和缝制等再加工。当服务台为顾客测量裤长后，会发给顾客一个领取裤子的号码牌，此后顾客可以继续逛商场或做其他事情，过一段时间后再来取。这样不仅会使顾客感到公平，而且还有利于增加商场的销售收入。

4. 分类排队

如果服务机构提供服务的类型比较多，不同类型服务项目的办理时间差异性比较大的话，服务机构应尽可能采用分类排队、分别服务的队列方式，这样能够提高顾客的满意度。

分类排队可考虑通过如下标准来划分。

(1) 接受服务的紧急程度。以到医院就诊为例，急诊病人的服务需求是无法控制的，应提供专门的快捷通道，不用排队；而慢性疑难病症的治疗需要进行全面的检查和专家会诊，耗费时间比较长，所以对此类患者提供一般服务是可行的。

(2) 服务交易时间的长短难易。服务交易时间短的采用快速通道；服务交易时间长的使用一般通道。

(3) 购买价格的高低。有些顾客为了节省时间和得到优先服务，常常愿意支付较高的价格。服务机构可为支付不同价格的顾客提供不同的队列，使支付较高价格的顾客比支付较低价格的顾客优先得到服务。

总之，当排队不可避免时，服务机构应当选择恰当的排队方式，以尽量缩短顾客实际排队的时间。

(二) 缩短顾客心理排队的时间

顾客在排队过程中对时间长短的感觉很大程度上是一种心理感受。所以，在排队无法避免的情况下，服务机构要关注顾客的心理特征，采取一系列的措施，满足顾客的心理需要和期望，减少顾客的抱怨，缓解顾客在排队过程中的厌烦情绪，以此来缩短顾客感觉上的排队时间。当顾客认为排队符合他们的预期时，会忍受排队。下面将顾客在排队过程中的心理感受进行总结归纳，并提出相应的对策。

1. 充实的排队感觉比无聊的排队时间短

对于顾客来说，排队的成本是放弃了在这段时间里可以做其他事情。在排队的过程中，如果顾客没有事情可做，就会感觉排队时间相对变得漫长。对于这一点我们都有所体会，比如在长途火车上，如果无事可做，那我们可能会觉得时间过得非常慢，但如果我们看看书、和身边人聊聊天、玩玩游戏就会觉得时间没有那么长。

可见，在排队不可避免时，服务机构要努力填充顾客的排队时间，为顾客提供相关的服务，消除排队时空洞无聊的感觉，其目的是转移顾客的注意力，使其从排队这件事转移到其他事情上去。而且，如果"填空服务"越有价值，那么顾客心理排队的时间就会越短。如在大厦的电梯旁镶嵌一面镜子供顾客整理衣冠；电话呼叫等待的时候放些音乐；餐馆利用透明的玻璃让排队的顾客欣赏厨师的烹饪过程……这些都是转移顾客注意力的简单且常用的方法。

另外，在顾客排队等待服务期间，服务人员可为顾客做一些辅助性的服务工作，让顾客感觉服务已经开始，自己不是在空等。例如，在餐馆比较繁忙的时段，一旦顾客就座，服务人员就立即送上茶水和毛巾，这样尽管上菜时间迟一些也不会对顾客的满意度造成太大的影响；或者送上一份免费的小菜或零食，使顾客觉得就餐服务已经开始。

许多饭店已经意识到提供互补性服务的好处。在饭店客流的高峰时段，把等待进餐的顾客引进饭店增设的酒吧、咖啡屋、茶馆中，既可以缓解顾客焦急等待的心情，以防他们不耐烦地走掉，也可为饭店带来额外的效益。

2. 轻松愉快的排队感觉比焦虑痛苦的排队时间短

顾客在排队时首先感到的是焦虑、厌烦，担心自己被遗忘，希望快点轮到自己，担心没有被公平地对待……无论这些担心是否合理,都会影响顾客排队时的心情。另外,在恶劣环境下的排队比在友好环境下的排队时间显得长;不舒适的排队感觉起来要比舒适的排队时间长。总之,顾客的精神状态会影响顾客感觉中排队时间的长短,顾客的焦虑和恐惧会使排队变得不可忍受,而轻松、舒适的环境则可使顾客觉得排队时间短一些。

为此,服务机构可在顾客等候区安装空调,提供舒适的座椅、报刊或播放轻松、舒缓的音乐,供应免费的饮料等,还可以提供一些娱乐设施或者让顾客观看一些娱乐节目,使排队变得有趣。此外,服务机构还可以采用关怀服务,让服务人员为排队等候的顾客提供热情、友好、礼貌的服务,因为良好的服务态度可消除或减轻顾客的厌烦、焦虑情绪。

例如,以优质服务闻名的"海底捞"在排队管理方面下了很多功夫。"海底捞"由于生意很好,顾客常常要经过漫长的排队,不过排队的体验却并不糟糕。餐厅专门在入口处开辟一个候餐处,摆放整齐的椅子,并有服务员热情接待,送上水果和饮品。如果是几位朋友在排队,服务员还会拿出扑克牌和跳棋供顾客打发时间,甚至提供擦皮鞋和美甲服务,减轻顾客排队的焦躁情绪。用餐前,女服务员会为长发的女士扎起头发,并提供小发夹夹住前面的刘海,防止头发垂到食物里;戴眼镜的朋友可以得到擦镜布;放在桌上的手机会被小塑料袋装起来以防被溅到油。每隔 15 分钟,就会有服务员主动更换客人面前的热毛巾。如果客人带了小孩子,服务员还会喂孩子吃饭,陪他/她在儿童乐园做游戏……整个排队过程让顾客感到十分温馨、愉快,使其产生一种下次还要来的想法。

3. 确定时长的排队感觉比不确定时长的排队时间短

在排队过程中,不确定时长的排队时间比已知的要显得长。例如,在等待一个不知将要晚点多长时间的航班或者火车时,由于不能随便离开候机室或候车室,会使旅客感到枯燥和焦虑,觉得排队时间很长。

此外,当顾客不了解服务流程和排队规则的时候,当顾客不知道排队将在什么时候结束时,也会感到排队时间长。因此,服务机构在出现意外情况时应及时通报,以使顾客心中有数,消除顾客的焦虑感。而现在许多城市开播的无线广播交通台提供路况信息服务,以及机场及时提供延误航班的信息,这些做法就值得推广。

总之,如果服务机构无法按时服务,就应向顾客表示歉意,并讲明顾客还需排队多长时间。虽然这并不能消除顾客的不满情绪,但至少可使顾客形成正确的期望。相反,如果服务机构一再要求顾客等待,顾客不知道还需等多久而不敢离开,就必然会更加不满。

4. 了解原因的排队感觉比不了解原因的排队时间短

对于一些突发事件而导致的排队,如果顾客不知道需要排队的原因,就会觉得排队是不可接受的。相反,如果顾客知道排队的原因,则可能缓解顾客的焦虑情绪。

对于顾客来说,如果他不知道排队的原因,他就有可能进行多方面的猜想,而有些猜想可能是最坏的情形。比较典型的是航空公司的飞机晚点,如果航空公司不进行任何解释,而任由顾客去等待,当等待时间过长的时候,一些顾客就有可能联想到飞机事故方面,这会使等待更加不可接受,甚至引起恐慌。因此,服务机构要加强沟通,讲明原因。

5. 合理的排队感觉比不合理的排队时间短

合理的排队可取得顾客的谅解，而不合理的排队则会激怒顾客。高效率的服务使排队容易被接受，即顾客一旦看到工作人员紧张忙碌，就会对排队有信心，认为很快会轮到自己。

相反，低效率会被认为等待将是无休止的。顾客看到服务人员懒散的样子，会认为是他们使自己排起了长队。对绝大多数顾客来说，服务人员无所事事或需完成其他工作任务而无法为其提供服务是不能接受的。因此，服务机构要树立高效率的服务形象，营造紧张忙碌的气氛和景象。

例如，把与顾客无关的工作安排到视线之外；把空闲的人员抽调到人手紧张的服务台，或者规定轮休的人员在后台休息，以避开顾客的视线。

6. 集体等待感觉比独自等待时间短

与独自等待相比较，集体等待时间会感觉过得较快。人们都有这方面的体会，当一个人走一段比较长的路时会感到漫长，而当与他人，特别是与自己的亲人、朋友走同一段路时就不会感到太长。

所以，在设计等待环境时，应该给顾客创造便于相互进行沟通交流的条件，将在等待的顾客安排在一起，把集体等待服务时间变成集体娱乐活动时间或社交活动时间，这样就可以缩短顾客的心理排队时间。

7. 公平的排队感觉比不公平的排队时间短

如果遇到排队秩序混乱，出现有人插队的现象，排在后边的顾客会产生极大的不公平感，因而会感到排队时间很长。

如果晚来的顾客比早来的人更先接受服务的话，更是顾客不能接受的，他们会认为自己受到了不公平待遇，不满意感将会提高。所以，服务机构一定要保证排队的公平性，确保排在前面的人先得到服务。

📖 **延伸阅读** | 为什么星巴克横着排队，麦当劳竖着排队

绝大多数的星巴克都是横着排队的，这是为什么？

因为，一方面横着排队是出于星巴克理念中社交属性方面的考虑，使顾客与顾客之间容易产生交流；另一方面就是为了优化购物体验。

首先，缓解焦虑感。顾客在柜台前面横着排队，视线不会被排在前面的顾客阻挡，能够很清楚地看到墙上的商品价目单，并且能看到柜台里忙碌的工作人员，这样就会有效减轻排队等候的烦躁。相反，竖着排队时，大家都会焦急地望向柜台，心理不停嘀咕，怎么这么慢？

其次，仪式化观感。横着的吧台相当于一个完整的制作流程观察台，你可以看到咖啡师操作的全过程，通过饮品制作仪式化的过程让顾客感觉到这杯饮品的价值：嗯，这杯饮料做起来很麻烦，确实值这个价格。

最后，避免制造拥挤感。员工的作业吧台是横向的流水线，所以顾客在面对吧台左侧排队，

而在右边取咖啡，形成秩序可以避免走道拥堵。

那么，为什么麦当劳是竖着排队？

麦当劳作为快餐业的鼻祖，一直致力于营造更热闹、快节奏的氛围。纵向排队的好处如下。

首先，营造快节奏心理，让大家产生焦虑感。在后面排队的时候会想前面怎么这么磨叽，轮到自己点餐的时候总会觉得后面排队的人会不耐烦，所以大家点餐时都是火急火燎的。

其次，麦当劳店面往往在门口就贴出了当日推荐的套餐组合，并把主推产品贴在室内，提醒顾客尽早做出决策，以提高点餐效率。

最后，减少服务员移动，工作人员基本上回个头就能把炸鸡和汉堡等放在你的餐盘里，最远就是去做个甜筒，距离也就几步。

（资料来源：根据网络资料整理而来。）

总体来说，要做好排队管理，需要服务机构在最初的服务设计中，也就是在最开始的服务流程设计、服务区域设计、服务人员的配备等方面就把排队因素考虑进去。只有这样，后期的排队管理才会容易开展，并取得成效。

第三节 | 服务供过于求时的管理策略

在服务供过于求时，服务机构应该减少、转移、调整供应，并且通过刺激与收罗需求来适应服务机构的供应能力，如果仍然供大于求那就要对富余的服务能力进行管理。

一、减少、转移、调整供应

(一) 减少供应

在服务供过于求的情况下，服务机构可以酌情减少或停止供应部分服务，即在需求不足的时间、地点、环节，根据实际情况，缩短服务时间、收缩服务网点、减少服务人手和设备的投入使用。

(二) 转移供应

当出现局部地区服务供过于求时，服务机构应该考虑开辟新的市场，进入新的区域。

例如，"店多客少"曾经困扰着杭州当地餐馆，于是很多商家打起了价格战，但这毕竟难以持久。一些聪明的杭州餐馆开始将眼光瞄向上海，上海的餐饮价格比杭州高20%以上，而成本却低于杭州。因此，杭州的餐馆纷纷转到上海开店，如"红泥""张生记""新名门""东方渔港""大世界"等店。杭州菜作为一种融会全国各菜系精华又有创新的地方菜，因其做工精致，口味独到，新品迭出，一面市就得到了上海顾客的认可，在上海餐饮市场掀起了"杭帮菜"热。

(三) 调整供应

供过于求时，服务机构在减少或停止不能适应顾客需求的服务项目的同时，可根据市场需求增设新的服务项目，这样一方面可利用空闲人员和设备，另一方面可以为顾客带来新的利益刺激消费，从而平衡供需矛盾。

例如，风景区的酒店可以在旅游淡季时作为商务会议的场所；高档餐厅在午间特设学生套餐；电影院在周一到周五将场地出租作为讲座、表演的场所；体育场馆在没有体育比赛时可以对公众开放，并提供培训、组织比赛和其他一系列的服务，让场地更充分地得到利用；滑雪场在夏季可以作为避暑山庄或度假村，以减少服务设施空闲损失，获得一定的收益。

当然，在增设服务时要注意选择合适的项目，如在 KTV 推出儿童套餐就是不适宜的。

二、刺激与收罗需求

(一) 通过营销组合刺激需求

服务机构可使用服务创新、价格优惠及降价、广告促销等方式刺激消费，将需求从高峰期转移到非高峰期，从而使人员和设备得到均衡使用。

例如，在冬天，海滨度假村可以通过广告，宣传其优惠房价、新景点、新项目等信息，以刺激淡季需求。在盛夏酷暑的淡季，火锅店可通过增加凉菜和冰镇啤酒，以及搭配清热去火的凉茶，将空调设定在人体感觉最舒适的温度，使顾客在炎炎夏日体会清爽的感觉。

❖ 案例 ┃ 让淡季不淡

夏季一般是火锅的淡季，井格火锅在夏天为了提升夏季的销量，发起了一个"38元畅饮节"的活动——用户只需要花38元，就可以获得400瓶饮品（300 瓶啤酒 ＋ 100 瓶酸梅汁）。如果以一瓶饮料5元钱算，400瓶相当于2000元钱。花费38元得到价值2000元的东西，大多数人都会觉得划算，愿意购买。

当用户通过38元获得400瓶饮品后，当有聚餐需求时，就会出现去井格的心理暗示，井格通过这个活动增加了用户的到店率。

一般来说，每桌消耗的啤酒数量平均不到 10 瓶，实际成本只有几十元钱，而每桌平均客单价至少几百元。通过几十元钱撬动的是消费者源源不断地到店消费，而且井格还借助这次活动与雪花啤酒达成战略合作，通过异业合作，让雪花啤酒平摊了部分成本。

(资料来源：根据网络资料整理而来。)

另外，在淡季时服务机构可以针对一部分重要的目标顾客给予优惠，以争取和稳定市场，使淡季不淡。

❖ 案例 ┃ 利兹卡尔顿饭店对消费淡季的管理

亚利桑那州凤凰城的利兹卡尔顿饭店是一家位于城市中心的高档酒店。酒店里有281间豪华客房、2个餐厅，还有游泳池和宽敞的会议场所。这些娱乐和会议设施不分昼夜全年开放向顾客提供服务。

然而需求的变化却非常显著，从当年11月到第二年4月中旬的旅游旺季，客房的需求极高，经常超过可利用的空间。但是，从5月中旬到9月的夏季里，客房的需求大大降低。

为平衡需求的起伏变化，利兹卡尔顿饭店采取了一系列措施。在炎热的夏季，饭店鼓励凤凰城的居民和附近图森市的居民在周末享受饭店的奢华服务。在周五或周六晚上以极具吸引力的价格，吸引居民到饭店享受"顺序进行的晚餐"，即在饭店中步行到一家餐厅吃些增进食欲的开胃菜，然后在第二家餐厅就餐，最后以客房中的香槟酒和甜点作为结束；另一个方案是鼓励居民入住酒店，以提高周末的房间利用率，而居民可以很低的价格享受其不可能在旅游旺季享受到的酒店服务。

（资料来源：根据网络资料整理而来。）

（二）通过接受超额预约来收罗需求

使用预约系统的缺点在于可能出现顾客预约了服务，却没有履约，如果没有其他顾客补上空缺，对服务机构来说当然是一种损失。因此，有的服务机构采取接受超额预约的办法，即预约出的数量大于实际可以提供的数量，以保证在一部分顾客未履约的情况下，仍有较高的"上座率"。

例如，航空公司采取接受超额预约策略，即接受数量超过飞机实际座位总数的预约，这可以在一定程度上防范出现顾客未履行预约的风险。

超额预约决策的关键是确定超额预约的数量。有时候超额预约数量少，如果履约率很低，仍然可能造成服务设施的空闲，丧失获利的机会；有时候超额预约数量多，如果履约率很高，仍然可能出现供不应求的局面，这样不仅使服务机构的信誉受到损害，而且还因向顾客支付补偿金而承受经济损失。所以，如果不能很好地预测到场人数，超额预约是一种危险的策略，要谨慎使用。为此，服务机构实施超额预约时通常还要提前准备补救的方法。

❖ 案例 │ 超额预约的商务舱

赫尔曼先生计划从广州飞回法兰克福。当他来到汉莎航空的柜台办理登机手续时，服务人员告诉他，其预约的商务舱已满。服务人员询问他是否愿意"降级"到经济舱，并补偿其500欧元，他拒绝了。而后服务人员又将补偿价格提高到1500欧元，他考虑后同意了，尽管把近两米的自己挤进长途航班的经济舱很难受，但必须承认，花12小时赚1500欧元还是相当不错的报酬。

（资料来源：根据网络资料整理而来。）

一个好的超额预约策略应该既能最大限度地降低由服务设施空闲产生的机会成本，又能最大限度地降低由于未能提供预约服务而带来的风险成本和形象成本。

三、余力管理

　　服务机构在采取以上调整服务供应与需求的措施后，如果仍然供大于求，那么，服务机构可以利用这一期间让员工进行休整与培训，为消费高峰期的到来做好充分准备。此外，服务机构还可对设备和设施安排维修、保养和更换等，甚至出租设备、设施，从而提高资源利用率，降低服务成本。

　　例如，海滨度假村在冬季时可以安排工作人员轮休，这样既不会影响生意，还节约了经营成本，度假村还可以趁客人稀少时粉刷房间和更新设备，以备消费高峰期时使用。

▌本章 练习

一、不定项选择题

1. 服务地点调节的类型不包括(　　)。
   　A. 上门服务　　　　　　　　　B. 流动服务
   　C. 定点服务　　　　　　　　　D. 多网点服务
2. 在对服务时间进行调节时，可以采取的手段有(　　)。
   　A. 告知高峰时间　　　　　　　B. 上门服务
   　C. 建立预订系统　　　　　　　D. 降价或提供优惠
3. 实行顾客自助应注意(　　)。
   　A. 给顾客更好的体验　　　　　B. 消除技术障碍
   　C. 提高顾客自助的能力　　　　D. 适当奖励顾客自助
4. 服务的供求矛盾主要是由服务的(　　)引起的。
   　A. 无形性　　　　　　　　　　B. 易变性
   　C. 不可储存性　　　　　　　　D. 不可分性
5. (　　)造成了服务供应与服务需求经常出现不平衡。
   　A. 服务需求的波动性　　　　　B. 服务供应的刚性
   　C. 服务的易逝性　　　　　　　D. 服务的易变性

二、判断题

1. 集体等待感觉比独自等待时间短。　　　　　　　　　　　　　　　　(　　)
2. 顾客教育有助于增强顾客对自助服务的乐趣。　　　　　　　　　　　(　　)
3. 服务机构可以通过调节服务时间来解决供给与需求的矛盾。　　　　　(　　)
4. 服务机构不可以通过价格调节来平衡服务供求的矛盾。　　　　　　　(　　)
5. 了解原因的排队感觉比不了解原因的排队时间长。　　　　　　　　　(　　)

三、思考题

1. 服务供求不平衡的原因及对策有哪些？

2. 影响服务供应的因素有哪些？

3. 服务供不应求时的管理策略有哪些？

4. 服务供过于求时的管理策略有哪些？

5. 预约与超额预约分别有什么作用？

6. 什么是排队管理？什么是余力管理？

本章实践

成功案例分享——××服务机构的供求管理

实践内容：

1. 充分调研，客观全面分享一家服务机构供求管理的成功经验。

2. 分享的内容，不求面面俱到，但求典型有效。

3. 注意介绍其中应用到的互联网、大数据、人工智能技术。

实践组织：

1. 教师布置实践任务，指出实践要点和注意事项。

2. 全班分为若干个小组，各组确定本组分享的专题(如产品策略、定价策略……)。

3. 相关资料和数据的收集可以进行实地调查，也可以采用第二手资料。

4. 小组内部充分讨论，认真研究，形成分享报告。

5. 小组需制作一份 5～10 分钟能够演示完毕的 PPT 文件在课堂上进行汇报，之后其他小组可提出问题，台上台下进行互动。

6. 教师对每组的分享报告和课堂讨论情况即时进行点评和总结。

质量管理

某医院为更贴心地为患者提供服务，进行了以下改进。

首先，医院在门诊大厅设立"大堂主管"，专门负责解答患者的各种问题，并且推行"首问负责制"和"首访负责制"，问到哪个人，访到哪个科室，相关人员都有义务为患者解答问题。

其次，将自动扶梯"移植"到医院里来，方便病人上下楼，医院还在急诊室门口安排护士专门负责接救护车，确保危重病人在第一时间得到最有效的救治。抢救室里安装一部专用电话，随时呼叫相应科室的医生到抢救现场。

再次，传统的医院封闭式窗口使交流变得不畅，如药房收费窗口太小，病人想问一句话不得不紧凑上去，收款人也很难与病人交流。该医院将所有窗口都改为无屏障开放式服务台，可以全面贴近病人、方便为病人服务。针对排队时人与人距离太近的状况，采用银行"一米线"的办法，在保护病人隐私的同时，预防传染。

最后，将"精神科"门诊，改称为"情绪门诊"或"快乐门诊"，使精神疾病的患者及家属更易于接受，愿意与医生沟通。

(资料来源：根据网络资料整理而来。)

服务质量是服务机构得以生存和发展的重要基础，是维护顾客关系的重要保证，也是服务机构在市场竞争中取胜的重要保证。服务机构只有不断提高质量，并保持服务质量的稳定性，才能保证服务机构的可持续性发展。

第一节 | 服务质量的评价与监控

一、服务质量的评价

1985 年，美国营销学家帕拉舒拉曼(Parasuraman)、泽丝曼尔(Zeithaml)和贝里(Berry)通过对银行业、信用卡业、证券经纪业与产品维修业 4 种服务行业的探索研究，总结出"服务质量十要素"。这 10 个要素包括可靠性、响应性、胜任性、礼貌性、接近性、沟通性、信任性、保证性、了解性、有形性。

1988 年，三人在这些因素的基础上，再次针对银行业、信用卡业、证券经纪业及产品维修业 4 种服务行业的管理人员及顾客进行了研究，将原来的 10 个要素进行整合，得出服务质量评价的 5 个维度——可靠性、响应性、保证性、移情性和有形性。

可靠性是指服务提供者准确、及时地完成所承诺服务的能力；响应性是指服务提供者重视顾客的感受、愿意协助其解决问题，并且迅速满足顾客需求的能力；保证性是指服务人员具备的专业知识、礼貌及让顾客产生信任感的能力；移情性是指服务提供者设身处地为顾客着想，关心顾客、为顾客提供个性化服务的能力；有形性是指服务提供者的设施、硬件设备等体现出来的服务能力。

根据以上 5 个维度开发的服务质量评价量表(见表 10-1)，将定量研究方法引入服务质量管理实践中。

表10-1　服务质量评价量表

维度	测量项目
可靠性	能够及时完成对顾客所承诺的事情
	顾客遇到困难时，能够表现出关心并提供帮助
	服务机构是可靠的
	能够准时提供所承诺的服务
	正确记录相关服务
响应性	能告诉顾客提供服务的准确时间
	能提供及时服务
	员工总是愿意帮助顾客
	员工能立即提供服务，满足顾客的需求
保证性	员工是值得信赖的
	在从事交易时，顾客会感到放心
	员工是礼貌的
	员工可以从服务机构得到适当的支持，以提供更好的服务
移情性	服务机构会针对顾客提供个性化的服务
	员工会给予顾客关心
	员工了解顾客的需求
	优先考虑顾客的利益
	服务机构提供的服务时间能符合所有顾客的需求
有形性	有现代化的服务设施
	服务设施具有吸引力
	员工有整洁的服装
	服务机构的设施与他们所提供的服务相匹配

雷军说："进了Costco，不用挑，不用看价钱，只要闭上眼睛买，这是一种信仰！"

在Costco，每一个品类只精选2~3个品牌，对消费者来说，一眼就能找到自己需要的东西，这简直就是选择困难症患者的福音。同时，种类少代表每款商品都经过了严格筛选，确保了极致性价比。这意味着在Costco，每一款商品都是爆款。

低价高质，是成就Costco的法宝。一旦某品牌没法在Costco以最低的价格出售，Costco就会立即着手找供应商生产同类的Kirkland(Costco自有品牌)产品，把前者挤出去。在将进销差减到最低的同时，Costco严把质量关。一旦供应商出现质量问题，至少3年都不会与其合作。由于Costco一直秉承低价高品质销售策略，使其产品毛利率始终保持在10%左右，远低于其他零售企业。作为比较，普通超市的毛利率会在15%~25%，而在Costco，商品一旦高过14%的毛利就必须汇报CEO，再经董事会批准，如果商品在别的地方定的价格比在Costco的还低就会下架。

此外，凡是在Costco购买的任意商品(包括会员卡)，均可享有Costco全额退款保证，而且不限定时间(电器类除外，其退货时限为3个月)。通常，美国的零售企业是允许顾客无理由退货的，有些企业是7天之内顾客都可以无理由退货，有些企业是1个月之内都可以无理由退货，还有些企业是3个月之内都可以无理由退货。Costco不仅允许顾客无理由退货，而且不限定退货的期限。换句话说，如果消费者半年之后，甚至9个月之后去退货，Costco都会同意。

(资料来源：根据网络资料整理而来。)

二、服务质量的监控

服务质量的监控是指服务机构为了及时发现服务中的失误，而依据服务理念和服务标准，建立有效的服务质量监控体系，对服务活动及其质量进行全面监控所采取的措施。服务质量监控的主要措施如下。

(一) 开通顾客投诉和建议的渠道

据西方市场营销专家调查统计，95%的不满意顾客不会投诉，大多数人仅仅是转移购买。所以，服务机构一定要主动向顾客征求意见，了解顾客是否满意。另外，服务机构还必须给顾客提供方便的投诉条件，鼓励顾客抱怨投诉，甚至可以印发一些小册子或其他文字资料，教会顾客如何投诉。

现在有些服务机构开设了免费客服电话，顾客打投诉电话或反映自己的需求时由服务机构支付话费。这一做法体现了服务机构倾听顾客意见的诚意，因而更容易收集到宝贵的意见。

(二) 经常进行顾客满意度调查

服务机构可采取抽样调查和重点调查的方法进行顾客满意度调查，通过调查了解顾客对服务质量的满意度，及时发现服务中存在的问题，并采取相应的措施加以解决。

例如，中国移动公司就建立了一套考评服务的指标体系，同时聘请第三方公司实施顾客满意度研究项目。每年进行最少两次调查，把研究得到的顾客满意度指数作为考核各下属公司的 **KPI** 指标，从而在实施层面上真正地把服务领先的战略贯彻下去。中国移动公司根据满意度研究为各下属公司指出改进短板，限时将短板提升，并把提升的结果作为下一次考评的依据。这样一来，各地市公司只能把服务摆在与业务同等重要的位置，而且把提升服务质量作为一个日常的工作来执行，这是不以各地市公司的意志为转移的必须完成的任务，从而在经营机制上做到了与"服务领先"战略的一致。

随着互联网技术的普遍运用，各种网上信箱、投诉专区和自由论坛、微信公众号等顾客互动平台也成为很多商家获取顾客意见的途径。

(三) 委托质量监督机构到服务第一线进行监督检查

为了使考核督导能够尽量真实、客观、全面地反映服务状况，服务机构可委托第三方机构定期对所有部门进行严格客观的检查。此外，为避免基层部门为应付检查而进行临时整改，还可推出"神秘顾客"检查机制，对各部门随机、随时进行检查，促进各服务部门高质量地为顾客提供服务。

📖 **知识拓展** ┃ 神秘顾客调查

神秘顾客调查是指安排隐藏身份的调查研究人员，或者聘请社会上的人员装扮成顾客去各门店体验特定服务，并完整记录整个服务流程，以此测试整个公司的服务水平和销售状况等。

"神秘顾客"的作用主要体现在以下几个方面。

首先，"神秘顾客"的暗访监督能够比较真实地了解到服务情况，在与奖罚制度结合以后，会带给服务人员无形的压力，引发他们提高自身的业务素质、服务技能和服务态度，从而提高服务质量。

其次，"神秘顾客"可以听到员工对服务机构和管理者"不满的声音"，从而帮助管理者查找管理工作中的不足，改善员工的工作环境和条件，拉近员工与服务机构和管理者之间的距离，从而增强服务机构的凝聚力。

最后，"神秘顾客"有专业知识又肩负明确的使命，加上亲身的感受，所以其调查更直接，问题反映更有深度。

第二节 ┃ 服务质量差距的管理

服务质量差距是指顾客对服务质量的期望与顾客对服务质量的实际感受之间的差距。

一、服务质量差距模型

20世纪80年代中期到90年代初，三位美国营销学家帕拉舒拉曼(Parasuraman)、泽丝曼尔(Zeithaml)和贝里(Berry)对服务感知质量进行了深入研究，提出了顾客感知的服务质量差距模型，用以分析服务失误的根源，进而有的放矢进行服务质量的改善，提升顾客感知的服务质量水平。后人将这一模型称为服务质量差距模型(5GAP模型)，并将三位研究者称为PZB组合。

服务质量差距模型(见图10-1)显示，服务质量差距实际上由五大差距构成。

差距1，即管理层理解差距，是顾客对服务的期望与管理者对这些期望的理解之间的差距。

差距2，即服务规范差距，是管理者对顾客期望的理解与管理者制定的服务规范之间的差距。

差距3，即服务传递差距，是服务规范与实际传递的服务之间的差距。

差距4，即市场沟通差距，是实际传递的服务与对外沟通之间的差距。

差距5，即顾客感知差距，是顾客期望的服务与实际感知的服务之间的差距。

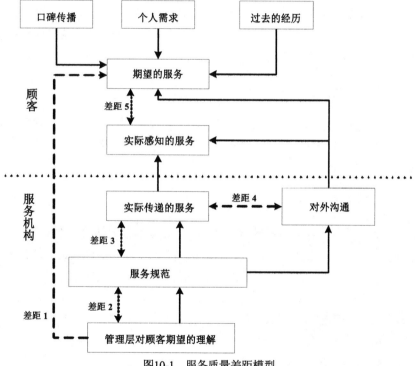

图10-1 服务质量差距模型

二、导致服务质量差距的原因

(一) 导致管理层理解差距的原因

导致顾客对服务的期望与管理者对这些期望的理解之间出现差距的主要原因是：管理者并不知道顾客真正的需求是什么；服务机构缺乏对市场需求的调研或者市场调研和消费需求分析

的方法不正确，管理者从中得到的信息不准确；服务机构内部组织重叠、层次过多，阻碍或改变了消费需求信息的传递。

(二) 导致服务规范差距的原因

导致管理者对顾客期望的理解与其制定的服务规范之间产生差距的主要原因是：管理者对服务质量不够重视，或者没有能力构造出一个能满足顾客期望的服务质量目标并将这些目标转换成切实可行的服务标准；管理者对顾客的服务质量期望在认知上有偏差，从而难以生成一套合理的服务质量标准；在生成服务质量规范的过程中，没有认真听取一线服务员工的意见，使得所制定的服务规范可操作性差，难以满足顾客对服务的期望。

(三) 导致服务传递差距的原因

导致服务规范与实际传递的服务之间产生差距的主要原因是：服务标准太复杂或太苛刻，在现有条件下难以实现；员工对标准有意见，或员工对标准的理解出现了偏差；公司对员工的培训不够，大多数员工的服务技能达不到标准的要求；服务机构的技术和系统没能按标准为员工的服务提供必要的帮助；顾客未能有效地配合服务过程的各项活动；服务机构高层管理者对服务质量工程未给予足够的重视和支持等。

(四) 导致市场沟通差距的原因

导致实际传递的服务与对外沟通之间产生差距的主要原因是：服务机构的信息传播组织与经营管理系统之间缺乏充分和有效的协调；服务机构出于各种原因，在广告宣传和其他市场传播中过于夸大其词或承诺过多等。

(五) 导致顾客感知差距的原因

导致顾客期望的服务与顾客感知的服务之间产生差距的原因就是上述 4 个方面的差距，即正是由于管理层理解差距、服务规范差距、服务传递差距、市场沟通差距而使服务机构传递的服务价值、顾客感知的服务价值、顾客期望的服务价值三者之间不一致。

三、消除服务质量差距的对策

(一) 消除管理层理解差距的对策

消除顾客对服务的期望与管理者对这些期望的理解之间的差距的对策是：加强市场调研，包括问卷调查和访谈设计、顾客满意度研究、投诉内容分析等；增加管理者(中层及高层)与顾客之间的互动；促进和鼓励一线员工与管理层之间的沟通。总之，就是要使服务机构的管理者对顾客的服务质量期望具有准确感知。

(二) 消除服务规范差距的对策

消除管理者对顾客期望的理解与管理者制定的服务规范之间的差距的对策是：明确服务质量管理的目标；在管理层中统一对顾客服务质量期望的认识；由具有专业能力的管理者来制定服务质量标准；制定服务规范时充分听取一线员工的意见，使之具有可操作性，并确保准确反映顾客的服务质量期望等。

(三) 消除服务传递差距的对策

消除服务规范与实际传递的服务之间的差距的对策是：服务机构高层管理者要向全体员工表明推行服务质量工程的决心，并对此给予必要的支持；所有服务质量规范都应在清晰、简洁和可操作的原则下制定，使之易于理解与执行；强化员工培训，确保所有员工都对服务质量标准有一致的认识和理解；调整服务机构的服务设施、设备、工具和环境设置，使服务机构的运营系统和传递系统能对员工的服务工作产生良好的支持作用；考虑采用智能技术手段代替全部或部分人工服务；引导顾客，使他们在有效传递服务的过程中扮演好自己的角色并承担责任。

(四) 消除市场沟通差距的对策

消除实际传递的服务与对外沟通之间的差距的对策是：加强内部沟通，使部门之间、人员之间相互协作，尤其是信息传播部门及其员工与服务运营系统各部门及其员工间要加强沟通与协作，努力使实际传递给顾客的服务与广告宣传等传播手段所表达的相一致；不盲目承诺，加强对市场信息传播的监管，要及时纠正过度承诺的传播行为；所有有关服务质量的信息，如广告、宣传手册和网站上的服务描述、服务承诺和保证等内容，在对外发布之前要预先测试，以确定目标顾客的理解是否符合公司的设想。

(五) 消除顾客感知差距的对策

为了消除顾客感知差距，服务机构一方面应该准确掌握并理解顾客的期望甚至引导顾客期望；另一方面要加强内部运营管理，通过多种手段尽可能地消除以上4项差距，使服务机构传递的服务价值、顾客感知的服务价值、顾客期望的服务价值三者之间保持高度统一。

第三节 服务的标准化

服务标准是指服务机构指导和管理服务活动的行为规范。

服务的标准化，或称标准化服务，是指服务机构制定服务标准、发布服务标准，以及全面实施服务标准的全部活动过程。

一、实施服务标准化的意义

(一) 减少服务偏差

对于服务机构来说，提供一时的优质服务并不难，而能够始终保持稳定的服务则非常困难。只因为如此，让顾客每一次都能感受到同样好的服务是服务机构所追求的目标。美国假日酒店的"no surprises"广告就声称在他们的酒店里，顾客不会发现什么惊奇的事情，其目的就是凸显其始终一致的服务质量。

对于服务机构而言，形成一种零缺陷的文化来保证第一次就把事情做对是至关重要的，而实施服务的标准化就是一种明智的选择，因为它可以大大减少服务偏差，是服务机构持续提供稳定服务的根本保证。

迪克·蔡斯(Dick Chase)是著名的服务运作专家，他建议采用防故障程序来防止服务失误。例如，在医院经常采用防故障程序来防止出现潜在的危及生命的失误。例如，外科手术工具托盘上每一件工具都有对应的凹槽，并且每一件工具都放在与其外形一致的凹槽内，这样一来，外科医生及其助手们在缝合病人的伤口前可以清楚地知道是否所有的工具都在它的位置上。

西安市曾颁布了《西安传统小吃制作技术规范：牛羊肉泡馍》《西安传统小吃制作技术规范：葫芦头泡馍》《西安传统小吃制作技术规范：肉夹馍》《西安传统小吃制作技术规范：biangbiang 面》《西安传统小吃制作技术规范：蓝田饸饹》五项地方技术规范，其目的：一是让地方小吃的加工制作更加规范化——从食材原料到加工工艺，从制作配方到制作流程，以标准化的加工方式确保制作过程统一、规范、严谨，确保小吃味道纯正；二是用标准化理念推动传统特色小吃标准化、连锁化、规模化经营。

(二) 有利于服务机构对服务的管理

服务标准可以促使员工持续改进服务行为，确保服务质量的稳定。另外，实施服务标准可使服务的开展有章可循、有据可依，为实现经营连锁化、规模化创造条件。

例如，希尔顿酒店在制定的员工手册中对员工的各个方面都做了十分详细而严格的规定，无论是开门、送餐，还是电话交流，希尔顿酒店都制定了一套严格的工作程序，人员手册上还有服务仪表、仪态、礼貌用语等各个方面的详细要求，希尔顿还不断投入人力物力去完善服务人员的工作手册，使员工的各项工作更加标准化，从而保持了酒店服务的稳定性。

全聚德在中餐标准化方面进行了积极的探索：鸭坯由专门的饲养基地供应，通过统一供雏确保鸭种质量，制定了高于国家标准的服务机构标准《北京鸭防御标准》并严格执行，还研制了专用烤鸭调料，并与德国一家制造商合作开发了符合环保要求的第四代智能烤鸭炉，既吸纳了现代高科技元素，又保持了传统北京烤鸭的独特风味。这样一来，既能保持统一风味，方便连锁店推广，又有效防止了技术外流，推进了全聚德烤鸭的现代化、规模化和连锁化。

❖ **案例** | 麦当劳的服务标准

尽管世界各国的市场都无一例外地在不断变化，尽管不同国家的市场环境存在着极大的差别，但整个麦当劳无论是美国国内的连锁店还是遍布世界各地的连锁店，几乎都采取了一种高度程式化的相同的服务模式。

麦当劳对食品不仅有着定性的规定，而且有着定量的规定。例如，汉堡包的直径统一规定为25厘米，食品中的脂肪含量不得超过19%，炸薯条和咖啡的保存时间分别不得超过10分钟和30分钟，甚至对土豆的大小与外形等都有规定。汉堡包有精确的制作公式、每种食品有标准化的烹调时间、烹调步骤和保存时间，所有的原料必须向经过核准的供货商购买。

此外，麦当劳对食品的温度有明确规定：所有的食品冷的要冷，热的要热；冷的以4℃为宜，热的则以40℃为宜。在品质控制方面则更严格，对所有的产品进行全面的核查，严格统一。麦当劳的炸薯条被公认为是好吃的，他们除了重视土豆的形状、颜色、质地的挑选外，还规定，如炸薯条7分钟内未出售，则全部扔掉。牛肉类食品要经过40项质量检查，所有的产品均须抽样分析以求口味纯正、新鲜。麦当劳老板自信地说："全世界麦当劳汉堡包的品质都是一样的。"

麦当劳规定：店长必须亲自检查原材料，做到亲眼看、亲手摸、亲口尝来了解原材料是否合格，一旦发现问题，必须马上采取相应措施。

为了使所制定的各项标准能够在世界各地的连锁店得到严格执行，麦当劳设立了"汉堡包大学"，以此来培养店长和管理人员。此外，麦当劳还编写了一本长达350页的员工操作手册，详细规定了各项工作的作业方法和步骤，以此来指导世界各地员工的工作。

可以说，麦当劳卖的不是产品，而是一套系统。麦当劳在不断的探索中采用流水线作业，标准化操作，大批量生产，低成本运作，从而实现了四无理念：无论何时，无论何地，无论何人来操作，无论在哪个地方，麦当劳食品的大小、分量和味道都一样。

（资料来源：根据网络资料整理而来。）

(三) 有利于顾客识别和判断服务是否达标

服务标准一旦公布，就成为判断服务质量的有形线索之一，成为检查评定服务的依据，顾客可以根据标准中的要求评价服务情况，也可放心接受服务，从而提高顾客的满意度。

例如，商场对员工的仪表、考勤、用语、行动准则、处理顾客投诉的权限与时间进行明确的规定，顾客也可根据规定监督服务人员，并做出评判。

几乎可以说世界上只要有华人的地方就可以看到"扬州炒饭"，但没人能说清什么是正宗的"扬州炒饭"，对"扬州炒饭"的主配料也是说法各异，甚至连扬州市在申请"扬州炒饭"注册商标时，也无法提供一个统一的标准，造成鱼龙混杂的情况。不久前，继成功申请注册"扬州炒饭"的商标后，中国名吃"扬州炒饭"的"标准"正式出台。新出台的"标准"对扬州炒饭的制作方法、技术要求、生产以及销售等，都进行了非常详细的说明，一方面规范了"扬州炒饭"的相关服务，另一方面也方便顾客进行评判和监督。

二、服务标准的制定

为了提高及稳定服务质量，服务机构应系统地建立一套精细、规范的服务标准，并且以此标准引导、规范、约束服务人员的行为，从而确保服务人员始终按照服务机构的要求来提供服务，使服务偏差被控制在尽可能小的范围内。

(一) 服务标准要以顾客需求为导向

有些服务机构推出的所谓"高质量标准"却不是顾客所需要的，如餐馆要求服务人员向顾客行 90 度的鞠躬礼，但上菜的速度却非常慢，这样的标准就是本末倒置，对顾客毫无用处。所以，服务标准的制定要以顾客需求为出发点，切实反映顾客关心的问题，只有这样才能为顾客带来实实在在的利益，具体做法如下。

(1) 要进行全面、深入、细致的顾客调研，了解顾客对服务过程中的每一个环节的期望或要求。

(2) 按照顾客的期望或要求拟订服务标准，将笼统的顾客期望或要求转变为具体、清晰、简洁和现实可行的服务标准。

(3) 对所拟订的服务标准从重要性、紧迫性、可接受性、可执行性、挑战性、前瞻性等方面进行评估、排序和选择，拟订的初步的服务标准要征求顾客意见，并且根据顾客的意愿加以改进。

(4) 实施并修订服务标准，从而确保所制定的标准能有效提高服务的效率、给顾客带来便利、节约顾客成本，也为服务机构和服务人员提供行为指南，为服务管理部门考核、评价和改进服务质量提供客观依据。

(5) 实施标准跟进策略，即将自己的服务标准与竞争对手的服务标准进行对比，在比较、检验和学习的过程中逐步提高和完善自身的服务标准。

❖ 案例│肯德基的服务标准

肯德基的成功与其标准化管理分不开，正是通过实行标准化策略，肯德基得以迅速扩张。

1. 食品品质标准化

首先，肯德基严把原材料质量关。从质量、技术、财务、可靠性、沟通5个方面对供应商进行星级评估并实行末位淘汰，坚持进货索证，从源头上把控产品品质。

其次，严把工艺规格关。肯德基的所有产品均有规范和数字化的要求，如可乐温度为4℃，面包厚度为17mm，炸鸡的中心温度必须达到65℃。

最后，肯德基严把产品保质期关，如炸鸡出锅后1.5小时内销不出去，就必须废弃；汉堡的保质期为15分钟；炸薯条的保质期只有8分钟。如此种种措施充分保证了肯德基的品质，也确保顾客可以在任意一家肯德基餐厅享受到同一品质和口味的炸鸡。

2. 服务标准化

全球推广的"CHAMPS"冠军计划，是肯德基取得成功业绩的主要法宝之一。其内容为：

C——Cleanliness(保持美观整洁的餐厅); H——Hospitality(提供真诚友善的接待); A——Accuracy(确保准确无误的供应); M——Maintenance(维持优良的设备); P——Product Quality(坚持高质稳定的产品); S——Speed(提供快速迅捷的服务)。"冠军计划"有非常详尽、操作性极强的细节，要求肯德基在世界各地每一个餐厅的每一位员工都严格地执行统一规范的操作。

例如，肯德基门店服务的7个步骤如下。

第一步，欢迎顾客。要求服务员要做到声音清晰、姿态热情，动作自然，表情亲切，笑容甜美，手指干净，保持台面洁净光亮。

第二步，点餐。如果顾客主动：认真倾听顾客点餐，不打断，在顾客报出每一项餐点后，以清晰的声音重复一遍，然后再输入收银机，当顾客停顿时，观察顾客是否有选择上的疑问，立刻解释并适当建议销售大份产品、饮料及漏点新产品，然后把顾客所点的所有餐点重复一遍，若餐点过多，可帮顾客整理，告诉其点了多少饮料和同类产品，并且询问是堂食还是外带，这时再次建议销售漏点的产品或饮料，可以组成套餐的则帮其转成套餐，最后报出餐点总价。如果顾客被动：询问是堂食还是外带，几位用餐，可以建议经典套餐，也可以建议新促销套餐及大类产品。

第三步，建议性销售。建议顾客购买大份产品：当顾客未指明规格，很自然地说"是大杯饮料吗"；如顾客未点其中的某项，自然简单地建议漏点项目；正在促销的产品及玩具是非常容易进行建议性销售的项目，但是如果顾客说"就这样了"的时候，就不要再向顾客做建议性销售了。

第四步，确认点餐内容。当顾客点完餐之后，你需要告诉顾客点了一些什么，若有加点，则要再向顾客重复，并告诉顾客价钱，并询问其是否需要打包。

第五步，配餐。要注意配餐的先后顺序：汤/热饮、冷饮—主食—甜点。餐点的摆放要注意冷热及串味等。打包的产品要先装好再装袋。

第六步，找零并再次确认点餐内容。务必使顾客听清餐点重复，并在顾客离开前确认收银的对错；顾客在任何一家肯德基快餐店付款后必须在两分钟内上餐。

第七步，感谢顾客，向其表达欢迎下次光临。

3. 外观标准化

在肯德基里每一位员工都要持健康证上岗，上班服饰统一，上班前必须洗手消毒，消毒水4个小时更换一次。

装修风格上肯德基也体现了严格的标准化，肯德基公司在全世界80个国家和地区开设了1万多家网点，且在世界各地都通过特许专卖的方式拓展网点，所有网点的内外装修都按统一的7套图纸进行，装修的主色调都是以粉红和粉蓝为主……这些标准无论是在肯德基的哪个门店都要严格执行，因此肯德基快餐店无论在哪里都有统一的形象，这有助于人们对它的认同。

(资料来源：根据网络资料整理而来。)

(二) 服务标准要具有明确的指示性

服务机构要制定科学合理的、切实可行的规章制度和服务标准，明确规定服务程序、服务步骤、服务方式、服务方法等服务政策，并且以书面形式公布出来，给员工清晰的指示，使每一个员工都知晓标准的内容并且严格遵守，从而使员工的服务行为有章可循，有规可依，减少主观随意行为，实现服务标准化、规范化的目的。

服务机构在制定服务标准时，既要争取涵盖服务的全部属性，又要简明扼要方便员工学习并随时翻看。切忌内容写得过于晦涩难懂，甚至引起歧义，否则极易造成因服务标准过于烦琐而导致员工难以记忆，产生服务偏差。

例如，光大银行的服务标准为：举手服务，即要求柜员站立迎送顾客，举手示意，面带微笑；晨迎制度，即要求营业厅员工每天微笑迎接入门的第一批顾客；统一形象和服务摆件，即要求统一员工胸牌、顾客留言本、捐款箱、小药箱等物件的样式和标准等；大堂协同作业，即要求营业网点各岗位协同作业，全程为顾客提供优质周到的服务。

屈臣氏也相当重视服务，提出了简单而又有效的服务标准：所有员工必须对来店的顾客打招呼"欢迎光临！有什么可以帮到您！"同时，要微笑，要有眼神接触——只有眼神接触的招呼才是有效的，才是让顾客感觉有诚意的。当发现顾客手中的物品超过两件时，第一时间问顾客是否需要购物篮，当发现顾客提满一篮产品时要帮忙拿到收银台，让顾客时时感受到被关心、被重视。屈臣氏要求，在收银台前，一般不能有超过 5 个顾客排队买单，如果出现这种情况，必须马上呼叫其他员工帮忙。在得到顾客的帮忙请求时，无论员工在忙什么，都要第一时间赶到收银台，解决收银排队问题。在顾客离开店铺时，员工都要以亲切的态度说"欢迎再次光临"。

❖ **案例**┃**永辉超市对服务人员的要求**

三不进卖场：不穿工作服不进卖场；不佩戴工号牌不进卖场；仪表不庄重、衣帽不整洁不进卖场。

三条铁规矩：商品必须上齐、丰满、卫生；面对顾客要以理服人，心平气和；定位定岗，不扎堆闲聊，不说笑打闹，不抢购快讯商品。

三个必须这样做：待客必须有礼貌，用敬语；说话必须诚实，帮助挑选，当好顾客的参谋；必须认真执行便民措施，保证顾客满意。

(资料来源：根据网络资料整理而来。)

(三) 服务标准要定量化具体化

为了使服务标准能够更好地执行和落实，服务机构制定的服务标准还必须定量化或具体化。

例如，某银行的服务标准清晰明确地规定：在等待任何出纳的服务时，排队等待时间都不超过 5 分钟；顾客在下午 3 点之前进行的咨询，将在当天收到答复；一周 7 天，一天 24 个小时，都可与电话服务人员通电话；一周 7 天，一天 24 个小时，都可使用自动取款机。

(四) 服务标准要兼具可行性与挑战性

在制定服务标准时，应注意兼具可行性和挑战性，如果服务标准定得过高，则员工可能因无法达到要求而感到力不从心或沮丧，甚至会因为达不到要求被批评而滋生不满情绪；若确定的服务标准过低，则会导致员工在执行时毫无压力，甚至认为缺乏挑战，不能调动自身的主观能动性来提高服务质量。因此，既切实可行又具有挑战性的服务标准，才能激励员工努力做好服务工作。

(五) 服务标准要兼具稳定性与动态性

服务标准确定以后，不可朝令夕改。否则，不仅不利于员工的学习与掌握，同时也使标准本身丧失了权威性，但并不是说服务标准是一成不变的，服务机构可根据外部环境的变化，如国家政策、科技发展、用户需求变化等和内部环境，如服务项目变化、升级等做出相应调整。例如，当"24小时内"已作为上门维修服务的通行标准时，若服务机构依然坚持"3日内"的传统标准，则可能会失去大部分顾客。

❖ 案例 | "真功夫"的标准化

我们知道，同样的食材，不同的人会烧出不同的味道；即便是同一个人，在不同时间、地点、心情、火候下，也会烧出不同的口味。为此，中式菜点要实行中心厨房大生产，提高机械化、数控化生产能力，才能保证其产品的同一性、统一性。

"真功夫"就曾建立起三大标准运营体系——后勤生产标准化、烹制设备标准化、餐厅操作标准化。

1. 后勤生产标准化

"真功夫"将后勤与店面分离管理，打破中餐厅前店后厨的传统，所有的原材料采购，半成品加工、冷藏、配送都由后勤独立完成，从而保证了从选料、加工到配送等各道工序的标准化。目前，"真功夫"已在全国设立三个现代化后勤中心，通过科学严密的流程管理，实行统一采购、加工与配送，达到后勤生产标准化，为实现中餐操作标准化提供有力支持。

2. 烹制设备标准化

目前我国生产的中式快餐烹制设备很少，有的甚至缺门，有的需从日本进口，而进口设备与我国中式快餐实际生产要求又有差距，再加上很多服务机构不想或没能力进行机械化改造，影响了中式快餐质量标准的稳定。"真功夫"烹制设备标准化是通过独创电脑程控蒸汽柜，巧妙地利用蒸气控压控温原理，使烹饪过程能保持一个统一的标准：1~2个大气压、101℃，及统一的蒸制时间，即使烹饪过程同压、同时、同温，从而解决了中国美食无法量化烹饪的难题，能做到和"洋快餐"一样工业化生产，保证食物品质的绝对一致。有了匹配产品特征的标准化设备，餐厅所有的食物烹饪都不需要厨师，只需培训几分钟就可以让新员工上岗，只要按操作流程执行，就能保证产品的品质及口感。烹制设备标准化，保证了食物的统一品质，实现了中式快餐"80秒钟取餐""千份快餐一个口味""无须厨师"的梦想。"真功夫"量化快餐制作的标准，保证了质量的稳定和口味的纯正。

3. 餐厅操作标准化

"真功夫"的10本《营运手册》对餐厅的每个岗位制定了操作标准，使餐厅运营变得更加标准有序，大大简化了整个生产及营运的流程管理，并使其复制开连锁分店更加高效、迅速。蔡达标说，"真功夫"的10本标准手册是"最完善的中餐标准化宝典"之一。

以上三大标准的实施，特别是烹制设备标准化使得"真功夫"在中式快餐中脱颖而出。

(资料来源：根据网络资料整理而来。)

三、智能服务

我们知道，造成服务差异性的主要原因，是不同的服务人员提供的服务往往有差异，即便是同一个服务人员在不同的状态下，提供同样一项服务也会不一样。有时候尽管实施了严格的服务标准，但是仍然难以确保人为的服务不会出现偏差。

因此，为了降低和减少服务的差异，避免人为因素的影响，服务机构还可以使用智能机器代替部分服务人员的工作，它们可以以"绝对标准"的服务为顾客提供无差异的服务。

例如，走进无人银行，找不到一个保安，取而代之的是人脸识别的闸门和敏锐的摄像头；找不到一个大堂经理，取而代之的是会微笑说话，对你嘘寒问暖的机器人；更找不到一个柜员，取而代之的是效率更高、懂你所要的智能柜员机。无人银行可以办理90%以上的现金及非现金业务，即使是剩下的那不到10%的业务，也可以用银行提供的耳机和眼镜等辅助设备，通过远程服务来完成。

❖ 案例 | 海底捞的无人餐厅

海底捞斥资1.5亿元打造的"无人餐厅"在北京正式营业，昔日穿梭不息的服务员，瞬间被智能机器人取代。

颠覆1：洗菜工消失了。海底捞"无人餐厅"把食材加工的所有环节统一前置到外包供应商和中央厨房。所有菜品从自动控温超洁净智能仓库中，全程经0~4℃冷链保鲜物流直达门店。

颠覆2：配菜员不见了。顾客通过iPad点完单后，数据就会传到后厨的菜品仓库中，这时海底捞的机器臂可触达两米多高的货架顶层，轻松取下菜品，再放到传送带上送至传菜口。这个过程，人工配菜员至少需要10分钟，但机器臂仅用两分钟就能完成，顾客的等餐时间大幅缩短。

颠覆3：传菜员失业了。机器臂配好菜后，在一旁待命的机器人就会得到指令，准确无误地将菜品送到顾客桌子前。

颠覆4：酒水配送员不见了。在海底捞"无人餐厅"的酒水区，设有一个3米高的自动酒水柜，可以容纳1100个抽屉，各类酒水饮料一应俱全。这个酒水区有一个"大脑"，系统根据点餐信息，可以将酒水自动送到一个出口处，顾客可以自己去取，也可以呼叫工作人员送达。

颠覆5：店长作用弱化了。海底捞这家"无人餐厅"是与松下、阿里合作建成的，在店内的监测大屏上，不仅能够看到每部机器、每个环节的运转情况，还能实时监测菜品的剩余数量，以及是否有超过48小时的过期菜品。传统餐厅店长的作用在这里被大大弱化。

（资料来源：根据网络资料整理而来。）

第四节 | 服务质量的补救

一、服务质量补救的意义

对于服务机构来说，服务过程完美无缺是一种最理想的状态，但是任何一家服务机构在提供服务的过程中都难免会出现失误——有时候员工会犯错误，有时候系统会出现故障，有时候一些顾客的行为会给另外一些顾客造成麻烦等。

为避免服务失误给服务机构带来的负面影响，尤其是为避免顾客的流失，服务机构应当重视服务补救，并采取措施纠正错误，力争挽回不利的局面。可以说，实施有效的服务补救是确保服务质量的最后一道防线。

二、服务质量补救的实施

(一) 以真诚的态度面对顾客

在许多服务失误中，顾客尝试着去了解为什么会发生失误，希望被诚实、细心和有礼貌地对待，顾客还希望看到服务机构承认服务失误并且正在采取措施解决这一问题。因此，服务提供者在补救服务失误的过程中，要使顾客处于知情状态，要对顾客表示歉意和关心，对顾客的失望和愤怒表示理解。

(二) 及时进行有效的补救

考虑到服务补救的及时性将影响顾客的感受，服务机构必须在第一时间解决问题，对症下药。为此，服务机构应有"失误处理"预案，平时还要注意培训一线员工，以使得他们具备及时进行补救的能力。

(三) 提供恰当的补偿

合理的经济补偿是必不可少的，它可以减少甚至避免"坏事传千里"。补偿方式包括免费、打折、赠送优惠券等方式。此外，服务机构应当授予一线员工在一定范围内无须请示而可以直接处理问题、提供补偿的权限。

(四) 跟踪补救的成效

服务机构要对顾客进行跟踪调查，了解他们对服务补救措施的满意程度，如果不满意必须进一步改进，直至顾客表示满意为止。

此外，服务机构必须总结服务失误的教训，警钟长鸣，吃一堑长一智，唯有如此，才能防患于未然，避免此类失误再度发生。

❖ **案例** │ 35 个紧急电话

某天下午，在日本东京奥达克余百货公司，售货员彬彬有礼地接待了一位来自美国的女顾客，并为她挑选了一台未启封的"索尼"牌录音机。事后，售货员清理产品时发现错将一个空心录音机货样卖给了那位顾客，于是立即向公司警卫做了报告。警卫四处寻找，但顾客已不见踪影。

经理接到报告后，觉得事关公司信誉，非同小可，马上召集有关人员讨论。当时只知道那位女顾客叫基泰丝，是一位美国记者，还有她留下的一张"美国快递公司"的名片。

根据仅有的线索，奥达克余公司公关部连夜开始了一连串接近于大海捞针的寻找。先是打电话，向东京各大旅馆查询，毫无收获。后来又打国际长途，向纽约的"美国快递公司"总部查询，深夜接到回话，得知基泰丝父母在美国的电话号码。接着马上给基泰丝的父母打电话，进而打听到基泰丝在东京的住址和电话号码。几个人忙了一夜，总共打了35个紧急电话。

第二天一早，奥达克余公司给基泰丝打了道歉电话。几十分钟后，公司的副经理和提着大皮箱的公关人员，乘着一辆小轿车赶到基泰丝的住处。两人进了客厅，见到基泰丝就深深鞠躬，表示歉意。除了送来一台新的合格的"索尼"牌录音机外，又加送唱片一张、蛋糕一盒和毛巾一套。接着副经理打开记事簿，宣读了怎样通宵达旦查询基泰丝的住址及电话号码，及时纠正这一失误的全部记录。

这时，基泰丝深受感动，她坦率地说买这台录音机是准备作为礼物送给外婆的。回到住所后，她打开录音机试用时发现这是一个空心录音机，根本不能用，当时她火冒三丈，觉得自己上当受骗了，立即写了一篇题为《笑脸背后的真面目》的批评稿，并准备第二天一早就到奥达克余公司兴师问罪。没想到，公司纠正失误如同救火，为了一台录音机，花费了这么多的精力，基泰丝深受感动，她撕掉了批评稿，重写了一篇题为《35个紧急电话》的稿件。

《35个紧急电话》稿件见报后，反响强烈，奥达克余公司因一心为顾客解忧而声名鹊起，门庭若市。

(资料来源：根据网络资料整理而来。)

本章 练习

一、不定项选择题

1. 服务人员能迅速地提供服务，这时服务质量评价中的(　　)就高了。
   A. 可靠性　　　　　　　　　　B. 保证性
   C. 响应性　　　　　　　　　　D. 关怀性

2. 服务标准要具有(　　)。
   A. 明确的指示性　　　　　　　B. 定量化或具体化
   C. 可行性与挑战性　　　　　　D. 稳定性与动态性

3. 服务质量差距指的是(　　)之间的差距。
   A. 服务机构所理解的顾客期望与实际的顾客期望
   B. 服务机构对顾客的承诺与实际传递的服务
   C. 顾客对服务的期望与顾客对服务的感知
   D. 服务机构制定的服务规范与所理解的顾客期望

4. 联邦快递公司的服务宗旨是：每次服务让顾客 100%满意，每件邮包处理 100%达到服务标准。为此，联邦快递公司采用了人工信息追踪系统，它能够在很短的时间里追踪并处理即时数据。从取件开始，到包裹到达签收为止，整个运送过程的每一个环节，高级追踪器都会自动记录下每次扫描的时间和数据，同时下载信息到追踪系统。这样，当顾客打电话询问"我的邮包在哪里？""什么时间送到？"等问题时，服务人员可以借助系统描述邮包整个递送的过程。联邦快递采用人工信息追踪系统后会提高服务质量的( )。

    A. 响应性   B. 有形性

    C. 保证性   D. 可靠性

5. 下列选项中，包含在服务质量评价的 5 个维度中的是( )。

    A. 有形性   B. 可靠性

    C. 响应性   D. 礼貌性

二、判断题

1. 接通率、掉话率、短消息发送成功率等都是反映通信服务移情性的具体指标。（ ）

2. 在评价服务质量的五大标准中，服务的响应性是指服务机构具有能够提供服务的能力和信用。（ ）

3. 服务机构要准确地完成所承诺的服务，这体现出服务的移情性。（ ）

4. 可靠性是指服务机构能迅速应对顾客提出的要求和询问，并且及时、灵活地处理顾客的问题。（ ）

5. 顾客导向的服务标准是指服务机构根据生产率、成本、技术质量等运营目标所制定的服务标准。（ ）

三、思考题

1. 如何评价与监控服务质量？

2. "神秘顾客"有什么作用？

3. 请绘出服务质量差距模型图。

4. 实施服务标准化的意义是什么？如何制定服务标准？

5. 服务质量补救的意义是什么？如何实施服务质量的补救？

本章实践

成功案例分享——××服务机构的质量管理

实践内容：

1. 充分调研，客观全面分享一家服务机构质量管理的成功经验。

2. 分享的内容，不求面面俱到，但求典型有效。

3. 注意介绍其中应用到的互联网、大数据、人工智能技术。

实践组织：

1. 教师布置实践任务，指出实践要点和注意事项。

2. 全班分为若干个小组，各组确定本组分享的专题(如产品策略、定价策略……)。

3. 相关资料和数据的收集可以进行实地调查，也可以采用第二手资料。

4. 小组内部充分讨论，认真研究，形成分享报告。

5. 小组需制作一份 5～10 分钟能够演示完毕的 PPT 文件在课堂上进行汇报，之后其他小组可提出问题，台上台下进行互动。

6. 教师对每组的分享报告和课堂讨论情况即时进行点评和总结。

品牌管理

有人曾这么评价吉野家：厅堂"干净明亮"，服务"快捷周到"，食物"原汁原味、营养健康"，牛肉饭"最经典"，肉"又嫩又香"，米饭"粒粒分明"。此外，吉野家餐厅椅子的高度、硬度、座位之间的间隔都是经过科学测算的，椅子高度让客人用餐时胃部不会感到受压迫，硬度不会让客人身体感到劳累，间隔不会因为节省空间而过小，同时也不浪费空间，让客人感到舒适。

吉野家是以米饭为主的快餐，为了实现快捷和口味一致，实现了原料的标准化和半成品化，也对操作程序进行了细化和标准化。与此同时，吉野家也有完善的目标管理、项目管理和绩效管理等量化的管理系统，支撑品牌的不断发展壮大而不走样。

另外，吉野家橙色的标志很刺激人的胃口，器具用的是很有古韵的大花瓷碗，给人一种在家吃饭的感觉……种种细致入微的考虑成就了吉野家"中国快餐连锁市场顾客最喜爱品牌"的声誉。

（资料来源：根据网络资料整理而来。）

如今市场上的服务机构众多，服务种类也琳琅满目，而要能够在顾客眼中脱颖而出依靠的还得是品牌效应。本章将讨论服务品牌的作用与定位、服务品牌的识别、服务品牌的塑造与维护等问题。

第一节 | 服务品牌概述

一、服务品牌的概念

美国市场营销协会对品牌的定义是，品牌是一个名称、术语、标记、符号和图案设计，或者是它们的不同组合，用以识别某个或某群销售者的产品和劳务，使之与竞争对手的产品和劳务相区别。

1988 年科特勒(Kotler)教授指出，品牌是用来识别一个机构的服务，并与其他机构区别开来的一个名称、术语、标记、符号、图案，或是这些因素的组合。区别专业营销者的最佳方法，就是看他们是否拥有对品牌的创造、维持、保护和扩展能力。

综上所述，服务品牌是指服务机构用来区别于其他服务机构的名称、术语、标记、图案、符号，或是这些因素的组合。

二、服务品牌的作用

服务品牌的作用包含如下几个方面。

(一) 为顾客选择提供可靠的依据

品牌是一种无形的识别器，它能使顾客在面对琳琅满目的产品和服务时，很快做出选择，缩短顾客的购买时间和过程。在顾客不能充分掌握产品或服务信息的情况下，品牌作为判断与辨别服务质量的信息可以在很大程度上影响顾客的选择。

与产品相比，品牌对于服务而言更为重要，因为服务不具备实体性的特点，导致顾客在购买服务时会产生或多或少的疑虑。所以，服务品牌可为顾客选择提供一个可靠的依据，能降低顾客的购买风险，并增强顾客接受服务的信心。

(二) 有利于形成顾客忠诚

顾客不会在意那些一般的服务，即他有你有我也有的服务。顾客需要的是具有竞争力的服务，服务机构如果能做到这一点，在市场竞争中必将赢得巨大的竞争优势。

服务品牌一旦创建成功就像竖起了一道屏障，如果顾客习惯、认可了现有的服务，对新的服务就很可能会采取抵制或不配合的态度，因此有效地阻止了忠诚顾客向新品牌转移，稳定了服务机构的顾客来源。

(三) 有利于拓展服务渠道并节约扩张成本

服务品牌一旦塑造成功，服务机构可以通过连锁、联营、合作、特许等方式，拓展服务渠道，扩大规模。像麦当劳、万豪、希尔顿等服务机构通过连锁经营，实现了规模经营、跨国经营。

另外，服务品牌形成后，服务机构可以凭借品牌效应，迅速地开拓市场，并且节省大量的推广费用，实现低成本扩张。

(四) 获得法律保护

品牌是品牌主的一种无形资产，服务品牌一旦进行商标注册，就会对品牌主的这种资产产生法律保护作用，即可以利用法律武器防止和打击假冒品牌行为。

三、服务品牌的建设

服务品牌建设的目标是打造和提升服务品牌的知名度、美誉度和忠诚度。

一个服务品牌的知名度通常需要经过历史积淀逐渐形成，但也可以运用传播手段使其在短期内得以迅速提升。公众对服务品牌的美誉度与忠诚度不是短期可以形成的，而是要经过漫长的过程。

例如，医院的品牌有名院、名科室、名医(名护)三个层次，三者相互联系——名医具有个人魅力，即专家效应，病人往往冲着某个专家选择某个医院；在名医的基础上，可以由名医带领一个团队形成名科室；在多个名科室的基础上，可以打造名院。名医(名护)、名科室、名院三者互为依托，共同聚合成吸引病人前来就诊的磁石，增强医院的吸引力。

当然，服务品牌的建设是一个长期积淀的过程，不可能一蹴而就，更不可能急于求成。一般来说，服务品牌的建设需要经过：服务品牌的定位、服务品牌的识别、服务品牌的塑造与服务品牌的维护等环节。

第二节　服务品牌的定位与识别

一、服务品牌的定位

服务品牌定位是服务品牌识别、服务品牌塑造与维护的前提。

服务品牌定位是服务机构根据竞争品牌在市场上所处的位置，以及顾客对该种服务特征或属性的重视程度来确定品牌的核心价值与精髓，从而在目标顾客心目中确立一个与众不同的、个性鲜明的形象的过程。

(一) 服务品牌定位的目的

一个服务机构不论它的规模有多大，它所拥有的资源相对于消费需求的可变性和多样性总是有限的。因此，它不可能满足市场上的所有需求，不可能提供所有的服务，也不可能拥有服务的所有优势。

服务品牌定位的目的是获取竞争优势。为此，服务机构要通过市场调查，掌握目标市场的特点，分析自身的优势和劣势、机会和威胁，从而选定在目标顾客心里占据一个特定位置。

例如，面对迪士尼这位新来劲敌，已经有三十余年历史的我国的香港海洋公园，对于一般市民或游客来说都会失去一定的新鲜感和吸引力。海洋公园采取了与迪士尼并存的方式，而不是与其做正面交锋。为了加大与迪士尼的区别，并强化海洋公园的独特优势，海洋公园以"一个土生土长，并以透过互动娱乐联系大自然和大众的主题公园"为新定位，其目标是成为世界上最好的海洋主题娱乐中心之一，并成为访港游客的观光地标。为此，香港海洋公园以"香港人的主题公园"作为推销活动主题，激发香港人与海洋公园的独有深厚情感，透过"与香港/

香港人一齐成长"的独特情怀来做推广，推出了"好赏香港"活动，给所有持有香港身份证的香港人门票优惠。此外，更向香港市民诚征他们曾在海洋公园拍摄的照片，其除了可以获得门票优惠，还可以在公园内张贴照片，这一活动可以勾起大众对海洋公园的美好回忆。结果征集到 6000 多张照片，这也证明了香港市民对海洋公园活动的支持。

(二) 服务品牌定位的关键

服务品牌定位的关键在于创造差异化，形成有特色、有个性的元素，至少在某些方面应与众不同。比如，是强调服务本土化，还是突出延长服务时间；是强调服务的快速，还是突出服务的全天候；是强调一条龙服务，还是突出专业化服务。只有与众不同才能够吸引顾客的注意力。

例如，星巴克这个名字来自梅尔维尔(Melville)的小说 *Moby Dick* 中一位处事极其冷静、极具性格魅力的大副 Starbucks，他的嗜好就是喝咖啡。梅尔维尔被海明威(Hemingway)、福克纳(Faulkner)等美国著名作家认为是美国最伟大的小说家之一，在美国和世界文学史上有很高的地位，但梅尔维尔(Melville)的读者并不算多，主要是受过良好教育、有较高文化品位的人士。星巴克咖啡的名称暗含其对顾客的定位——不是普通的大众，而是有一定社会地位、有较高收入、有一定生活情调的人群。星巴克的这种有所为、有所不为的经营方式取得了巨大的成功。

❖ 案例 ┃ "金葵花" 钻石品牌的定位

招商银行2009年4月正式推出"金葵花"钻石品牌，该品牌仅面向金融资产超过500万元的钻石级顾客群体提供服务。钻石级核心顾客大多为40岁左右的男性或夫妇，这类高端顾客以高管、私营业主或专业投资者居多。

与其他的"金葵花"顾客相比，这类顾客特点鲜明，有着独特的理财需求和投资习惯：首先，他们对资讯的需求高，希望理财经理更多地提供资讯和参考，自己来做判断和决策，注重亲身参与到理财过程之中；其次，中国人财不外露的传统观念使得他们注重服务过程的私密性，行为处事低调内敛；最后，在选择在哪家银行做理财这个问题上，朋友的口碑推荐是最重要的考虑因素之一。此外，"在理性需求上，钻石顾客看重资产的安全增值，在感性需求上，钻石顾客属于接近社会金字塔顶端的人群，是驾驭财富的一群人，财力决定了其价值观，他们以独特智慧结合外来资讯主动创造自己的财富，需要的是不一样的投资理财和增值服务。

为此，招行从投资顾问服务、理财资讯服务、专享服务空间、灵活授信服务、贵宾专线服务、贵宾登机服务、高尔夫畅打服务、健康医疗服务等方面，为顾客打造钻石级的贵宾礼遇。

在理财服务上，钻石顾客由分行级产品经理和钻石贵宾理财经理进行专项服务，提供全面财富规划、资产组合方案定制、投资分析报告、投资组合检视、投资绩效报告等在内的全套投资顾问服务，招行钻石顾客还可时时享受到招行定向发行的钻石尊享理财产品。针对钻石顾客对资讯需求较高的特点，招行为其搭建了专享的投研平台，并根据顾客的定制需求，通过各种信息平台为钻石顾客提供高端资讯服务。

在服务空间上，钻石顾客可实现畅通无阻的全国漫游服务，招行遍布全国的网点将为钻石顾客提供优先服务。钻石财富管理中心的装修和设计理念充分体现了尊崇、私密等特点，只为钻石顾客提供专项服务。招行还为"金葵花"钻石顾客提供灵活专用的授信额度，钻石顾客无须抵押和担保即可享受最高100万元的循环授信额度。此外，钻石贵宾服务专线由经验丰富、专业水平更高的专员提供包括银行咨询、交易、投资理财、商旅出行、预约及提醒等在内的全面服务。

在增值服务上，钻石顾客除可享受到全国机场贵宾登机、高尔夫练习场免费畅打等经典服务外，招行还为钻石顾客着力打造健康医疗服务，钻石顾客及其亲属可以在遍布全国的定点医院享受专家门诊预约、全程导医及专家热线咨询等服务。

（资料来源：根据网络资料整理而来。）

二、服务品牌的识别

服务品牌的识别就是服务机构要设计出合适的服务品牌名称和品牌标志，既要容易识别，又要突出服务特色，此外，要能够对服务品牌进行完美的诠释，还要易于传播。

（一）服务品牌的命名

1. 服务品牌命名的定义

品牌名称是品牌中可以用语言表达的部分，通常由文字、数字组成。名称是品牌的第一要素，品牌名称在品牌要素中处于中心地位，好的名称有助于品牌的建立与传播。

服务品牌命名是指服务机构为了能更好地塑造品牌形象、丰富品牌内涵、提升品牌知名度而为服务品牌确定的名称。要打造一个强势的服务品牌首先要给服务品牌确定一个好名称，服务品牌名称设计得好，容易在顾客心中留下深刻的印象，也就容易打开市场销路。

例如，取个好念、好记、雅致而令人感觉美味的店名往往是餐馆生意兴隆的第一步。如果受众以年轻人为主，店名就要时髦一点，取一个英文店名也无妨；如果受众以中老年人为主，而且卖的是农副产品，那么就最好取一个充满乡土气息的店名。

2. 服务品牌命名的原则

品牌命名不仅要考虑到服务属性、品牌定位、品牌联想，而且要考虑到目标国的文化、价值观、风俗习惯、信仰、法律、政治环境、民族情结、行业历史等因素。

一般来说，服务品牌命名要遵循如下原则。

1）受法律保护原则

品牌名称受到法律保护是品牌被保护的根本，因此品牌的命名要考虑该品牌名称是否侵权、能不能注册成功。再好的名称，如果无法注册，就得不到法律的保护。

2）简单易记原则

品牌名称应简单明了，易于发音和记忆，易为顾客辨认和识别。因为心理学研究表明，人的注意力、记忆力难以容纳5个以上的要素，简单的名称比较容易编码和储存，能够起到促进记忆的功效，如平安保险、王府井百货等。

3) 新颖独特原则

品牌名称应在能够显示服务的品质或能够带来利益的前提下与众不同，使自己的服务在同类服务中具有"万绿丛中一点红"的效果。因此，新颖性和独特性无疑是品牌命名的重要原则，如"雅虎""搜狐""搜狗"等都是新颖独特的好名称。当然，使用业界不太熟悉的词语也有助于增强名称的独特性，如麦当劳、摩根等。

4) 暗示功能属性原则

品牌名称应与服务功能、特征及优点相吻合、相协调，巧妙地将品牌名称与服务属性联系起来。例如，联华超市将大、中和小型超市分别设立了不同的品牌，大型超市称为世纪联华、中型超市称为联华超市，小型便利店称为快客。

5) 符合文化习俗原则

不同国家或地区的顾客因民族文化、宗教信仰、风俗习惯和语言文字等存在差异，对同一品牌名称的认知和联想是截然不同的。因此，品牌名称要适应目标市场的文化习俗，以免影响品牌的发展。在经济全球化的趋势下，品牌名称应符合全球通用的原则。

6) 启发品牌联想原则

正如人的名字普遍带有某种寓意一样，品牌名称也应包含与服务相关的寓意，让顾客能从中得到有关服务的愉快联想，进而产生对品牌的认知或偏好，例如，"香格里拉"能代表环境优美的世外桃源。

7) 通用性原则

好的名称应该赋予品牌一定的延伸空间，使品牌能够扩展到其他品类上，能够扩展到不同的国家或区域市场。例如，亚马逊最初以网上售书为主营业务，但其名称为其将来扩展到其他领域提供了延伸空间，现如今其主营业务范围已扩展到了玩具、服装、饰品、护肤品、数码产品等。

❖ 案例 | "老凤祥"的命名

创建于清道光二十八年(公元1848年)的老凤祥银楼，有着悠久的历史，是中国首饰业的世纪品牌。伴随着历史沧桑的巨变，经历了百年风雨的洗礼，老凤祥以丰富的经验和青春的活力打造了一条"传承经典、创新时尚"的品牌之路。

关于"老凤祥"三字的来历，据曾在老凤祥银楼从业的业主后裔费诚昌先生说，银楼招牌犹如人的脸面，它要给人一种良好的印象，因此给它"画脸"是颇费心思的。"老凤祥"三个字包含两层意义，"老"是表示资历深厚，足以让人信赖，"凤祥"则是女性至美的象征，并寓意它给人们带来吉祥如意。老凤祥银楼的以凤和汉字组成的标志，正是象形标志与寓意性标志的完美结合，很好地诠释了百年珠宝老店的品牌形象。

老凤祥依托原有银楼的黄金饰品发展老凤祥各类珠宝首饰业务，这一营销举措即为典型的品牌延伸，它不仅给老凤祥在首饰及旅游纪念品行业开辟了新的市场，同时也提高了原有珠宝品牌的知名度。

如今，"老凤祥"已先后荣登"中国驰名商标""中国商业名牌""中国名牌""中国500强最具价值品牌""亚洲品牌500强"和"全球珠宝100强"等荣誉榜。"老凤祥"的成功让我们看到了品牌名称与品牌标志对于一个服务机构的重要性，也让我们更有动力去探究品牌发展决策。

(资料来源：何民浩. 百年"老凤祥"："老凤祥"品牌的发展研究[J]，上海经济，2010(08).)

(二) 服务品牌标志的设计

1. 服务品牌标志的定义

服务品牌标志是指品牌中可以被识别，但不能用语言表达的部分，同样也是构成服务品牌的要素。

2. 服务品牌标志的作用

1) 形象识别作用

识别是品牌标志的基本作用，因为标志的存在就是为了将其所代表的事物的特征、文化内涵等以形象化的表现传递给社会公众，并进行有效沟通，从而取得社会公众的认同。所以，标志符号的造型、色彩、联想和暗示应与所属对象的风格相一致。

2) 沟通作用

随着销售活动的展开，品牌标志和服务机构的名声会借助顾客的口碑在市场上流行开来，所以品牌标志又被誉为无声的推销员。品牌标志在信息沟通方面早已超越了语言、文字的限制。在国家间交往日益频繁的今天，品牌标志符号以其独有的特质——形象、生动、直观，赢得了个人、组织、服务机构，乃至国家的信任。

3) 美化作用

品牌标志常常伴随着某项活动出现在建筑物、旗帜、交通工具、服装、产品等上面，这就意味着品牌标志的设计必须美观，必须与服务机构的一贯风格统一。换言之，品牌标志的设计要具有艺术感染力，要使受众产生美的感受，并通过标志符号本身的美感赢得受众的好感。品牌标志自身能够创造品牌联想，进而影响顾客的品牌偏好和品牌忠诚度。

例如，"蓝天白鹭"是厦航的航徽，也是厦航注册的图形商标。它的图形含义是，昂首矫健的白鹭在蓝天振翅高飞，展示了厦航"团结拼搏、开拓奋飞"的精神，象征吉祥、幸福永伴宾客。"蓝天白鹭"作为厦航形象的重要组成部分和代表，自确定之日起，便得到广泛应用、保护和推广，并得到广大顾客的认可和喜爱。早在1999年，"蓝天白鹭"便被认定为福建省著名商标，是当时福建省唯一的服务行业著名商标。2007年"蓝天白鹭"商标被国家工商总局认定为中国驰名商标，实现了品牌增值。

4) 保护作用

从法律的角度来讲，商标法属于知识产权法的重要组成部分。品牌标志是一个服务机构、组织和个人等参与市场竞争的有力武器，是凝结着经营者智慧和辛劳的无形财产。不正当地使用他人的品牌标志，不仅会损害标志权利人和顾客的利益，而且会严重妨碍国内、国际贸易秩序。所以，品牌标志一经注册，就成为知识产权国际条约的重要保护对象。

3. 服务品牌标志设计的原则

品牌标志作为传播品牌形象的核心图形，其设计的优劣直接关系品牌战略的成败，所以设计师如果不能站在品牌战略的高度进行设计，则很难体现标志所承载的责任。

1) 简单明了

品牌标志设计的首要原则就是简洁醒目、容易记忆。纵观知名品牌，品牌标志都十分简单，甚至可以用手立即画出来，如麦当劳的"M"。

2) 新颖别致

品牌标志的新颖别致是指不同于其他品牌标志的设计风格、特点等，让顾客一看到该标志就觉得与众不同，不落俗套。例如，美国的一家眼镜公司用三个英文字母"OIC"为商标，构图很像一副眼镜，而将三个字母连读则仿佛是说"Oh, I see"(啊，我看见了)，可谓新颖别致。

3) 体现出品牌个性

服务品牌标志应体现品牌的个性。例如，苹果公司选择一只被咬过的苹果作为商标图案，向世人宣告：他们不想把计算机神圣化、偶像化，而是要让计算机为人们带来快感和乐趣。这一创意表达了品牌的理想和目标，与计算机科学的宗旨不谋而合，具有深刻的品牌内涵。

4) 传达品牌的象征意义

服务品牌标志应当尽量起到能够向顾客传达某种含义的作用，比如，让顾客通过品牌标志认识到服务机构是从事何种行业的，能够提供什么类别的价值，或有什么样的利益、属性、特点。为此，服务品牌标志要运用适当的符号来传达信息，包括颜色、字体、图案等综合因素，并体现出一定的寓意。例如，华夏银行利用搏击四海、升腾向上的龙来展现它根植中华五千年文化的精髓，永创一流，努力成为现代化、国际化商业银行的形象。

5) 具有艺术性

服务品牌标志的设计应考虑颜色、字体、图案等因素，并且反映出一定的寓意。

第三节　服务品牌的塑造与维护

一、服务品牌的塑造

服务品牌的外在表现为服务名称、标志或符号，但一个服务品牌更重要的是服务特色、服务质量、服务价格、服务过程、服务文化等的综合体现。因此，服务机构应当通过提供过硬的服务特色、服务质量、服务过程等，以及构造品牌的文化底蕴来塑造品牌。

例如，服务质量是服务机构持续经营的重要基础，是服务品牌的生命，是服务品牌创立与发展的根本保证，服务机构要创品牌、保品牌，都必须要保证服务质量。如果没有好的质量作为后盾，就会使服务品牌成为无本之木、无源之水，很快倒在激烈的市场竞争中。

又如，服务机构的文化是服务机构价值取向的总和，是服务机构的灵魂，是凝聚服务机构成员的精神力量，以此形成全体员工共同遵循的最高目标、价值标准、基本信念，以及行为规范。一个没有文化的服务机构是没有生命力的，也是缺乏核心竞争力的。纵观"老字号"服务机构，无一不具有魅力十足的服务文化。

📖 **延伸阅读** | 大唐文化成就大唐芙蓉园

为了让游客能"感受大唐人文，体验大唐生活"，实现可观赏、可感受、可学习、可消费、可体验的旅游经历，西安大唐芙蓉园划分了12个功能区，分别演绎12个大唐主题文化。

(1) 帝王文化。以紫云楼为主要展示场所，不仅展示唐太宗的文韬武略，武则天的女皇风采，唐玄宗的风流多艺，而且通过唐代宫廷文化的展示，让游客切身感受盛唐的博大开放与辉煌灿烂。

(2) 诗歌文化。唐诗是中华文化的璀璨明珠。芙蓉园不仅在建筑、园林意境中体现唐诗文化，而且塑造了"诗魂"和"诗峡"，以及"丽人行"三组艺术群雕，以栩栩如生的艺术形象，让游客近距离感受唐诗文化。

(3) 科举文化。以杏园为载体，通过雁塔题名、杏园关宴、进士探花等历史典故和大量文献、实物及雕塑、壁画，展示唐代科举制度的兴盛和影响力。

(4) 女性文化。以仕女馆和望春阁为主要展示场所。唐代女性崇尚自由、开放、追求爱情的真实风貌被再次展现。这是中国第一个展示唐代女性文化的主题博物馆。

(5) 宗教文化。通过地雕、艺术造型、实物和故事演绎等，展示儒、释、道三教在唐代的发展融合，反映宗教文化对中华文化的巨大影响。

(6) 饮食文化。以御宴宫、芳林苑为载体，展示唐代丰富多彩的饮食习俗与文化。

(7) 茶文化。以"陆羽茶社"为载体，用茶道、茶艺表演来生动地展示中华茶文化的历史渊源和丰富内涵，了解唐代人的生活情趣，参禅茶道。

(8) 智乐文化。通过妙趣横生、寓教于乐的设施和工艺，展示唐代科技文化主题。

(9) 外交文化。大唐与波斯、印度、罗马空前的文化交流，日韩遣唐使的友好往来，以及大唐和南海诸国的通商贸易，展示了大唐海纳百川、兼容并蓄的大国气象。

(10) 民间文化。真实演绎唐代长安的市井生活、民间习俗，展现唐代民间文化。

(11) 歌舞文化。展示唐代歌舞气势雄浑、大气昂扬的灿烂景象。

(12) 大门特色文化。东、南、西、北4个大门，一门一主题，一门一特色，一门一景观，充分显现大唐盛景，并通过节日庆典和巡游活动等，将隐性的文化素材整合起来，将12个文化主题区串联起来，使游客身临其境，徜徉在中华民族的精神故乡。

除此之外，大唐芙蓉园众多的艺术场馆、公共空间也展现了陕西地方文化和民间艺术。在这里，闻名中外的安塞腰鼓、陕北剪纸、户县农民画等，具有悠久历史的长安古乐、秦腔戏、眉户戏、信天游等原汁原味地呈现。

(资料来源：绍兵. 大唐风情 芙蓉盈满天下[J]. 销售与市场，2008(2).)

例如，中国邮政 EMS 的"全心、全速、全球"；麦当劳的"质量、服务、清洁、价值"；家乐福的"开心购物"等。

北京同仁堂历经三百多年，始终没有放弃"炮制虽繁必不敢省人工，品味虽贵必不敢减物力"的规训，坚持传统的制药特色，以质量优良、疗效显著的产品使其品牌延绵流传。

服务机构的文化可以比喻为行为的"基因"，品牌的"基因"，它引导员工的态度和行为朝同一个方向努力。如果说各种规章制度、服务守则等是规范员工行为的"有形规则"，那么服务机构的文化则是作为一种"无形规则"存在于员工的意识中。

二、服务品牌的维护

品牌是服务机构在顾客信任基础上形成的无形资产，一旦失去顾客的信任，其品牌价值便会一落千丈。所以，服务品牌需要悉心维护，否则服务机构形象就会受损。服务机构只有珍惜品牌、爱护品牌、发展品牌，才能深入、持久地发展下去。

品牌维护是品牌战略的重要保障，可以分为经营维护和法律维护两种。

(一) 经营维护

1. 守法经营

良好的品牌形象来自日常的品牌经营。面对激烈的市场竞争，服务机构要采取合理、合法的竞争手段，不可不择手段进行竞争，否则会影响到品牌在公众和顾客心目中的形象。

2. 诚信经营

良好的品牌形象要靠服务机构良好的信誉来支撑。当今世界前 500 强跨国公司，很多是"百年服务机构"，它们之所以经久不衰，关键是在长期的经营过程中形成了良好的信誉。

服务机构要树立信誉至上的观念，持之以恒地提供优质服务，才能赢得顾客对品牌的信任。服务机构还要严守承诺，当出现事故时一定要妥善处理，这样才能维护好品牌的形象。

3. 守护品牌机密

品牌的特色往往是由品牌的技术、诀窍、秘方和特殊工艺支撑的，因此应加大对知识产权的保护，守护品牌机密。

4. 讲究经营策略

良好的品牌形象要求服务机构对服务的降价及促销保持谨慎态度，因为不当的降价或促销会影响到品牌形象。服务机构只有不断进取、不断改革、不断创新、不断丰富、不断提高服务的性能及技术含量，才能塑造品牌的良好形象，永葆品牌的活力。

例如，光大银行以"阳光在心，服务在行"为品牌理念，以"总行为分行服务，分行为基层服务，领导为员工服务，全行为客户服务"为宗旨，以"阳光服务，天天进步"为具体要求，通过优化业务流程、顾客倾听计划、顾客满意度调查等活动，进一步提高服务效率，提升服务质量。光大银行开展的以"对外服务提升品牌、对内服务提高效率"为主题的活动，蕴含了两个方面的意义：一是对内服务，即正确处理管理与服务的关系，面向基层，服务基层，改善服务手段，优化服务流程，创新服务方式，提升服务效率；二是对外服务，即树立顾客至上的服务理念，一切以顾客为中心，统一服务标准，优化服务流程，建立健全服务体系，为顾客带来与众不同的财富体验。

（二）法律维护

法律维护主要是打假、防伪，服务机构要注意采用法律的手段维护品牌的纯洁性和不受侵害。

首先，服务机构要将品牌名称和标识依法登记注册，以防止被抢注和盗用。

例如，23℃是最适宜人活动的环境温度，招商银行武汉分行创办了独特的"23℃金融服务品牌"，通过体贴入微的银行服务，为顾客营造最佳"心理舒适温度"。该服务品牌被当地权威媒体评为最佳服务品牌。

❖ 案例｜"植物大战僵尸"

有一款叫作"植物大战僵尸"的移动互联网游戏应用，刚推出时非常火爆，借助移动互联网，迅速占领市场，立刻成为各种游戏排行榜的冠军。虽然没过多久，各种"植物与僵尸""植物大战××"，或者"××大战僵尸"等游戏陆续出现，但由于"植物大战僵尸"受到知识产权的保护，没有人可以直接用"植物大战僵尸"这个名字，也无人可以直接用它的素材，所以谁都无法撼动"植物大战僵尸"的市场地位。从这个角度来说，这款游戏取得如此好的市场效果，与游戏受到了知识产权的保护是分不开的。在取得了好成绩之后，这款游戏的开发者又开发了"植物大战僵尸2"，同样成为顾客追捧的对象。

其次，服务机构可向顾客普及品牌知识，让顾客了解正宗的品牌，以及与顾客结成联盟，协助有关部门打假，从而组成强大的维护品牌的社会监督体系和防护体系。

📖 延伸阅读｜如何打造与维护直播间品牌

首先，直播间品牌的定位是直播间根据竞争品牌在直播市场上所处的位置，以及目标受众对直播属性的重视程度，结合自身的优势和劣势、机会和威胁，来确定直播间的核心价值与精髓，从而在目标受众心目中确立一个与众不同的、个性鲜明的直播间的过程。直播间品牌的定位关键在于创造差异化的直播间，形成有特色、有个性的元素，目的是获取竞争优势，能够有效地增强受众黏度。直播间品牌打造与维护的目标是打造和提升直播品牌的知名度、美誉度和忠诚度。

其次，直播间品牌的打造可以从直播体验、直播特色两个方面入手。网络直播最开始流行起来是因为其内容能给人带来欢笑，缓解人们的压力。所以，网络直播要重视这一需求，将各种娱乐方式与互动体验融为一体，如通过设置小游戏或随机抽取直播间的幸运者，增加直播内容的娱乐性与趣味性，使受众感受到观看直播的过程仿佛是在观看一档趣味性强、互动性高的综艺节目，营造更加有感染力的娱乐氛围。如果主播能够做到各种话题都侃侃而谈，从诗词歌赋聊到人生哲学，那么受众的注意力就会被牢牢吸引住，而要想达到这种效果，主播需要平日里多花时间和精力涉猎大量的话题素材，努力学习各种专业知识和技能，不断充实自己，这样在策划直播内容时才会有源源不断的灵感，也才能持续地输出优质的直播内容。此外，直播内容还可以探索"有趣"和"有用"的深度结合，邀请学者、明星等参与进来，同时通过知识分享、才艺展示等，让直播更加具有趣味性、学术性、娱乐性，使直播的过程变得更加丰富、有趣、多彩，提高受众的黏度。此外，直播间要及时对直播技术和设施进行更新，创造优质的直播条件，改善直播内容的流畅度，有效避免延迟、卡顿、故障等负面体验。例如，直播间增加AI智能下单解答、VR动态演示、360°全景方式展示产品，让受众沉浸在所营造出来的消费场景中，愉悦地在直播间进行购物。还可打破直播平面化，在直播系统中加入VR、AR等技术手段，引导受众从视觉、触觉、听觉角度感受直播间。

再次，直播间品牌的维护可以从守法直播、诚信直播等方面入手。面对激烈的市场竞争，直播间要遵纪守法，采取合理、合法的竞争手段，不可不择手段进行竞争，否则会影响到直播间在公众心目中的形象。直播过程不应该被简单定义为借助直播销售产品，还应该包括相关知识的普及、正能量的宣传。直播间要重视节目内容的客观性、真实性，摒弃过度美化和虚假宣传行为，树立信誉至上的观念，还要严守承诺，对受众忠诚老实，不做假，不欺骗，有信誉，守承诺，表里如一。直播间要确保产品质量和受众的正当权益，警惕"夸大其词""货不对板"等现象的发生，因为直播内容不真实，会造成受众的信任度降低，进而影响受众黏度。当出现事故时一定要妥善处理，采取措施解决问题，这样才能维护好品牌的形象。例如，某主播在直播中推荐了某品牌汽车，该汽车厂商预备了12辆车在直播中以半价出售，但是，直播中出现了12辆车仅售出4辆时，其购买链接即已下架。事后，该厂商解释是"抖音直播与天猫改价系统存在时间误差，导致其中8名下单客户抢到的是原价，因而没付款"。经过该主播团队的沟通，厂商最终确定，8名客户抢购的半价车购买资格有效。这种面对问题坦诚沟通、积极补救的做法，有助于树立直播间负责任、有担当的形象，也有利于树立自己的威信和增强粉丝的黏性。

(资料来源：苏朝晖. 直播营销[M]. 北京：人民邮电出版社，2023.)

▌本章 练习

一、不定项选择题

1. 服务品牌标志的作用是(　　)。
   A. 识别作用　　　　　　　　　　　　B. 沟通作用
   C. 保护作用　　　　　　　　　　　　D. 美化作用
2. 服务品牌的建设需要经过(　　)等环节。
   A. 服务品牌的定位　　　　　　　　　B. 服务品牌标识的设计
   C. 服务品牌的塑造　　　　　　　　　D. 服务品牌的维护
3. 品牌文化应该由(　　)构成。
   A. 价值文化　　　　　　　　　　　　B. 经营文化
   C. 形象文化　　　　　　　　　　　　D. 服务文化

4. 服务品牌命名要遵循(　　)。
   A. 受法律保护原则
   B. 简单易记原则
   C. 新颖独特原则
   D. 暗示功能属性原则
   E. 通用原则

5. 服务品牌标志的设计要遵循(　　)原则。
   A. 简单明了
   B. 传达品牌的象征意义
   C. 新颖别致
   D. 体现出品牌个性
   E. 具有艺术性

二、判断题

1. 服务品牌是指服务机构用来区别于其他服务机构的名称、术语、标记、图案、符号，或是这些因素的组合。　　　　　　　　　　　　　　　　　　　　　　　　　　　(　　)

2. 服务品牌是服务机构给顾客的一种承诺，有利于顾客对服务特色的识别，能降低顾客的购买风险，并增强顾客接受服务的信心。　　　　　　　　　　　　　　　　　(　　)

3. 一般来说，顾客很容易接受新的服务。　　　　　　　　　　　　　　　　(　　)

4. 服务品牌一旦塑造成功，机构可以通过连锁店、联营、合作等方式拓展服务渠道，扩大规模。　　　　　　　　　　　　　　　　　　　　　　　　　　　　　　　(　　)

5. 服务品牌可以通过短时间迅速打造。　　　　　　　　　　　　　　　　　(　　)

三、思考题

1. 什么是服务品牌？服务品牌的作用是什么？
2. 服务品牌定位的目的与关键分别是什么？
3. 服务品牌的命名与标志设计的原则分别是什么？
4. 如何塑造服务品牌？
5. 如何维护服务品牌？

本章实践

成功案例分享——××服务机构的品牌管理

实践内容：

1. 充分调研，客观全面分享一家服务机构品牌管理的成功经验。
2. 分享的内容，不求面面俱到，但求典型有效。
3. 注意介绍其中应用到的互联网、大数据、人工智能技术。

实践组织：

1. 教师布置实践任务，指出实践要点和注意事项。

2. 全班分为若干个小组，各组确定本组分享的专题(如产品策略、定价策略……)。

3. 相关资料和数据的收集可以进行实地调查，也可以采用第二手资料。

4. 小组内部充分讨论，认真研究，形成分享报告。

5. 小组需制作一份 5～10 分钟能够演示完毕的 PPT 文件在课堂上进行汇报，之后其他小组可提出问题，台上台下进行互动。

6. 教师对每组的分享报告和课堂讨论情况即时进行点评和总结。

综合实践

案例分析——××服务机构的营销管理分析

实践内容：

1. 客观且全面地介绍一家服务机构营销管理的做法。

2. 分析并评价该服务机构营销管理做法的得与失。

3. 对该服务机构营销管理提出改进意见或建议。

实践组织：

1. 教师布置分析任务，指出分析要点和注意事项。

2. 全班分为若干个小组，采用组长负责制，组员合理分工、团结协作。

3. 相关资料和数据的收集可以进行实地调查，也可以采用第二手资料。

4. 小组内部充分讨论，认真分析研究，形成分析报告。

5. 小组需制作一份 10～15 分钟能够演示完毕的 PPT 文件在课堂上进行汇报，之后其他小组可提出问题，台上台下进行互动。

6. 教师对每组的分析报告和课堂讨论情况即时进行点评和总结。

综合 实践2

方案策划——××服务机构的营销管理策划

实践内容：

策划内容应当至少包含××服务机构的产品策略、定价策略、分销策略、促销策略、展示策略、人员策略、过程策略、供求管理中的 5 个方面。

实践组织：

1. 教师布置策划任务，指出策划要点和注意事项。

2. 全班分为若干个小组，采用组长负责制，组员合理分工、团结协作。

3. 相关资料和数据的收集可以进行实地调查，也可以采用第二手资料。

4. 小组内部充分讨论，认真分析研究，形成策划报告。

5. 小组需制作一份 10～15 分钟能够演示完毕的 PPT 文件在课堂上进行汇报，之后其他小组可提出问题，台上台下进行互动。

6. 教师对每组的策划报告和课堂讨论情况即时进行点评和总结。

参考文献

[1] [美] 詹姆斯·A. 菲茨西蒙斯. 服务管理：运作、战略与信息技术[M]. 张金成，范秀成，杨坤，译. 9 版. 北京：机械工业出版社，2020.

[2] [美] 瓦拉瑞尔·A. 泽丝曼尔，玛丽·乔·比特纳，德韦恩·D. 格兰姆勒. 服务营销[M]. 张金成，白长虹，译. 7 版. 北京：机械工业出版社，2018.

[3] [美] 克里斯托弗·洛夫洛克，约亨·沃茨. 服务营销[M]. 谢晓燕，赵伟韬，译. 6 版. 北京：中国人民大学出版社，2010.

[4] [芬] 克里斯廷·格罗鲁斯. 服务管理与营销——服务竞争中的顾客管理[M]. 韦福祥，译. 3 版. 北京：电子工业出版社，2008.

[5] [美] 森吉兹·哈克塞弗. 服务经营管理学[M]. 顾宝炎，时启亮，译. 2 版. 北京：中国人民大学出版社，2005.

[6] [美] K. 道格拉斯·霍夫曼，约翰·E. G. 彼得森. 服务营销精要(概念、策略和案例)[M]. 胡介埙，译. 3 版. 大连：东北财经大学出版社，2009.

[7] [荷] 汉斯·卡斯帕尔. 服务营销与管理——基于战略的视角[M]. 韦福详，译. 2 版. 北京：人民邮电出版社，2008.

[8] [美] 杰拉尔德·L. 曼宁，巴里·L. 里斯. 销售学：创造顾客价值[M]. 陈露蓉，译. 10 版. 北京：北京大学出版社，2009.

[9] 李雪松. 服务营销学[M]. 北京：清华大学出版社，2019.

[10] 张立章. 服务营销管理[M]. 北京：清华大学出版社，2019.